山东省社会科学规划研究重点项目
“认罪认罚从宽司法改革疑难问题研究”(18BFXJ04)

认罪认罚从宽司法改革
疑难问题研究

王瑞君　著

山东大学出版社
·济南·

图书在版编目(CIP)数据

认罪认罚从宽司法改革疑难问题研究/王瑞君著.
—济南:山东大学出版社,2020.12
ISBN 978-7-5607-6748-2

Ⅰ.①认… Ⅱ.①王… Ⅲ.①司法制度—体制改革—研究—中国 Ⅳ.①D926.04

中国版本图书馆 CIP 数据核字(2020)第 193917 号

策划编辑 武迎新
责任编辑 武迎新
封面设计 牛 钧

出版发行 山东大学出版社
社 址 山东省济南市山大南路 20 号
邮政编码 250100
发行热线 (0531)88363008
经 销 新华书店
印 刷 济南新科印务有限公司
规 格 787 毫米×1092 毫米 1/16
13 印张 228 千字
版 次 2020 年 12 月第 1 版
印 次 2020 年 12 月第 1 次印刷
定 价 39.00 元

前 言

2014年10月23日，党的十八届四中全会通过的《中共中央关于全面推进依法治国若干重大问题的决定》中提出，“完善刑事诉讼中认罪认罚从宽制度”。2015年2月26日，最高人民法院正式发布《人民法院第四个五年改革纲要(2014—2018)》，要求“完善刑事诉讼中认罪认罚从宽制度。明确被告人自愿认罪、自愿接受处罚、积极退赃退赔案件的诉讼程序、处罚标准和处理方式，构建被告人认罪案件和不认罪案件的分流机制，优化配置司法资源”。最高人民检察院《关于深化检察改革的意见(2013—2017年工作规划)》(2015年修订)规定的检察改革的重点任务中，明确“完善提高司法效率工作机制。开展刑事案件速裁程序试点工作，完善刑事案件速裁机制，建立完善对刑事案件速裁程序的法律监督机制。推动完善认罪认罚从宽制度，健全认罪案件和不认罪案件分流机制。建立刑事案件管辖争议快速协调处理机制”。2016年9月3日，第十二届全国人民代表大会常务委员会第二十二次会议通过《关于授权最高人民法院、最高人民检察院在部分地区开展刑事案件认罪认罚从宽制度试点工作的决定》(以下简称《开展认罪认罚从宽制度试点工作的决定》)，对认罪认罚从宽制度试点工作进行了授权和部署，自此，“认罪认罚从宽”正式成为我国一项新的司法改革实践。紧接着，最高人民法院、最高人民检察院会同公安部、国家安全部、司法部根据《全国人民代表大会常务委员会关于授权最高人民法院、最高人民检察院在部分地区开展刑事案件认罪认罚从宽制度试点工作的决定》，制定了《关于在部分地区开展刑事案件认罪认罚从宽制度试点工作的办法》(以下简称《认罪认罚从宽制度试点办法》)，于2016年11月16日印发并试行，试行期二年。2018年10月26日，新修订的《中华人民共和国刑事诉讼法》将认罪认罚从宽写入法律，明确了犯罪嫌疑人、被告人自愿如实供述自己的罪行，对指控的犯罪事实没有异议，愿意接受处罚的，可以依法从宽处理。据统计，截至2018年10月，试点地区适用认罪认罚从宽制度起诉的案件数，占同期起诉刑事案件总数的50%左右，其中绝大部分是检察机关建议适用，审查起诉平均用时缩短至26天；适用速裁程序审结的占70%左右，其中当庭宣判率达95%；适用简易程序审结的占25%左右，当庭宣判率为79.8%。①

在认罪认罚从宽试点工作之前，我国开展了刑事案件速裁程序的试点工作。2014年6月27日，第十二届全国人民代表大会常务委员会第九次会议通过《关于授权最高人民法院、最高人民检察院在部分地区开展刑事案件速裁程序试点工作的决定》，授权最高人民法院、最高人民检察院在北京、天津、上海、重庆、沈阳、大连、南京、杭州、福州、厦门、济南、青岛、郑州、武汉、长沙、广州、深圳、西安等18个城市开展刑事案件速裁程序试点工作。2014年8月22日，最高人民法院、最高人民检察院、公安部、司法部联合发布了《〈关于在部分地区开展刑事案件速裁程序试点工作的办法〉的通知》，《关于在部分地区开展刑事案件速裁程序试点工作的办法》(以下简称《速裁程序试点办法》)发布后速裁程序试点工作在18个试点城市展开。刑事案件速裁程序是全国人大常委会授权的第一个司法改革项目，是完善认罪认罚从宽制度的先行探索。当速裁程序和认罪认罚从宽被写进《刑事诉讼法》后，速裁程序成为认罪认罚从宽案件可以适用的程序之一。

“认罪认罚从宽”大致对应于比较法意义上的辩诉交易(plea bargaining)。作为一种系统制度的辩诉交易，其实践始于20世纪初的美国。然而理论反应和研究要滞后于实践许多，直至20世纪20年代和30年代，始在美国本土兴起第一次研究热潮，其后于20世纪70年代和

① 参见张伯晋、戴佳、史兆琨、李春薇:《检察机关承担主导责任、推动认罪认罚从宽制度全面深入落实纪实》(上)，http://www.spp.gov.cn/zdgz/201907/t20190712_424808.shtml，2020年5月30日访问。

90 年代，形成辩诉交易的第二次和第三次研究浪潮，迄今这一话题在学界和实务界的热度不减。美国学界和实务界的研究，视角多元，对象和内容丰富，不时有新的问题展现和独特观点的提出。乔治·费希尔(George Fisher)教授的《辩诉交易的胜利——美国辩诉交易史》，将辩诉交易的胜利归因于“符合当权者的利益”，得出了与人们既往印象不同的观点。玛丽·沃格尔(Mary Vogel)和西奥多·费迪南德(Theodore Ferdinand)以波士顿违警法院为对象的实证研究，弗兰克·Q. 鲍曼(Frank Q. Bowman)和迈克尔·海斯(Michael Heise)就毒品案件辩诉交易的调查研究，都是美国本土颇具代表性和影响力的研究。一个非常重要的特点是：美国学界乃至司法界，质疑和批评声音一直不断，称辩诉交易“是一种拿真相和准确换取效率的程序”，然而却未能阻止其由兴起到不断巩固和发展的现实。

辩诉交易，也吸引了其他国家学者的浓厚兴趣。英国学者马尔科姆·菲利(Malcolm Feeley)和约翰·朗本(Jonn Langbein)就曾经重点考察过英国早期法院记录中是否存在辩诉交易的现象；法国的戴尔玛斯·玛蒂(Delmas Marty)教授积极推动在法国刑事诉讼法中引入“认罪简易审程序”；法国冉·布拉戴尔(J. Pradel)教授和意大利麦尔克内(Mercone)教授，都肯定过美国辩诉交易对减少诉讼负担的积极意义。

20 世纪 70 年代以来，随着德国的认罪协商程序、法国的庭前认罪答辩程序、意大利的认罪协商程序等各具特色的“认罪认罚从宽”制度的纷纷创设，此类话题的热度进一步升温。相关研究视域开阔，想象力丰富，内容更为充实。当然，一个始终绕不过的话题再次得以聚焦：辩诉交易、认罪协商、认罪答辩等，是不是“一种拿真相和准确换取效率的程序”？

我国大陆学界对辩诉交易的研究成果，有陈光中教授主编的论文集《辩诉交易在中国》(2003 年)和后来相继出版的专著《美国辩诉交易研究》(祁建建，2007 年)、《辩诉交易制度比较研究》(张智辉，2009 年)等。近年来，在黄伟明、施鹏鹏、程雷等中青年学者的努力下，意大利的认罪协商程序、法国的庭前认罪答辩程序、德国的认罪协商程序被引介。理论和实务界对我国的简易程序、刑事速裁程序开展了理论论证和实证调研性研究。随着国家顶层“认罪认罚从宽”司法改革意见的出台，学界和实务界围绕中国模式的认罪认罚从宽制度构建的理论和实践，陆续有相当数量的研究成果发布，包括专著、论文等形式，其中论文形式占比较多，讨论非常激烈，并且这场实践和理论上的辩论不会在短时间内变缓和停歇，仍然存在很大的研究空间和值得研究的问题。

一是对不同法律文化传统下各国运行的“辩诉交易”“认罪协商”等各自的背景、动机、理念、具体内容、运作方式、利弊、相互关联性和差异性，了解得尚不够深入、全面和准确。

二是对我国认罪认罚从宽制度的难题和风险，如何确定认罪认罚从宽的证明标准，我国传统的刑事案件“实质真实原则”可否打折扣，认罪认罚从宽共生制度的培育和构建等问题，探讨得不够深入。

三是与“推进以审判为中心的刑事诉讼制度改革”的融合与互动在制度衔接方面研究不够，司法实务处于边实践、边探索、边总结的阶段。

尽管 2018 年《刑事诉讼法》修改已经将“认罪认罚从宽”以基本原则和重要制度的形式加以确认，认罪认罚从宽已经被纳入制度的范畴，但改革仍在途中。改革中的疑难问题和风险，不会因为制度的落地而消失。可以看出，在当下我国刑事诉讼法学以及刑法学研究之中，“认罪认罚从宽”仍然是最热门的理论关键词之一，加之，复杂性的刑事司法实践不断对学术研究提出新的需求，所以，除上述列举的问题外，诸如检察机关的主导责任、量刑建议的内容与效力、从宽处理如何把握、认罪认罚自愿性如何审查、被追诉人的上诉权限制、值班律师的定位与作用等具体的现实问题，仍然需要我们将实务运行和理论研究相结合，继续深入研究，以推动深层次刑事法治的进步和司法正义。

本书的写作得益于多人的帮助，特别需要说明的是，本书的第六章由作者与山东大学（威海）法学院在读博士、甘肃瑞雪律师事务所律师吴睿佳合作完成，第五章和第八章由作者与东南大学法学院在读博士陈禹衡合作完成，在此对两位在读博士在资料提供、实务论据调研、理论论证方面的合作和付出表示感谢 。

王瑞君

2020 年 10 月

目　录

第一章　从“认罪从宽”到“认罪认罚从宽”：语词变化与问题引申

“认罪从宽”与“认罪认罚从宽”内涵不完全相同，二者的理念支撑有重合之处，也存在差异。“认罪从宽”于刑事政策和刑事实体法层面，早已从目的刑论特别是特殊预防论那里获得了理论支持。“认罪认罚从宽”作为我国新的司法改革实践，经历了从政策到制度的转变过程，“从宽”的前提条件中增加了“认罚”，相应地，从宽的内涵和外延也发生了变化。

第一节　“认罪”与“认罪从宽”的相关规定

我国目前的司法文件中，最早对“认罪”进行定义的是最高人民法院、最高人民检察院、司法部2003年颁布的《关于适用普通程序审理“被告人认罪案件”的若干意见（试行）》。其中第1条第1款规定：“被告人对被指控的基本犯罪事实无异议，并自愿认罪的第一审公诉案件，一般适用本意见审理。”这里，“对被指控的基本犯罪事实无异议”和“自愿”，成为认定为“认罪”并适用相应程序的前提条件。其后，我国出台的实体法、程序法以及集实体与程序内容于一身的法律及相关司法解释，在涉及量刑规范化、刑事诉讼程序改革等规定时，有多个地方出现过“认罪”一词。

一、实体法领域的相关规定及其中的表述

自2010年至今，为规范刑罚裁量权，增强量刑的公开性，实现量刑公正，最高人民法院于2010年、2013年和2017年先后出台了《人民法院量刑指导意见（试行）》（以下简称2010《量刑指导意见》）、《最高人民法院关于常见犯罪的量刑指导意见》（以下简称2013《量刑指导意见》）、《最高人民法院关于常见犯罪的量

刑指导意见》(以下简称 2017《量刑指导意见》)和最高人民法院《关于常见犯罪的量刑指导意见(二)(试行)》。

以"认罪"作为查找内容,上述 2010《量刑指导意见》、2013《量刑指导意见》和 2017《量刑指导意见》,均显示有三处搜索结果,其中有一项内容在这三个《量刑指导意见》里采用的是同样的表述,即"对于当庭自愿认罪的,根据犯罪的性质、罪行的轻重、认罪程度以及悔罪表现等情况,可以减少基准刑的 10%以下,依法认定自首、坦白的除外"①。使用的语词均是"当庭自愿认罪"。

其他的出现在上述《意见》中的条款,于"认罪"一词前后出现的修辞有所不同。见表 1-1。

表 1-1　　《量刑指导意见》中的"认罪""悔罪"

	条文与内容	使用的语词
2010《量刑指导意见》	10. 对于取得被害人或其家属谅解的,综合考虑犯罪的性质、罪行轻重、谅解的原因以及认罪悔罪的程度等情况,可以减少基准刑的 20%以下	认罪悔罪
2013《量刑指导意见》;2017《量刑指导意见》	9. 对于积极赔偿被害人经济损失并取得谅解的,综合考虑犯罪性质、赔偿数额、赔偿能力以及认罪、悔罪程度等情况,可以减少基准刑的 40%以下;积极赔偿但没有取得谅解的,可以减少基准刑的 30%以下;尽管没有赔偿,但取得谅解的,可以减少基准刑的 20%以下;其中抢劫、强奸等严重危害社会治安犯罪的应从严掌握	认罪、悔罪

作为实体法意义上的一个量刑情节,"当庭自愿认罪"与自首、坦白等,均属于"认罪"的范畴,即"认罪"的类型,只是"认罪"程度不同,因此减少基准刑的比例也不同。当与"取得被害人谅解"相伴随使用时,2010《量刑指导意见》、2013《量刑指导意见》和 2017《量刑指导意见》使用的是"认罪悔罪"与"认罪、悔罪",前后的语境和修辞有新的内容,即将"认罪悔罪"与"认罪、悔罪"与是否积极赔偿被害人的损失以及是否取得被害人谅解放在一起进行综合考量,以确定降低基准刑的比例。

① 分别是 2010《量刑指导意见》第 7 条、2013《量刑指导意见》第 7 条、2017《量刑指导意见》第 6 条。

二、程序法方面相关规定的用语及变化情况

从程序法方面相关规定的内容和表述，也能够看到从“认罪”到“认罪认罚”提法上的变化。

在最高人民法院、最高人民检察院、公安部、国家安全部、司法部 2010 年《关于规范量刑程序若干问题的意见(试行)》[①](以下简称 2010《规范量刑程序意见》)中，“认罪”有以下几处，具体见表 1-2。

表 1-2　　2010《关于规范量刑程序若干问题的意见》中的内容

2010《规范量刑程序意见》条文与内容	使用的语词
第 6 条对于公诉案件，特别是被告人不认罪或者对量刑建议有争议的案件……	不认罪
第 7 条适用简易程序审理的案件，在确定被告人对起诉书指控的犯罪事实和罪名没有异议，自愿认罪且知悉认罪的法律后果后，法庭审理可以直接围绕量刑问题进行	自愿认罪
第 8 条对于适用普通程序审理的被告人认罪案件，在确认被告人了解起诉书指控的犯罪事实和罪名，自愿认罪且知悉认罪的法律后果后，法庭审理主要围绕量刑和其他有争议的问题进行	认罪、自愿认罪
第 9 条对于被告人不认罪或者辩护人做无罪辩护的案件……	不认罪

表 1-3　　其他程序指导意见内容

文件名称	规定内容	关键词
最高人民法院、最高人民检察院、司法部《关于适用普通程序审理“被告人认罪案件”的若干意见(试行)》(2003)	被告人对被指控的基本犯罪事实无异议，并自愿认罪的第一审公诉案件，一般适用本意见审理	被告人自愿认罪
最高人民检察院《关于依法快速办理轻微刑事案件的意见》(2006)	依法快速办理轻微刑事案件，是对于案情简单、事实清楚、证据确实充分，犯罪嫌疑人、被告人认罪的轻微刑事案件，在遵循法定程序和期限、确保办案质量的前提下，简化工作流程、缩短办案期限的工作机制	犯罪嫌疑人、被告人认罪

① 该《意见》于 2010 年 9 月 13 日印发，2010 年 10 月 1 日起试行。

区别仅在于，有时在“认罪”前加上“自愿”一词，有时则未加，接着是对适用的诉讼程序的规定。

第二节 “认罪认罚从宽”的相关规定

“认罪认罚”中包括“认罪”和“认罚”两个要素。将二者统合考虑，开始于2014年北京等18个地区开展刑事案件速裁程序的试点工作。2014年6月27日，第十二届全国人民代表大会常务委员会第九次会议通过了《关于授权最高人民法院、最高人民检察院在部分地区开展刑事案件速裁程序试点工作的决定》，授权最高人民法院、最高人民检察院在北京、天津、上海、重庆、沈阳、大连、南京、杭州、福州、厦门、济南、青岛、郑州、武汉、长沙、广州、深圳、西安开展刑事案件速裁程序试点工作。2014年8月22日，最高人民法院、最高人民检察院、公安部、司法部联合发布了《速裁程序试点办法》，其中第1条规定：

> 对危险驾驶、交通肇事、盗窃、诈骗、抢夺、伤害、寻衅滋事、非法拘禁、毒品犯罪、行贿犯罪、在公共场所实施的扰乱公共秩序犯罪情节较轻、依法可能判处一年以下有期徒刑、拘役、管制的案件，或者依法单处罚金的案件，符合下列条件的，可以适用速裁程序：(一)案件事实清楚、证据充分的；(二)犯罪嫌疑人、被告人承认自己所犯罪行，对指控的犯罪事实没有异议的；(三)当事人对适用法律没有争议，犯罪嫌疑人、被告人同意人民检察院提出的量刑建议的；(四)犯罪嫌疑人、被告人同意适用速裁程序的。

尽管该《速裁程序试点办法》三处出现的仍然是“认罪”，但“承认自己所犯罪行”，加上“同意人民检察院提出的量刑建议”，被解读为：“十二届全国人大常委会第九次会议通过决定，授权最高人民法院、最高人民检察院在北京等18个地区开展刑事案件速裁程序试点工作，对犯罪嫌疑人、被告人认罪认罚，可能判处一年有期徒刑以下刑罚的11类案件依法从宽、从简、从快处理。这是第一次明确将‘认罪’、‘认罚’统合考虑，实体程序同步落实坦白从宽政策的实践探索。”[①]具体见表1-4。

① 胡云腾主编：《认罪认罚从宽制度的理解与适用》，人民法院出版社2018年版，第75页。

表 1-4　　认罪认罚从宽指导性文件的相关规定

名称和时间	内容	相关表述/关键词
最高人民法院、最高人民检察院、公安部、司法部《关于在部分地区开展刑事案件速裁程序试点工作的办法》(2014)	对危险驾驶……在公共场所实施的扰乱公共秩序犯罪情节较轻、依法可能判处一年以下有期徒刑、拘役、管制的案件，或者依法单处罚金的案件，符合下列条件的，可以适用速裁程序：……(二)犯罪嫌疑人、被告人承认自己所犯罪行，对指控的犯罪事实没有异议的；(三)当事人对适用法律没有争议，犯罪嫌疑人、被告人同意人民检察院提出的量刑建议的……	犯罪嫌疑人、被告人承认自己所犯罪行……同意人民检察院提出的量刑建议
最高人民法院《关于进一步推进案件繁简分流优化司法资源配置的若干意见》(2016)	对于被告人认罪认罚的案件，探索简化庭审程序，但是应当听取被告人的最后陈述	被告人认罪认罚
全国人大常委会《关于授权最高人民法院、最高人民检察院在部分地区开展刑事案件认罪认罚从宽制度试点工作的决定》(2016)	对犯罪嫌疑人、刑事被告人自愿如实供述自己的罪行，对指控的犯罪事实没有异议，同意人民检察院量刑建议并签署具结书的案件，可以依法从宽处理	认罪认罚从宽

自 2016 年认罪认罚从宽试点工作开展以来，关键词均为"认罪认罚从宽"，包括《开展认罪认罚从宽制度试点工作的决定》《认罪认罚从宽制度试点办法》和新的《刑事诉讼法》等，均使用"认罪认罚从宽"这一语词。

第三节　语词变化与问题引申

任何改革实践或者制度的构建，通常都是基于现实需要，基于一定的价值取向，在一定的理念的指导下，为达致一定的目的、目标而展开的。从"认罪从宽"到"认罪认罚从宽"，"从宽"一词从一个实体法概念，走向实体与程序含义和功能兼具的概念，从而引发了新的值得讨论的问题。

一、认罪认罚从宽制度目的的变动与选择的难题

从“认罪从宽”到“认罪认罚从宽”，需要从理论和实践层面探讨的问题很多，从一项司法改革实践到一项规定于基本法层面中的一项诉讼制度，认罪认罚从宽制度的目的，对于该项制度的实践活动和实施效果，具有非常重要的意义。德国学者普芬道夫（Samuel Pufendorf）曾经指出：人可以认识自己在生活中遇到的繁纷复杂的客体，人也有能力计划自己将来的行为，使其行为符合特定的模式和目的，并推导出行为的结果；人区别于兽类的是意志。[①] “人和动物的根本区别就在于，人的一切行为都是合目的性的，而动物的举动却不具有目的性。所以，人们通过立法和司法的创造活动，就是要设计并获得有效管理社会的法律制度，同时期望达到这一创造活动所要得到的结果，即追求实现特定的价值目标，亦即完成特定的立法与司法保护目的。”[②]认罪认罚从宽制度也不例外，目的是否合理、可行，是否明确，直接关系到制度的实践效果。

一项制度的目的，来源于支配该项制度及其实践的理念，也可以表述为价值取向。价值取向是决定一项制度构建和运行的基础，它一方面能够检验现有制度的合理性，另一方面要为今后制度的完善和实践运行提供基础性的理念支撑，引导未来制度构建和实践运行的走向。理念不清晰、目的不明确、价值取向模糊，制度的构建与理念不合拍，具体制度内容的设置不合理，体系上不协调，不同的主体在解读和适用该项制度时必然会产生争议和分歧，势必会减损其在指导司法实践的功能，同时也影响学界和实务界开展有针对性的研究，造成研究资源的浪费。认罪认罚从宽制度，从试点到现在，由于目的不明确，学界和实务界都存在各说各话的现象，从某种程度上影响了司法实践的操作。[③]

认罪认罚从宽制度，存在由一元化的立法目的到多元化的制度构建目的变化的情况。其变化情况及特点见表1-5。

---

① 参见[德]塞缪尔·普芬道夫：《人和公民的自然法义务》，鞠成伟译，商务印书馆2010年版，第60～63页。

② 谢望原：《谨防刑法过分工具主义化》，《法学家》2019年第1期。

③ 在中国知网以“认罪认罚”为题名进行检索，从2015年1月1日起到2019年12月31日止，五年时间共有1413篇论文发表。至本书截稿（2020年5月1日），仅2020年前4个月就已经有101篇论文为知网收录。以“认罪协商”为题名进行检索，2016～2019年，四年的时间共有57篇。这还不算以“控辩协商”“诉辩协商”为题名进行的检索数据。同时，近年来，学界和实务界以“认罪认罚从宽制度”为研讨主题的学术会议有很多场次，关键问题上仍然争论很大，其中就包括认罪认罚从宽制度构建和适用的目的究竟是什么的问题。

表 1-5　　认罪认罚从宽“目的”变化情况及特点

相关依据	目的	特点
2014 年 11 月，时任中央政法委书记孟建柱同志讲话[①]；2015 年 2 月，最高人民法院出台的《关于全面深化人民法院改革的意见——人民法院第四个五年改革纲要（2014—2018）》；最高人民检察院 2015 年 2 月修订的《关于深化检察改革的意见（2013—2017 年工作规划）》	繁简分流，提升诉讼效率	一元化，明确、单一
2016 年 8 月 29 日，最高人民法院、最高人民检察院向全国人大常委会所做的《对〈关于授权在部分地区开展刑事案件认罪认罚从宽制度试点工作的决定（草案）〉的说明》；2016 年 9 月 3 日通过的全国人民代表大会常务委员会《关于授权最高人民法院、最高人民检察院在部分地区开展刑事案件认罪认罚从宽制度试点工作的决定》	贯彻宽严相济的刑事政策，提高诉讼效率，加强人权司法保障	多元化
2018 年修改的《刑事诉讼法》；2018 年 4 月 25 日，全国人大法工委沈春耀主任在《关于〈中华人民共和国刑事诉讼法（修正草案）〉的说明》[②]	未规定	空白化处理
2019 年最高人民法院、最高人民检察院、公安部、国家安全部、司法部《关于适用认罪认罚从宽制度的指导意见》	准确及时惩罚犯罪、人权保障、繁简分流、节约司法资源、化解社会矛盾	多元化

从上述列表，可以看出，我国的认罪认罚从宽司法改革，经历了从一元化的

① 参见孟建柱：《完善司法管理体制和司法权力运行机制》，载《人民日报》2014 年 11 月 7 日第 6 版。

② 2018 年修改《刑事诉讼法》时，认罪认罚从宽制度是最核心的修改内容。但是立法机关出人意料地回避了对认罪认罚从宽立法目的的说明，《刑事诉讼法》中也没有规定该制度的立法目的。2018 年 4 月 25 日，全国人大法工委沈春耀主任在《关于〈中华人民共和国刑事诉讼法（修正草案）〉的说明》中对三大焦点问题中的“完善监察与刑事诉讼的衔接机制”和“建立刑事缺席审判制度”的立法目的均进行了专门解释和说明，却没有提及认罪认罚从宽的立法目的。

目的设立到多元化目的的变化过程。

首先，一元化的制度构建目的，如表1-5中提到的2015年2月最高人民法院出台的《关于全面深化人民法院改革的意见——人民法院第四个五年改革纲要（2014—2018）》提出："明确被告人自愿认罪、自愿接受处罚、积极退赃退赔案件的诉讼程序、处罚标准和处理方式，构建被告人认罪案件和不认罪案件的分流机制，优化配置司法资源。"很显然，该《改革纲要》中认罪认罚从宽制度的目的是明确而单一的，即"优化配置司法资源"。

其次，多元化的制度构建与适用的目的。如2016年9月3日，全国人民代表大会常务委员会《开展认罪认罚从宽制度试点工作的决定》规定，认罪认罚从宽试点工作的目的是"进一步落实宽严相济刑事政策，完善刑事诉讼程序，合理配置司法资源，提高办理刑事案件的质量与效率，确保无罪的人不受刑事追究，有罪的人受到公正惩罚，维护当事人的合法权益，促进司法公正……"《认罪认罚从宽制度试点办法》规定：

> 认罪认罚从宽制度试点，是落实党的十八届四中全会关于完善刑事诉讼中认罪认罚从宽制度改革部署的重大举措，是依法推动宽严相济刑事政策具体化、制度化的重要探索。这项改革，有利于及时有效惩罚犯罪，维护社会稳定；有利于进一步落实宽严相济刑事政策，加强人权司法保障；有利于优化司法资源配置，在更高层次上实现公正与效率相统一；有利于探索构建科学刑事诉讼体系，推进以审判为中心的刑事诉讼制度改革。

一元化的制度构建与适用的目的，犹如一道单选题，选择起来相对容易，多元或者综合的目的，犹如在做一道多选题，难度通常要大一些。单选题选出的唯一答案，不需要排序，而多选题，即便选择了几个选项，也需要排序，才能够有效地落实和适用，至少排序后能够很大程度上统一认识，提升司法适用的效率。我国有学者提出："对认罪认罚从宽制度的立法目的应该进行定位回归，将其立法目的划分为三个层次：第一层次的立法目的是繁简分流，提升诉讼效率；第二层次的立法目的是保障程序和实体处理上的宽严相济；第三层次的立法目的是探索推进实质性的控辩协商。"[①]分层次、进行排序，解决目的定位多元选择的难题，构思好多元目的之间的逻辑关系，让认罪认罚从宽司法改革定位明确，是一项非常有意义的研究，值得进一步讨论。

认罪从宽，从刑法实体法及相关理论那里能够找到根据和理由，即根据目的刑理论，犯罪人犯罪后认罪悔罪，其人身危险性降低，特殊预防必要性减小，

① 张泽涛：《认罪认罚从宽制度立法目的的波动化及其定位回归》，《法学杂志》2019年第10期。

因此，刑罚裁量可以从宽。从“认罪从宽”到“认罪认罚从宽”，并且在认罪认罚从宽试点工作开展之前，在同样的18个城市开展了速裁程序试点工作，由于速裁程序试点工作被认为是认罪认罚从宽的前期准备工作，因此，认罪认罚从宽制度具有提升诉讼效率的目的追求，是毫无疑问的。同时，将提升诉讼效率作为认罪认罚从宽制度的首要目的，对于司法实践显然更具指导意义，其操作性也更强。

然而，随着相关规定的出台，“繁简分流，提升诉讼效率”被纳入到多元的目的体系之中，认罪认罚从宽制度的目的不再是单一的“提升效率”，而是变成多元的目的追求，“繁简分流，提升诉讼效率”这一目的不再是唯一的目的，也不是唯我独大。《认罪认罚从宽制度试点办法》第3条规定：

> 办理认罪认罚案件，应当遵循刑法、刑事诉讼法的基本原则，以事实为根据，以法律为准绳，保障犯罪嫌疑人、被告人依法享有的辩护权和其他诉讼权利，保障被害人的合法权益，维护社会公共利益，强化监督制约，确保无罪的人不受刑事追究，有罪的人受到公正惩罚，确保司法公正。

多功能目标的确定，模糊了立法目的的重点。同时，还刻意区分认罪认罚从宽制度和速裁程序的功能：“认罪认罚从宽制度更强调犯罪人的认罪悔罪态度，更有利于其教育改造，实现预防再犯罪的刑罚目的；建立速裁程序有利于实现案件的繁简分流，有助于简案快审、难案精审，节约司法资源，有利于提高重大案件的审判质量和效果，确保无罪的人不受刑事追究，有罪的人受到公正处罚。”①《刑事诉讼法》修正之后，立法机关在解释新增认罪认罚从宽条款时也刻意淡化了立法目的。

2019年10月11日最高人民法院、最高人民检察院、公安部、国家安全部、司法部颁布的《关于适用认罪认罚从宽制度的指导意见》（以下简称2019《认罪认罚从宽指导意见》），是《刑事诉讼法》将“认罪认罚从宽”制度化后新的司法解释文件。2019《认罪认罚从宽指导意见》将适用认罪认罚从宽制度的宗旨，确定为“准确及时惩罚犯罪、强化人权司法保障、推动刑事案件繁简分流、节约司法资源、化解社会矛盾、推动国家治理体系和治理能力现代化”。之后，紧接着提出要坚持的四个基本原则，分别是“宽严相济刑事政策”“罪责刑相适应原则”“证据裁判原则”和“公检法三机关配合制约原则”。四个基本原则加上综合的制度适用意义的定位，认罪认罚从宽制度的目标更具综合性和多元性。

---

① 王爱立：《〈中华人民共和国刑事诉讼法〉修改与适用》，中国民主法制出版社2019年版，第45页。

二、认罪认罚从宽制度关键词的争议

认罪认罚从宽司法改革和制度的构建,有许多关键词,这里选择"认罪""认罚""从宽"等几个语词进行分析。

1. 认罪

先了解一下现行《刑法》和《刑事诉讼法》中与这几个语词有关的内容。见表1-6、表1-7。

表1-6　　我国《刑法》规定的"认罪"

条文	条文内容	使用的语词
第67条第1款	犯罪以后自动投案,如实供述自己的罪行的,是自首	如实供述自己的罪行
第67条第3款	犯罪嫌疑人虽不具有前两款规定的自首情节,但是如实供述自己罪行的,可以从轻处罚;因其如实供述自己罪行,避免特别严重后果发生的,可以减轻处罚	如实供述自己罪行
第164条第3款	行贿人在被追诉前主动交待行贿行为的,可以减轻处罚或者免除处罚	主动交代
第390条第2款	行贿人在被追诉前主动交待行贿行为的,可以从轻或者减轻处罚	主动交代
第392条第2款	介绍贿赂人在被追诉前主动交待介绍贿赂行为的,可以减轻处罚或者免除处罚	主动交代

表1-7　　我国《刑事诉讼法》规定的"认罪"

条文	条文内容	使用的语词
第118条第2款	侦查人员在讯问犯罪嫌疑人的时候,应当告知犯罪嫌疑人如实供述自己罪行可以从宽处理的法律规定	如实供述自己罪行
第208条第1款第2项	基层人民法院管辖的案件,符合下列条件的,可以适用简易程序审判:……(二)被告人承认自己所犯罪行,对指控的犯罪事实没有异议的	承认自己所犯罪行,对指控的犯罪事实没有异议
第271条第1款	下列公诉案件,犯罪嫌疑人、被告人真诚悔罪,通过向被害人赔偿损失、赔礼道歉等方式获得被害人谅解,被害人自愿和解的,双方当事人可以和解	真诚悔罪

可见，在《刑法》和《刑事诉讼法》中，采用的是“如实供述自己的罪行”“承认自己所犯的罪行”“对指控的犯罪事实没有异议”等的不同表述。在认罪认罚从宽改革的试行阶段，加上之前的速裁程序在各地试点工作，以及认罪认罚从宽制度的构建和实施中，理论和实务界出现了对“认罪”是“认事”还是“认罪名”等问题的争论。

（1）对“犯罪事实没有异议”。如重庆市高级人民法院、人民检察院、公安局、国家安全局、司法局《关于开展刑事案件认罪认罚从宽制度试点工作的实施细则》（2017 年 11 月 17 日）第 2 条规定：“犯罪嫌疑人、被告人自愿如实供述自己的罪行，对指控的犯罪事实没有异议，同意量刑建议，签署具结书的，可以依法从宽处理。犯罪嫌疑人、被告人承认指控的主要犯罪事实，仅对个别细节提出异议的，不影响‘认罪’的认定。”北京市高级人民法院、人民检察院、公安局、国家安全局、司法局《关于开展刑事案件认罪认罚从宽制度试点工作实施细则（试行）》（2017 年 2 月 15 日，京高法发〔2017〕52 号）第 4 条规定：“犯罪嫌疑人、被告人自愿如实供述自己的罪行，对指控的犯罪事实没有异议，同意量刑建议，签署具结书的，可以依法从宽处理。犯罪嫌疑人、被告人承认指控的主要犯罪事实，仅对个别细节提出异议，但不影响定罪量刑的，或者对犯罪事实没有异议，仅对罪名提出异议的，不影响认罪认罚从宽制度适用。”天津市高级人民法院、人民检察院、公安局、国家安全局、司法局《关于开展刑事案件认罪认罚从宽制度试点工作的实施细则（试行）》（2017 年 3 月 31 日）第 3 条规定：“认罪认罚从宽制度中的‘认罪’，是指犯罪嫌疑人、被告人自愿如实供述自己的罪行，对指控的犯罪事实没有异议。承认指控的主要犯罪事实，仅对个别细节提出异议的，或者对犯罪事实没有异议，仅对罪名提出异议的，不影响‘如实供述’的认定……”《青岛市认罪认罚刑事案件办理流程（试行）》（2018 年 5 月起适用）第 1 条规定：“犯罪嫌疑人、被告人认罪，是指其自愿如实供述自己的罪行，对指控的犯罪事实没有异议。犯罪嫌疑人、被告人对罪名认定提出异议的，不影响认罪的认定。”

（2）对“犯罪事实和罪名均没有异议”。如大连市《刑事案件认罪认罚从宽制度试点工作实施办法》（2017 年 5 月 10 日）第 4 条规定：“认罪是指犯罪嫌疑人、被告人自愿如实供述自己的罪行，对公诉机关指控的主要犯罪事实及罪名没有异议，并签署具结书。”

（3）对“犯罪事实没有异议”。当然，犯罪嫌疑人、被告人犯数罪，仅如实供述其中一罪或部分罪名事实的，全案不作“认罪”的认定，不适用认罪认罚从宽制度，但对如实供述的部分，人民检察院可以提出从宽处罚的建议，人民法院可以从宽处罚。2019《认罪认罚从宽指导意见》规定：“认罪认罚从宽制度中的‘认罪'，是指犯罪嫌疑人、被告人自愿如实供述自己的罪行，对指控的犯罪事实没有异议。承认指控的主要犯罪事实，仅对个别事实情节提出异议，或者虽然对行为性质提出辩解但表示接受司法机关认定意见的，不影响'认罪'的认定。犯罪嫌疑人、被告人犯数罪，仅如实供述其中一罪或部分罪名事实的，全案不作'认罪'的认定，不适用认罪认罚从宽制度，但对如实供述的部分，人民检察院可以提出从宽处罚的建议，人民法院可以从宽处罚。"

学界对认罪有不同的解读，例如有学者认为："认罪认罚从宽制度中的认罪，就是'自愿如实供述自己的罪行'（简称'认事'），认罪的实质或核心要素是客观供述所犯罪行，认罪即认事或承认犯罪事实，除此之外，不应给认罪附加任何冗余的内容。"[①]有的学者则提出："认罪的'概念核'是'如实供述自己的罪行'，也即被追诉人既要承认'行为'，也要承认'犯罪'。"[②]还有的认为"认罪"不仅要求犯罪嫌疑人、被告人如实供述自己的罪行，对指控的犯罪事实没有异议，并承认自己的行为是一种犯罪行为，而且要求其承认检察机关所指控的罪名。如有学者提出："被告人'认罪'是指被告人对检察院指控的犯罪事实和罪名给予了认可。"[③]孙长永教授将上述不同的观点分别称作"认事说""认事＋认罪说"和"认事＋认罪＋认罪名说"，并认为"以上三种观点分别只反映了'认罪'的一个侧面，均未能揭示'认罪'的完整内涵。鉴于认罪认罚从宽制度是以'宽严相济'刑事政策为指导、集实体法与程序法于一体的法律制度，'认罪'具有实体法、程序法和证据法上的不同效果，对认罪认罚从宽制度中'认罪'的解释，应当从实体法、程序法和证据法三个维度进行。犯罪嫌疑人、被告人必须同时满足三种法律意义上的'认罪'，才符合适用认罪认罚从宽制度中的'认罪'条件"[④]。

关于认罪，目前阶段，我们赞同"对犯罪事实无异议"的观点，相当于"认事＋认罪说"，即承认所犯事实，并承认实施的行为是错误的，是有罪的，并认为2019《认罪认罚从宽指导意见》的相关规定，汇总凝练了实践经验和理论建议，考虑得较全面，可以作为当前对"认罪"理解和适用的统一口径。当然，这主要是从刑事实体法角度对认罪的解读，认罪的判断是一项集刑法、刑事诉讼法、证据法多维度的司法活动，"刑法'认罪'具有实体法、程序法和证据法上的不同效

① 黄京平：《认罪认罚从宽制度的若干实体法问题探讨》，《中国法学》2017 年第 5 期。类似的观点，可参见张建伟：《认罪认罚的内涵解读及其技术处理》，《法律适用》2016 年第 11 期；胡云腾主编：《认罪认罚从宽制度的理解与适用》，人民法院出版社 2018 年版，第 77～78 页。

② 陈光中、马康：《认罪认罚从宽制度若干重要问题探讨》，《法学》2016 年第 8 期。

③ 陈瑞华：《"认罪认罚从宽"改革的理论反思——基于刑事速裁程序运行经验的考察》，《当代法学》2016 年第 4 期。

④ 孙长永：《认罪认罚从宽制度的基本内涵》，《中国法学》2019 年第 3 期。

果，对认罪认罚从宽制度中‘认罪’的解释，应当从实体法、程序法和证据法三个维度进行。犯罪嫌疑人、被告人必须同时满足三种法律意义上的‘认罪’，才符合适用认罪认罚从宽制度中的‘认罪’条件”①。

2. 认罚

关于认罚的内涵，首先，实务界解读不一，相关规定也存在较大的差异：

(1)仅限于对“刑罚”的同意。如重庆市《关于开展刑事案件认罪认罚从宽制度试点工作的实施细则》第2条规定：“犯罪嫌疑人、被告人对检察机关建议判处的刑罚种类、幅度及刑罚执行方式没有异议，但不同意适用速裁程序、简易程序的，不影响‘认罚’的认定。”第8条规定：“人民法院审理认罪认罚案件，应当依法听取被害人及其代理人的意见，被告人与被害人或者其代理人未就附带民事赔偿等事项达成调解或者和解协议，未取得被害人谅解的，可以适用认罪认罚从宽制度进行审理，但不得适用速裁程序。”可见，重庆市未将对被害人的赔偿纳入是否为“认罚”的范畴，仅作为是否适用速裁程序的条件。再如，《青岛市认罪认罚刑事案件办理流程(试行)》第1条规定：“犯罪嫌疑人、被告人认罚，是指其对检察机关建议判处的刑罚种类、幅度及刑罚执行方式没有异议并签署认罪认罚具结书予以确认。”青岛市也将“认罚”限定为“认刑罚”。

(2)除了对“刑罚”的同意之外，还将赔偿被害人损失、是否退赃作为影响量刑适用的考虑因素，在量刑建议中予以考虑。如北京市《关于开展刑事案件认罪认罚从宽制度试点工作实施细则(试行)》第4条规定：“犯罪嫌疑人、被告人同意量刑建议，是指对检察机关建议判处的刑罚种类、刑期幅度或确定的刑期、刑罚执行方式没有异议。”第6条规定：“办理认罪认罚案件，应当听取被害人及其代理人意见，并将犯罪嫌疑人、被告人是否与被害人达成和解协议或者赔偿被害人损失，取得被害人的谅解，作为量刑的重要考虑因素。对于涉财案件，是否积极退赃退赔应作为判断犯罪嫌疑人、被告人认罚态度的重要考虑因素。”

(3)除了对“刑罚”无异议之外，将“刑罚”之外的，比如是否积极退赃、积极赔偿被害人损失，作为“认罚”的内容。大连市《刑事案件认罪认罚从宽制度试点工作实施办法》第4条规定：“认罚是指犯罪嫌疑人、被告人对检察机关建议判处的刑罚种类、幅度及刑罚执行方式均没有异议。是否积极退赃、退赔，主动缴纳罚金，积极赔偿被害人损失，也是评估犯罪嫌疑人、被告人认罚的重要标准。犯罪嫌疑人、被告人不同意适用速裁程序、简易程序的，不影响‘认罚’的认定。”

从上述各地区的规定可以看出，关于认罪，存在是限于“对犯罪事实无异

① 孙长永：《认罪认罚从宽制度的基本内涵》，《中国法学》2019年第3期。

议”还是对指控的“罪名没有异议”的区别。对于“认罚”则存在“罚”字是限于“刑罚”还是包括其他制裁等的不同解读的争议，于是自然出现了“认刑”还是包括“认赔”的问题。

学界对认罚的内涵同样存在较为激烈的争议。有的认为：“认罚应当理解为对犯罪嫌疑人、被告人在认罪的基础上自愿接受所认之罪在实体法上带来的刑罚后果，包括同意检察机关提出的量刑建议并达成协议、同意退赔退赃和简化诉讼程序。”①有的认为：“‘认罚’的实质含义应当理解为‘愿意接受处罚’。”②此观点对“罚”字没有给出具体的限定。有的认为：“‘认罚’首先表现为自愿接受所认之罪带来的刑罚后果，并积极退赃退赔；同时，‘认罚’还要最终表现为接受法院判处的刑罚，因为如果不接受法院判处的刑罚并提出上诉，那就不是真正的‘认罚’。”③还有的将“认罚”分为广义和狭义来理解，狭义的认罚“是指犯罪嫌疑人、被告人同意量刑建议，签署具结书，即对检察机关建议判处的刑罚种类、幅度(包括刑期幅度或确定的刑期)及刑罚执行方式没有异议”。广义的认罚“就是以狭义的认罚为基础的民事赔偿和解。其中的民事赔偿和解，就是犯罪嫌疑人、被告人与被害方(被害人或者其代理人)就案涉民事赔偿等事项达成和解协议”④。

对于认罚，我们同意上面(1)和(2)的做法和观点。即“认罚”是指“认刑罚”，但刑罚最终结论的得出要考虑符合刑罚根据的各种因素。(1)和(2)观点中，除了对“刑罚”承认和对“刑罚”同意之外，还将赔偿被害人损失、是否退赃作为影响量刑适用的考虑因素，在量刑建议中予以考虑，性质是一样的，因为最终犯罪嫌疑人和被告人认的是“刑罚”。而上述(3)的做法，是将积极退赃、退赔，主动缴纳罚金，积极赔偿被害人损失，作为评估犯罪嫌疑人、被告人认罚的直接的标准。言外之意，就是认罚也包括“认赔”。此观点值得商榷。赔偿表现可以作为提出量刑建议时考量的因素，可以影响诉讼程序的选择适用，但作为“认罚”的范畴，一是逻辑上不严谨，将影响因素与量刑建议结论相混淆；二是也与认罪认罚从宽相关规定不相符。《认罪认罚从宽制度试点办法》第7条规定，办理认罪认罚案件，应当听取被害人及其代理人意见，并将犯罪嫌疑人、被告人是否与被害人达成和解协议或者赔偿被害人损失，取得被害人谅解，作为量刑的重要考虑因素。刑罚外的事项可以作为影响刑罚确定的考虑因素，但不构成

① 陈卫东：《认罪认罚从宽制度研究》，《中国法学》2016年第2期。

② 魏东、李红：《认罪认罚从宽制度的检讨与完善》，《法治研究》2017年第1期。

③ 朱孝清：《认罪认罚从宽制度中的几个理论问题》，《法学杂志》2017年第9期。

④ 黄京平：《认罪认罚从宽制度的若干实体法问题探讨》，《中国法学》2017年第5期。

“认罚”中“罚”字的内容。这一点也得到了2019《认罪认罚从宽指导意见》的肯定，该《指导意见》规定：“认罪认罚从宽制度中的‘认罚’，是指犯罪嫌疑人、被告人真诚悔罪，愿意接受处罚。‘认罚’，在侦查阶段表现为表示愿意接受处罚；在审查起诉阶段表现为接受人民检察院拟作出的起诉或不起诉决定，认可人民检察院的量刑建议，签署认罪认罚具结书；在审判阶段表现为当庭确认自愿签署具结书，愿意接受刑罚处罚。‘认罚’考察的重点是犯罪嫌疑人、被告人的悔罪态度和悔罪表现，应当结合退赃退赔、赔偿损失、赔礼道歉等因素来考量。犯罪嫌疑人、被告人虽然表示‘认罚’，却暗中串供、干扰证人作证、毁灭、伪造证据或者隐匿、转移财产，有赔偿能力而不赔偿损失，则不能适用认罪认罚从宽制度。犯罪嫌疑人、被告人享有程序选择权，不同意适用速裁程序、简易程序的，不影响‘认罚’的认定。”

该《指导意见》的上述规定也表明，认罚中的“罚”与犯罪嫌疑人、被告人的退赃退赔、赔偿损失、赔礼道歉等表现，在逻辑上是有不同层次的，就与从宽的关联而言，认罚是从宽的直接依据，而犯罪嫌疑人、被告人的退赃退赔、赔偿损失、赔礼道歉等表现，则是得出“罚”的最终刑种、刑期、执行方式等结论过程中考量的因素，“罚”的形成过程汇总了犯罪嫌疑人、被告人的悔罪态度和悔罪表现以及退赃退赔、赔偿损失、赔礼道歉等因素，后者是前者形成时考量的具体因素。

可见，认罚中的“罚”仅限于“刑罚”。至于“刑罚”是怎么得出来的，自然要看犯罪嫌疑人、被告人的悔罪态度和悔罪表现，并结合退赃退赔、赔偿损失、赔礼道歉等因素来综合考量。“刑罚”与“退赃退赔”“赔偿损失”“赔礼道歉”是不同属性、不同界面的概念。因此，对“认罚”的判断，应该区分逻辑层次，认罚是认“刑罚”，其他的表现是得出“刑罚”建议或结论的考量因素。因此，本书仍然坚持，“认罚”中的“罚”仅限于刑罚及其适用，延伸至包括不起诉等刑事案件的处理结论，但不包括“赔偿”等内容。

3. 从宽

“从宽”通常是指获得实体法意义上的从轻、减轻乃至免除处罚。刑事案件普通程序中的“从宽”主要集中于审判阶段的裁判环节，刑事速裁程序与认罪认罚从宽司法改革试点开展后，从宽的版图扩展至侦查和起诉阶段，并且，从宽获得了程序法意义上的“受益”性结果。如通过强制措施的变更，犯罪嫌疑人可能在实体裁决前得以恢复人身自由。又如，有的可能通过认罪认罚换来审前羁押期限缩短的结果。因此，从宽包括实体意义上的刑罚宽宥，也包括程序上的从宽。关于“从宽”以及“从宽的幅度”的具体内容，后面的章节再作详细的分析。

三、其他值得研究的问题

此次认罪认罚从宽司法改革，将“认罪”与“认罚”捆绑在一起，不论在实体法和程序法层面以及更广泛的领域中，理论和实践困惑不少，值得思考和解决。

1. 当出现“认罪”与“认罚”不一致时怎么办？如有的被告人“认罪”但不“认罚”，可否从宽处罚？“认罚不认罪”，是否影响刑罚裁量结果？

2. “认罪从宽”可否简化为“认罪当然从宽”？实体法层面承认“认罪”可以从宽，是基于被告人真心认罪，然而实务中存在“认罪从宽”简化为“认罪当然从宽”的做法①，有的不真心认罪的被告人，成为“认罪从宽”规定和理念的受益者，是否合理？

3. 将“认罪”与“认罚”捆绑在一起带来的其他理论和实践困惑。认罪认罚从宽司法改革提出以来，对认罪认罚从宽以及此项制度的构建，学术界和实务界有不同的解读。在没有相关部门给出权威性的界定之前，可能会因为解读不同，司法改革的试行方向和制度构建的框架、内容设计也会有所不同。有的将认罪认罚从宽制度解读为构建一项新的速裁制度，有的解读为现有制度的延伸：“我们认为，认罪认罚制度是建立在侦控机关指控犯罪嫌疑人、被告人有罪的基础上的一种制度延伸，它适用于任何案件性质、诉讼程序类型，广泛存在于刑事诉讼过程中。它不是脱离于刑事实体法、程序法规范而独立存在的一项诉讼制度。”②表面上关于认罪认罚从宽解读上的争议，实质上在于对“认罪”“认罪认罚”以及“认罪从宽”和“认罪认罚从宽”的不同的解读上。因此，应该从刑法、刑事诉讼法基本理论的视角，搞清“认罪”与“认罪认罚”之间存在的不同、“认罪从宽”和“认罪认罚从宽”的区别，这是改革的设计者和实践者要弄清楚的问题。

4. “认罪意愿”在实体法和程序法中扮演怎样的角色，起什么样的作用？刑事诉讼法和刑法意义上的“认罪”，都一致性地认可主动和自愿的认罪。如果不是自愿性认罪，在刑法实体法原理上缺乏再犯可能性降低的判断依据，因此，不适宜从宽量刑。但是，转换到突出效率优先的刑事诉讼语境，不自愿认罪，可否认定为“认罪”，从而适用认罪认罚从宽速裁程序？主动性弱和被动“认罪”的情况下，是否构成认罪？主动性弱，一般表现为认罪作出的时间距离案发较长，中间有犹豫、波折甚至反复，这类情况能否适用认罪认罚从宽制度，如何适用？

5. 与相近制度有何异同。围绕我国的认罪认罚从宽司法改革，出现了不同的语词和表述，如“认罪认罚从宽制度”“‘认罪认罚从宽’速裁程序”“认罪契约”

---

① 参见王瑞君：《“认罪从宽”实体法视角的解读及司法适用研究》，《政治与法律》2016 年第 5 期。

② 陈卫东：《认罪认罚从宽制度研究》，《中国法学》2016 年第 2 期。

“认罪协商”“控辩协商”等。有学者提到“刑事诉讼中的‘认罪契约’，是指刑事被告人与公诉机关以认罪换取从宽量刑的约定。认罪协商通常不明确具文，被告人试图通过放弃沉默权等程序性权利来获得量刑‘议价’的机会，经过公诉机关认可与法院审查后，刑事被告人最终往往被科处较轻的宣告刑甚至免除刑罚”①。“我国正在以顶层设计的方式推动认罪认罚从宽制度的完善。从刑事诉讼程序创新的角度来看，便需要构建中国式的认罪协商程序，但理论层面的共识和技术层面的准备是不足的。”②“当前认罪认罚从宽制度的规范性框架已经成就了控辩协商的做法，司法实践逐步形成了‘确认核准模式’。”③对国外的接近或对应制度的引介，习惯上采用美国的“辩诉交易”“德国刑事司法中的认罪协商制度”“法国庭前认罪答辩程序”“意大利的认罪协商程序”等。④

学界和实务界，一般认为，与我国认罪认罚从宽司法改革接近的当属美国的辩诉交易、法国的庭前认罪协商程序、德国的认罪协商制度等。“正如其他比较法研究一样，若采用一个更广义的概念，则更有利于人们去探寻在比较法领域中功能上等价的制度。”⑤因此，对认罪认罚的关注，不应局限于单一的模式、制度或实践，应该广泛了解，学习好的经验和做法，为我们制度的完善提供借鉴。当然，各国国情不同，不论与哪个国家的更接近，最终都是要从中国的实际情况出发，实现符合国情和社会发展需要的理念确立、制度设计和实际应用的目标。

① 刘磊：《“认罪契约”的适用限度——“认罪认罚从宽”速裁程序试点改革的再思考》，《江苏社会科学》2018 年第 1 期。

② 胡铭：《认罪协商程序：模式、问题与底线》，《法学》2017 年第 1 期。

③ 吴思远：《我国控辩协商模式的困境及转型——由“确认核准模式”转向“商谈审查模式”》，《中国刑事法杂志》2020 年第 1 期。

④ 参见[德]约阿希姆·赫尔曼：《协商性司法——德国刑事程序中的辩诉交易》，《中国刑事法杂志》2004 年第 2 期；施鹏鹏：《法国庭前认罪答辩程序评析》，《现代法学》2008 年第 5 期；孙志伟：《意大利认罪协商程序及其对刑事案件速裁程序的启示》，《河北法学》2016 年第 4 期；等等。

⑤ [美]戴维·T. 约翰逊：《日本刑事司法的语境与特色——以检察起诉为例》，林喜芬等译，上海交通大学出版社 2017 年版，第 359 页。

第二章　实体法意义上的"认罪从宽"

"认罪从宽"与"认罪认罚从宽"的逻辑结构存在差异。在"认罪从宽"中，"认罪"构成"从宽"的单独理由，此时的"从宽"是基于被追诉人犯罪后的认罪、悔罪态度而给予的限于实体法层面刑罚裁量的宽宥，理由是基于传统的预防刑理论。在"认罪认罚从宽"中，"认罪"和"认罚"捆绑在一起，二者构成"从宽"的合成前提，"从宽"一方面包括对被追诉人认罪、悔罪态度的认可和考量，同时，对于被追诉人配合国家追究刑事责任司法活动的表现，也给予肯定，于是，既"认罪"又"认罚"的"从宽"，不仅能够得到实体法意义上的刑罚宽缓，程序法上同时能够获得程序的简化。

"认罪认罚从宽"，作为一项刑事诉讼改革的重大举措，不仅具有"认罪从宽"的实体法价值蕴涵，同时具有优化刑事案件的分流机制、优化司法资源配置的程序价值，相比较于"认罪从宽"，"认罪认罚从宽"对宽严相济刑事政策的彰显和贯彻更为全面。本章重点阐述"认罪从宽"的解读和适用问题，对于"认罪认罚从宽"的类型化和适用，在后面的章节中再进行探讨。

第一节　"认罪从宽"司法适用中实体法层面显现出的问题

一、"认罪从宽"简化为"认罪当然从宽"

以山东省某基层法院为例。该法院 2014 年共审结 321 件刑事案件，其中，超过 70%案件的被告人因"认罪态度好"或"自愿认罪"被酌情从轻处罚，之中半数以上宣告缓刑。在适用了"认罪从宽"的这些被告人中，部分被告人存在自首、坦白、退赃等其他情节，而 40%以上的被告人仅仅是有认罪的表示，而无其他从轻、减轻情节。

以该法院 2015 年审理的个案为例。被告人陶某某曾因犯交通肇事罪（醉酒驾驶、致一人死亡、肇事后逃逸、庭审中认罪)，被该基层法院判处有期徒刑3年，缓刑3年。在2015年又因犯危险驾驶罪，在法庭审理中也表示认罪，被法院判处拘役，陶某某因被判实刑表示不服提出上诉。[①] 又如，田某某因故意伤害被提起公诉，开庭时田某某一直闭着双眼一言不发，但在最后陈述时表示认罪。庭审后，被害人不断向法官反映，田某某时常到他家对其进行骚扰、恐吓，在这样的情况下，法院的判决依然对田某某适用了“认罪从宽”。[②]

该法院存在的现象，在其他法院也同样存在。以山东省另一家基层法院为例。该法院2014年共审结420件刑事案件，其中，超过36%的案件的被告人因“认罪态度好”或“自愿认罪”被酌情从轻处罚，之中66%以上宣告缓刑。适用了“认罪从宽”的这些被告人中，部分被告人存在自首、坦白、退赃等其他情节，而90%以上的被告人仅仅是有认罪的表示，而无其他从轻、减轻情节。

再以一些基层法院缓刑的适用为例。我们以“刑事一审判决”和“缓刑”为关键词，在中国法院裁判文书网上，随机搜索和阅读了2014、2015年度100份一审刑事判决书，涵盖安徽、陕西、山西、浙江、江西、江苏、广东、河北、山东的不同基层法院，其中除了山东省高密市有一个判决是撤销缓刑的判决之外，其余99份适用缓刑的判决中，94份判决书中有表明被告人认罪的语词，是用来说明对被告人适用缓刑的理由的。见表2-1。

表2-1　　被告人适用缓刑的理由实证调研统计

被告人适用缓刑的理由	案例
“认罪态度好”“认罪态度较好”“当庭认罪态度较好”	(2015)芜经开刑初字第00037号；(2015)湖长刑初字第246、265、283、211、323、226、213、276、296号
“结合认罪悔罪表现”“结合被告人认罪悔罪表现”“当庭自愿认罪，结合被告人认罪、悔罪表现”	(2015)芜经开刑初字第00040、00041、00017、00022、00046、00039号
“有悔罪表现”	(2015)三刑初字第00066、00036、00062、00063、00065、00055、00058、00061号；(2015)洛川刑初字第00013、00018号

① 参见(2015)威环刑初字第258号刑事判决书。
② 参见(2015)威环刑初字第163号刑事判决书。

续表

被告人适用缓刑的理由	案例
“当庭自愿认罪”	(2014)高刑初字第134、190、276号
“自首”并“有悔罪表现”	(2015)响刑初字第00090、00041、00112、00092号
“能够如实供述自己的罪行”	(2015)安刑初字第117、78、77、118号
“犯罪情节较轻并有悔罪表现”	(2014)深龙法知刑初字第296、348、304、338、333号
“能如实供述自己的罪行……系坦白”	(2015)湖浔刑初字第166、198、76、169号
其他如“悔罪态度较好”“自首”等	(2015)庐刑初字第87号、(2015)湖浔刑初字第164号

上述这些适用缓刑的判决，尽管“认罪”在缓刑适用中起的作用究竟有多大不得而知，但缓刑的适用与犯罪人“认罪”有密切的关联，的确是非常明显的。除了适用缓刑的判决之外，其他判决中，将自愿认罪或认罪态度好作为从宽处罚情节的判决也很多。如董某甲危险驾驶罪一审刑事判决中写道：“被告人董某甲自愿认罪，可酌情从轻处罚。”①肖某某诈骗罪一审刑事判决中写道：“被告人肖某某当庭自愿认罪，可酌情从轻处罚。”②何某某运输毒品案一审判决中写道：“被告人何某某自归案后能如实供述自己的犯罪事实，认罪态度较好，结合本案的事实、性质、情节及社会危害性，本院决定对其从轻处罚。”③

可以说，法院判决书中广泛地认可和采纳了认罪从宽的理念和规定，从中不难看出，数量庞大的被告人成为“认罪从宽”规定和理念的受益者，或以“认罪态度较好”，或以“自愿认罪”这样类似的表述方式，被从轻处罚或者适用缓刑，“认罪从宽”甚至被简化为“认罪当然从宽”。

二、认定“认罪”模棱两可时偏向于按“认罪”对待

由于存在关于被告人是否“认罪”判断经验上的不足，加之理解上的偏差，实务中，当遇到被告人是否认罪判断上的困难时，通常偏向于按“认罪”对待。如上述田某某故意伤害案。我们在调研中了解到，法官认为“认罪从宽”的政策

① (2015)皋刑初字第00109号。
② (2014)灞刑初字第00117号。
③ (2015)临中刑初字第33号。

背景之一，是刑罚轻缓化，既然出于刑罚轻缓化的考虑，加之担心被告人上诉后上级法院改判的心理压力，因此，一审法官尽最大可能地轻判，使上级法院“减无可减”。再如，刘某故意伤害案。该案中，刘某因琐事与邻居发生纠纷，将邻居殴打致其眼部所受损伤构成轻伤。刘某在庭审中尽管口头上一再表示认罪并且愿意赔偿被害人损失，但是对于被害人的伤情是否构成轻伤以及是否由自己的行为导致了被害人轻伤的结果，均提出了异议。由于刘某最终也与被害人达成了和解，法院在判决时认定其认罪态度好，且赔偿了损失，对其从轻处罚并判处缓刑。据了解，实践中此类案件只要被告人能够口头表示认罪并且赔偿了被害人，一般都能够从轻处罚，有认罪表态和“积极赔偿”，法官往往并不会真的去分析被告人的真实的内心想法，也不好印证被告人的真实想法，只要达到赔偿的效果，就按认罪从宽对待。

还有的被告人，表示认罪，但是屡犯不改。例如在许多盗窃案件中我们经常说的“惯犯”，屡次因盗窃被判处刑罚，每次都表示认罪，然而多次再犯同种罪行。在被告人宋某某多次因盗窃受到刑事处罚，每次都有良好的认罪态度，虽然没有自首、坦白、退赔等情节，但是一直向法庭口头表示认罪，每次都因“认罪”被酌情从轻处罚。

三、有些案件在“认罪”的认定上存在两难判断

有的被告人口头承认自己认罪，但自己陈述案件事实时避重就轻或者故意为自己进行不符合事实的辩解。如在一起故意伤害案中，被告人刘某某醉酒后持刀将酒吧服务生捅成重伤，刘某某在他人报警后没有离开，在原地等待警方到来后接受讯问。在开庭时刘某某声称是被害人向他扑过来，他出于防卫拿出水果刀，被害人没有站稳扑到了刀上导致重伤，刘某某的供述与案发时的视频资料不符。刘某某表示，视频应该不会有错，但是他依然记得自己当时是出于防卫。本案中的刘某某即使在他人报警后在原地等待，但是自己供述明显与事实不符，在看完视频后，刘某某表示视频不会错，表示认罪。这种情况能否认定为“自首”，是否为“认罪态度良好”？

在孙某某强奸一案中，孙某某在公安机关的供述承认犯罪事实，开庭时却表示被害人是自愿与其发生性关系，他是冤枉的，但是孙某某依然向法官表示“认罪”。这种认罪，能否以“认罪态度好”或者是“自愿认罪”，而可以对其从轻处罚呢？

以上是我们调研中法官给我们提出的问题，也表达了法官们的困惑和认定时的两难情形。

有的个案中，虽然口头表示“认罪”，但主观上的抗拒非常明显。例如，被告

人李某某危险驾驶一案。李某某多次向法院表示不满："多大点事啊，又没出什么事故，至于吗？"李某某也因"认罪"，被法院从轻处罚，判处拘役两个月缓刑3个月，罚金人民币4000元。在通知他缴纳罚金时，李某某向法官表示不满，认为法官没有依法办案，罚金太高，甚至对法官恶语相向，在法官解释之后还是以"了事"的心态缴纳了罚金，在执行缓刑时又向法院打电话表示不满："因为这点事把我折腾的！不去司法局报到又能怎么样？"工作人员对其进行了警告，缓刑考验期内不按时报到将被撤销缓刑，出于畏惧心理最终李某某还是表示愿意去司法局报到。对于这样的"自愿认罪"，法官应该怎样处理？主观上的心理表现如此明显，只因为简单的一句"我认罪"就可以对其从轻处罚，是否合理？

在可否因认罪、赔偿换来缓刑方面，被告人在所谓"认罪"上，呈现出明显不同的态度上的变动性，在被逮捕的被告人中尤其常见。不少被告人被羁押于看守所，如果被律师、同监室人员告知退赔了或者赔偿钱数多就可以适用缓刑，不必坐牢，认罪和赔偿的积极性就会比较高，往往愿意与被害人协商，尽量与家属一起凑钱。但是，如果得知因为是累犯或者有其他的从重情节导致不能判处缓刑，被告人一般不会赔偿，此类被告人常常仅以口头表示"认罪"。对此，能否从轻处罚？还有的被告人及其家属据此与法院讨价还价，如在被告人车某职务侵占一案中，车某的家属在得知退赔可以从轻处罚后，要求法院出具保证书，保证退赔后对车某判处缓刑。法官告知其家属，退赔是可以从轻处罚的情节，有了此情节才能考量是否从轻。最终家属怕退赔后依然不能判处缓刑，没有退赔，车某被判处有期徒刑6年。当然，由于其"认罪"，法院仍然依据相关规定对其从轻处罚。

此外，还有的被告人认罪但不认罚。有的被告人判刑适用缓刑后，在缓刑考验期内脱管，不按时报到，认为没有坐牢就万事大吉。例如李某因故意伤害罪被判处有期徒刑3年缓刑4年，缓刑期间，李某没有按时去司法矫正机关报到。当然，后来被法院裁定撤销缓刑。

第二节　"认罪从宽"的实体法法源根据及理论根据

我国刑法典规定的自首和坦白被认为是认罪认罚的两种表现形式，并且是认罪程度较高的两种。《刑法修正案（九）》关于贪污罪、受贿罪的处罚，规定有"在提起公诉前如实供述自己罪行、真诚悔罪、积极退赃，避免、减少损害结果的发生，有第一项规定情形的，可以从轻、减轻或者免除处罚；有第二项、第三项规定情形的，可以从轻处罚"。这一规定意味着我国对贪污、受贿罪规定了特殊的从宽处罚制度。其中的"如实供述自己罪行、真诚悔罪、积极退赃，避免、减少损害结果的发生”,均可以被看作是行为人认罪的表现。

关于认罪从宽,在我国的有关实体法内容的司法解释中也有相应的内容。如最高人民法院2010《量刑指导意见》规定:“对于当庭自愿认罪的,根据犯罪的性质、罪行的轻重、认罪程度以及悔罪表现等情况,可以减少基准刑的10%以下,依法认定自首、坦白的除外。”最高人民法院2013《量刑指导意见》规定:“对于当庭自愿认罪的,根据犯罪的性质、罪行的轻重、认罪程度以及悔罪表现等情况,可以减少基准刑的10%以下。依法认定自首、坦白的除外。”[①]

尽管“可以减少基准刑的10%以下”的从轻幅度,在众多从轻量刑情节中,几乎是最小的,但不可否认的是,这或许也是实际操作成本最低的。有时候,可能被告人仅需“认罪”这样一个态度明示,就可以获得对自己有利的后果。然而,认罪获得从宽处理后再犯罪的事例,也给我们提了醒。如前面提到的陶某某危险驾驶案和田某某故意伤害案。在其他案件中也有此类情形的发生。[②]

“认罪从宽”在实体法角度是有理论依据的。“认罪从宽”解析开来即行为人实施危害行为后,他承认自己所实施的行为及其招致的“罪”的否定评价,此表现可在量刑时予以考虑,适当从轻。“认罪从宽”和认罪是否可以从宽这类命题是认罪可否影响刑罚裁量的问题。从刑事法科学的严肃性、司法公正的角度出发,对于“认罪”以及“认罪从宽”是需要严格把握的,这就回到了“认罪”为何能够“从宽”,与此密切关联的还有“从宽”该如何把握的问题,其归属于判断一个因素是否可以影响量刑,关键是看标准是什么,该因素是否符合这一标准的问题。规范地识别量刑情节,意味着要有评价性标准,即应依据基于法律理念、刑法原理、刑事政策等所生成的刑罚根据来进行。由于作为刑罚根据的责任刑、预防刑等的功能和地位不同,量刑情节的识别需合理地区分影响责任刑的情节、影响预防刑的情节以及其他情节。规范地识别量刑情节还要依据可能成为量刑情节的事由与刑罚根据的关联度,来对量刑情节进行判断。[③]

关于刑罚裁量的根据,相关的思考和争论一直没有停歇过。刑罚是“回头看”,而宽恕则是“向前看”。司法上的功利观点,以犯行者的人生满足我们的目的(也就是安全),在犯罪学者戴德丽·格拉什(Deirdre Golash)眼中,完全是违

---

① 自首和坦白作为较“认罪”更轻的情节,自然已经将认罪包含在内,是自首和坦白的应有内容。

② 在调研中,我们了解到,基层法院法官对“认罪从宽”的适用,有心理的因素,即鉴于目前法官考核评价制度,基层法院法官出于担心被告人上诉上级法院改判的心理压力,对于能够为现行法律、司法解释字面涵盖的因素,尽量轻判,使被告人上诉后没有再可以从轻的余地,这也成为法官在个别案件的判决中对从宽的不较真、不严谨以至于“认罪当然从宽”的原因之一。

③ 参见王瑞君:《如何规范地识别量刑情节——以实务中量刑情节的泛化和功利化为背景》,《政治与法律》2014年第9期。

反道德伦理的。她认为："可以要求犯行者弥补受害者，但不能声称为避免犯罪再度加害，于是反过来先加害他们……"思想家塞内加(Seneca)曾讲："'报复'是抽离人性的词，糟糕的是多数人视其为正道。报复的本质与犯罪无异，只是先后顺序不同。""以暴制暴就是犯罪，但比较容易找到借口。"①历史发展至今，有报应说、预防说和当今占主导地位的并合主义学说。自恢复性司法理念兴起之后，在原来的集报应主义和预防主义于一体的并合主义基础之上，又增加了恢复性司法的理论，并应用于一些国家的司法实践中，我国的刑事和解制度体现的就是恢复性司法的理念。于是，我国有学者认为，刑罚的理论基础，大致包括报应主义(报复刑)、功利主义(特殊预防与一般预防)和恢复性司法三种类型。② 确实，至少我国近年来的刑罚裁量考虑的情节，不仅包括影响报应刑的事由、影响预防刑的事由，还包括从前两者难以找到依据但也被作为在部分案件中广泛适用的情节即被害人谅解。被害人谅解，严格说来在传统的报应刑和预防刑那里，均找不到其作为量刑情节的依据。其之所以成为量刑情节，全仰赖于恢复性司法理念支持的刑事和解制度与实践。③ 从各国或地区的立法可以看出，各国家或地区关于刑罚目的、刑罚根据的规定，一般采取并合主义，即刑罚一方面要与应负的责任相适应，另一方面要考虑预防犯罪的需要，同时有的将恢复性司法的理念引入立法。④ 即是说，近年来兴起的恢复性司法理念，在传统的刑罚体系之外为加害人的侵害责任提供了一种新的理论。此外，人道主义相关刑事政策对量刑包括对某一因素是否构成对量刑的影响，也具有不可忽视的指导作用。

犯罪嫌疑人、被告人承认自己实施行为及罪孽性，是降低自己再犯可能性的第一步，说明其特殊预防必要性的降低，因此，从已有的刑罚根据理论来看，其具备获得从轻处罚的理由，可以得到从宽的处罚。

"认罪从宽"主要是刑事实体法层面的价值和意义，即在刑法立法和司法适用中，"认罪"作为犯罪后行为人对犯罪的态度，如果真心认罪，承认错误，说明行为人人身危险性降低，特殊预防的必要性较少，依据刑罚根据原理，可以在量刑时体现从宽。认罪从宽，前提是犯罪人"认罪"。"认罪"是行为人犯罪后对所实施的犯罪行为的认识和态度，系犯罪后的表现，其影响量刑的根据即预防刑

---

① 参见[美]贝兹·卓辛格：《把他们关起来，然后呢?》，陈岳辰译，中信出版集团 2017 年版，第 23 页。

② 参见熊秋红：《中国量刑改革：理论、规范与经验》，《法学家》2011 年第 5 期。

③ 详见王瑞君：《刑事被害人谅解不应成为酌定量刑情节》，《法学》2012 年第 7 期。

④ 详见王瑞君：《如何规范地识别量刑情节——以实务中量刑情节的泛化和功利化为背景》，《政治与法律》2014 年第 9 期。

存在的合理性。进一步而言，即人身危险性及其程度的判断。犯罪人犯罪后"认罪"，表明犯罪人认识到自己行为的错误，以悔过自新，说明该犯罪人的再犯可能性有所减少，人身危险性降低，因而可以得到从宽处罚。但是，如果犯罪人恶意利用认罪从宽的制度和政策，达到其不当的目的，那么在实体法上是缺乏从宽的根据的，因此，不必然给予从宽的处罚。

有必要说明的是，对"认罪认罚"和"认罪不认罚"的评判结果，要仔细识别并有正确的解读。从实体法层面来看，"认罪"系行为人犯罪后对所实施的犯罪行为的认识和态度。作为犯罪后的表现，如果被告人真诚认罪，本身就是一种重要的量刑情节，其影响量刑的根据来自于预防刑存在的合理性。行为人犯罪后"认罪"，表明其认识到自己行为的错误，以悔过自新，说明该犯罪人的再犯可能性有所减少，人身危险性降低，因而可以得到从宽处罚。需要重点说明的是："不认罪"，有的可能构成对被告人进行刑罚裁量时的消极影响，而"不认罚"却是嫌疑人、被告人享有的诉讼中的正当权利，被告人可以行使正当的诉权，进行上诉。二者的法律评价是不一样的。因此，如果仅从刑法实体法角度来说，使用"认罪从宽"的提法，更不易产生误解。

第三节　认罪的判断与从宽的合理掌握

对"认罪从宽"进行实体法意义的解读和裁量适用，首先是要就认罪的真实性进行判断，其次是认罪的程度，然后为是否从宽及从宽幅度的判断。

一、认罪的判断

（一）"认罪"的多种表现形态

"认罪"是表示"同意"即可，还是包含有"悔罪"的成分在其中？理论界和实务界看法并不完全一致。有学者提出："在刑事诉讼程序中，认罪实质上就是犯罪嫌疑人、被告人的一种'同意'。……换言之，唯有犯罪嫌疑人、被告人在理解认罪前提及其后果的基础上，通过某种行为表达这种认罪的意愿，才构成实质意义上的认罪。"[①]此观点的表述容易让人产生疑惑。"同意"罪名和"认事儿"，并不等于真正地认识到错误和悔罪，哪怕是有认罪的意愿，也未必就是真的认罪悔罪。这里有必要就理论和实务中的争议点"认罪意愿"及其在实体法和程序法中的角色和作用是否完全一致进行一下分析。

---

① 孔令勇：《教义分析与案例解说：读解刑事诉讼中的"认罪""认罚"与"从宽"》，《法制与社会发展》2018 年第 1 期。

应该说，刑事诉讼法和刑法语境中，都一致性地认可主动和自愿的认罪，换句话说，如果一个人主动和自愿认罪并承认自己犯了罪，自己行为是错误的行为，那么不论是刑法还是刑事诉讼法，都会承认他的认罪表现，并给予奖励性的回应。但是如果不是自愿性认罪，在刑法语境中，基于刑罚根据原理，缺乏再犯可能性降低的判断依据，因此，不适用从宽量刑。然而，在突出效率优先的刑事诉讼语境中，认罪，但自愿性不明显，却可以适用认罪认罚从宽速裁程序。

“认罪”，有主动性弱和被动的情况。主动性弱，一般表现为认罪作出的时间距离案发较长，中间有犹豫、波折甚至反复，这就需要看案件选择进入速裁还是普通程序的时间节点上，嫌疑人、被告人的态度表现如何。如果认罪认罚，同样可以适用速裁程序，并且获得从宽处罚的对待。当然主动强弱不同，量刑从宽的程度也不同。被迫或者虚假的认罪，没有理由获得量刑从宽处罚的待遇，也不建议适用认罪认罚从宽的速裁程序。《速裁程序试点办法》中有相关规定，如第 1 条规定：“当事人对适用法律没有争议，犯罪嫌疑人、被告人同意人民检察院提出的量刑建议的……”第 6 条规定：“人民检察院经审查认为案件事实清楚、证据充分的，应当拟定量刑建议并讯问犯罪嫌疑人，了解其对指控的犯罪事实、量刑建议及适用速裁程序的意见，告知有关法律规定。犯罪嫌疑人承认自己所犯罪行，对量刑建议及适用速裁程序没有异议并签字具结的，人民检察院可以建议人民法院适用速裁程序审理。”

“同意被指控的犯罪”，还是“自愿认罪”？程序法层面选择前者还是后者？看看相关规定就清楚了。《认罪认罚从宽制度试点办法》第 1 条规定：“犯罪嫌疑人、被告人自愿如实供述自己的罪行，对指控的犯罪事实没有异议，同意量刑建议，签署具结书的，可以依法从宽处理。”《刑事诉讼法》第 15 条规定：“犯罪嫌疑人、被告人自愿如实供述自己的罪行，承认指控的犯罪事实，愿意接受处罚的，可以依法从宽处理。”第 174 条规定：“犯罪嫌疑人自愿认罪，同意量刑建议和程序适用的，应当在辩护人或者值班律师在场的情况下签署认罪认罚具结书。”第 190 条第 2 款规定：“被告人认罪认罚的，审判长应当告知被告人享有的诉讼权利和认罪认罚的法律规定，审查认罪认罚的自愿性和认罪认罚具结书内容的真实性、合法性。”上述条文都使用的是“自愿”一词，可见，一旦到了刑罚裁量的从宽上来，不论是实体法原理还是我国程序规范的内容，都将“自愿认罪”作为适用的条件，而非仅仅“同意被指控的犯罪”。

比较而言，实体法层面，更看重犯罪嫌疑人和被告人认罪的自愿性和真实性，要体现出其悔罪，方能具备从宽处罚的理论依据。因为行为人犯罪后，不仅认罪，并且同时悔罪，说明行为人的人身危险性在降低，对其特殊预防必要性减少，从刑罚根据中的预防刑的原理，可以获得从轻或者减轻处罚的依据，也为各国立法、理论和实务所共同认可。如果只是承认"这事儿是我干的",对于这事是否正确、干了这件事情后不后悔一概不放在心上,说明行为人并没有认识到自己行为的错误,于刑罚根据上就不具备获得从宽处罚的理由。

(二)认罪的判断事项

1. 认罪与否的判断

认罪与否的判断,关键是认罪真实性的判断。认罪不必然从宽,即认罪不必然会带来实体法上从宽的效果。认罪可以简化诉讼程序,让案件尽快结案,但程序法意义上的认罪与实体意义上的认罪,由于对案件处理影响的着眼点不同,因此判断的标准也是不同的。实体法上作为从宽理由的"认罪"是实质上的认罪,认罪需是真实的,否则不具备从宽处罚的理由。

当然,要注意的是,如果行为人"认罪"是真实的,因其人身危险性降低,可以作为从宽处罚的理由,与鼓励罪犯悔改、节约司法成本的所谓功利性目的和做法,是竞合的;这种情况下,行为人真诚认罪、悔罪,不仅实体法上具备从宽处罚的依据,并且客观上会带来节约司法成本、提高诉讼效率的诉讼法上的效果。因此,真诚认罪,然后从宽,是有合理根据的。问题在于,如果行为人不是真诚认罪,可否因为行为人口头表示认罪,而从宽处罚?

如前所述,作为实体法"从宽处罚"意义上的"从宽",是基于行为人人身危险性的降低、特殊预防必要性的减少,从而从宽处罚。因此,对"认罪"的判断,是对嫌疑人、被告人心理的判断。一方面,需要通过嫌疑人、被告人犯罪后的行为表现,观察和判断嫌疑人、被告人的心理和真实想法;另一方面,通过与嫌疑人、被告人的面对面接触,通过直觉对其心理作出判断。如果行为人能够如实供述犯罪事实及作案过程,主动交代作案工具去向或物证,主动交代与本案有牵连的人和事,积极退赔赃款赃物,积极赔偿被害方的损失的,一般可以作出行为人系"认罪"的判断,可以考虑予以从宽处罚。至于行为人对自己行为的在刑法上被评价的性质可能存在的错误、对指控罪名存在的疑惑,就事实真实情况的抗辩,对法律适用问题的抗辩,不应作为否定其认罪的依据。相反,如果行为人仅仅是口头表示认罪,但并不是发自内心的真实意思表示,对主要事实、重点环节避重就轻、敷衍塞责,那么,对其适用认罪从宽,就显得不合理。如前面提到的被告人李某某危险驾驶一案。李某某实际行动上不仅没有认罪的举止和表现,相反,不断表现出对法律、司法人员的蔑视、不尊重,对李某某,如果仅仅因为其有简单的一句"我认罪",就不能够对其从轻处罚。

2. 认罪程度的判断

就广义的"认罪"而言,我国现行刑法已经按层级进行了规定,即关于自首、坦白及其不同处罚原则的规定。自首通常表明行为人认罪的程度更强些[①]，所以从宽处罚的程度比坦白大些。除了自首中的认罪、坦白中的认罪表现之外，还有构不成自首或坦白的认罪，不仅与自首中的认罪、坦白中的认罪存在层级上的不同，后者仍然有不同的层级和认罪的程度上的差异，对此，需要法官根据个案进行个别的把握和裁判，使得正义在个案中得到恰当的体现。“在许多情况下，机械地适用规则就意味着非正义。我们需要的是个别化的正义，也就好似说，正义的程度要适应单个案件的需要。只有通过裁量方能个别化正义目标。”[②]

对认罪程度进行层级或阶梯式分析和分类，目的是在量刑时掌握好从宽的度。认罪有的较为彻底，有的则不够彻底，说明行为人的人身危险性降低的程度是不一样的，要进行不同的刑法评价。认罪时间的不同，反映出行为人认罪、醒悟的迟早。被刑法类型化的认罪从宽情节中的自首和坦白，即是根据认罪的时间前后所作的划分。没有被刑法类型化的从宽情节，也应考虑行为人认罪、悔罪的时间。认罪有主动与被动之分。行为人是由于自己的真心悔悟，而诚心实意地承认自己的错误行为，还是在经过他人的教育、感化后认罪，还是在面临压力、不得已情况的认罪，在量刑时均应予以不同的斟酌和裁量。

3. 态度反复时认罪的判断

调研中，法官给我们讲，有些犯罪嫌疑人、被告人在庭前送达阶段几经反复，有些被告人甚至需要询问律师才敢于作出是否认罪的意思表示，原本是个事实性问题，却怕对其产生不利后果而迟迟不敢承认。对此，要将正当的抗辩权的行使与抗拒认罪、不认罪区分开来。不能把辩解当作不认罪的表现，否则会影响正当权利的行使。被告人没有默认不真实指控、不客观指控的义务，而有尊重客观事实维护自身权益的权利。对于指控存在法律上的认识偏差，提出的主张和意见，也不能视同抗拒认罪。要将定性分析和适用与定量分析和适用相结合，对从宽进行客观的判断。

（三）认罪的判断方法

1. 裁判者亲临与当面倾听

“每个罪犯的特殊预防必要性大小绝不可能是相同的。诚然，哪些要素会影响特殊预防必要性的大小，或多或少会有一些共识，或者说已经被类型化，如自首、立功、坦白等。但是，还有大量的影响特殊预防必要性大小的因素，没有

① 当然，也有行为人虽自动投案后如实供述自己的罪行，但无悔过自新之意，也会因为其行为使案件的侦查与审判变得更为容易，而认定为自首。但是，此种情况下的自首，与行为人自动投案后，如实供述自己的罪行，并有悔过自新之意的自首，处罚是不同的。同理，同样是坦白，行为人真诚悔罪认罪与不真心认罪，在量刑时应有所区别。

② ［美］肯尼斯·卡尔普·戴维斯：《裁量正义》，毕洪海译，商务印书馆 2009 年版，第 20 页。

被类型化，事实上对法官的量刑却起着重要作用。或许被告人在法庭上的表情、一个独特的眼神都可能影响法官对其再犯罪危险性的判断，进而影响预防刑。没有见到被告人的面孔，没有听到被告人说话，没有看到被告人的举止，就做出量刑判断的做法，是何等不可思议！”①听人说话是一种技巧，根据听到的和看到的，要对事实和对话人的态度作出判断的，做到内心确信。司法实务中的办案人员，要亲临和倾听犯罪嫌疑人和被告人的叙述和表态，对被追诉人同意认罪的表态要用心观察和判断，对于被追诉人的相关质疑，要把握好争议的问题点，学会和运用“望、闻、问、切”的方法，观察被告人在谈话中和庭审中的表情、眼神、语言、动作及其他的肢体语言等微表情，结合被告人退赃、退赔、赔偿等的表现，对被告人是否真的认罪，作出判断。

2. 运用经验法则进行判断

经验法则是法官自由心证的基石。在日常审判中，法官无论是有意识还是无意识，经常会运用经验法则评价证据、认定案件事实。我国相关的规定也认可了经验法则的地位。最高人民法院《关于民事诉讼证据的若干规定》第 9 条第三项规定，根据法律规定或者已知事实和日常生活经验法则，能推定出的另一事实，该事实无需举证加以证明。最高人民法院《关于行政诉讼证据若干问题的规定》第 68 条规定，法庭可以对根据日常生活经验法则推定的事实等直接认定。上述两个关于证据规则的司法解释，确认了经验法则在民事诉讼和行政诉讼中的地位和作用。最高人民法院《办理死刑案件证据规定》第 5 条界定“证据确实、充分”的证明标准时，其中一项要求就是，根据证据认定案件事实的过程符合逻辑和经验规则，由证据得出的结论为唯一结论。关于认罪的判断，尽管未必非要达到死刑适用的证明标准，但是经验法则可以同样运用于认罪的判断中。认罪的动机、表现方式多种多样，经验法则同样丰富多彩，法官根据案件需要，会本能地选择具体的经验知识，就手头的案件进行识别和判断。为此，法官要注意生活和各行各业工作中的知识、常识以及身边生活中的经验法则，同时，也要注意自身经验的积累，法官阅历、经验越丰富，对案件的认知就越审慎、越仔细、越全面，作出的判断就更为准确。

3. 不讳言和回避运用法官的直觉判断

司法过程因理性和逻辑而被神圣化，司法裁判也因理性和逻辑思维的主导而被敬重。然而，公正合理的裁判结论绝不是仅仅凭借纯粹理性的逻辑推断过程就能够得出的。裁判者的情感、直觉顿悟、认知模式、价值取向、主观偏好等非逻辑成分掺杂其中，是客观存在的。当然，由于直觉自身存在主观性、片面性

---

① 张明楷：《论预防刑的裁量》，《现代法学》2015 年第 1 期。

和或然性，其运作难以描述，裁判者或许“习而不察”，或许“用而不言”。然而，仔细观察不难发现，直觉在司法过程的各个环节无时不在发挥作用，这是一个不容否认的客观事实。同样，法官的直觉对于判断被告人是否真心认罪、悔罪，有时会很重要。波斯纳指出：“直觉是我们的一套基本的确信，它埋藏得很深，我们甚至不知如何质疑它，它无法令我们不相信，因此，它也为我们的推理提供了前提。”①直觉未必是正确的，但是由于在对被告人量刑时需要考虑的因素中，要想给每个因素定型、类型化和量化，实在太难。所以波斯纳说：“当一个决定要取决于数个因素时，运用直觉，而不是努力清醒地分别评估各个因素，然后将之结合形成一个最终结论，也许更好。”②

当然，直觉，特别是法官的直觉，是建立在法官完善的知识体系和丰富的从业经验、阅历经验的基础之上的，不能像小孩子玩耍中的蒙上眼睛抓阄那样随意简单。我们所说的“最好把直觉理解为一种能力，会深入到从教育特别是从阅历中获得的潜意识知识储备中（就像‘练习到自动化的程度’这种说法）”③。缺乏知识积累，没有大量的相关的司法实践工作的经验或者经历，直觉是不太可能得到很好的发挥和运用的。因此，直觉的精准度和运用是离不开裁判者日积月累的个人知识体系、人生阅历、生活经验和工作经验的。法官应当不断提高自身的知识水平，逐步完善自身的知识结构，同时，通过积极、大量地参与司法实践活动并且善于在司法实践中总结和学习，积累丰富的经验和阅历，留意观察和总结社会上普通人的思维习惯、特点等。“在一个问题的解决过程中，当分析思维方式难以施展和奏效时，直觉思维便被启用。”④因此，承认法官直觉判断的存在和运用，不忌讳谈论和运用直觉，才是一种客观的态度。

二、实体法意义上“从宽”的解读和适用

实体法意义上的“从宽”，其逻辑前提是“认罪”。与“认罪”密切关联从而影响“从宽”幅度的因素包括以下几种：(1)认罪的时间。认罪时间不同，反映出行为人认罪、醒悟的迟早。以刑法规定的自首、坦白为例，自首和坦白都是典型的“认罪”，二者相比，自首，行为人认罪的时间要早，因此，刑法对自首的刑罚处罚要轻于坦白，这在我国先后发布的《量刑意见》中也得到体现。(2)认罪的程度。认罪有的较为彻底，有的不够彻底，说明行为人的人身危险性降低的程度是不

---

① [美]理查德·波斯纳：《法理学问题》，苏力译，中国政法大学出版社2002年版，第93页。
② [美]理查德·波斯纳：《法官如何思考》，苏力译，北京大学出版社2009年版，第101页。
③ [美]理查德·波斯纳：《法官如何思考》，苏力译，北京大学出版社2009年版，第101页。
④ 蒙绍荣：《直觉思维论》，广西人民出版社2002年版，第136页。

一样的，要进行不同的刑法评价。认罪有主动与被动之分。行为人是由于自己的真心悔悟，而诚心实意地承认自己的错误行为，还是在经过他人的教育、感化后认罪，还是在面临压力、不得已情况下的认罪，在量刑时均应予以不同的斟酌和裁量。(3)认罪的稳定性。确实实施了犯罪行为的人，在认罪过程中有犹豫、波折甚至反复，比主动和自愿认罪、诚恳承认自己的罪过和罪行，在获得实体法从宽幅度上，应该有所区别。(4)认罪的情形。其一，如果嫌疑人、被告人对事实、犯罪、罪名都承认或者都“同意”，那么认罪成立。其二，如果行为人承认主要犯罪事实，则全案可以认定为认罪。其三，如果行为人只认同“事实”，不认同“犯罪”，这种“认事”不“认罪”的，不应按认罪来看待。当然，如果承认犯罪事实，仅在罪名上存在异议，那么一般不影响对其“认罪”的成立。其四，如果行为人犯数罪，比如犯 A、B、C 数罪，仅对其中的 A 罪认罪，当然，对 A 罪刑罚裁量时，可以适当从宽。

认罪的问题解决之后，是“从宽”的合理把握问题。与“从宽”相关联的是，我国量刑规范化改革的相关规定和做法。以最高人民法院 2017 年《量刑指导意见》中关于“认罪”量刑情节适用为例，该《量刑指导意见》分“自首”“坦白”“当庭认罪”三种不同的情形，分别规定有调节基准刑的比例。具体见表 2-2。

表 2-2　　《量刑指导意见》中关于“认罪”情节调节基准刑的规定

量刑情节	调节基准刑比例	备注
自首	减少 40%以下；犯罪较轻的减少 40%以上或免除处罚	最高 40%以上或免除处罚
坦白	如实供述的减少 20%以下；如实供述司法机关未掌握的同种罪行的减少 10%～30%；如实供述避免严重后果发生的减少 30%～50%	最高 50%
当庭认罪	减少 10%以下	最高 10%

其他的认罪情形，法官在进行刑罚裁量时，需要根据个案的具体情况，客观地掌握。当然，实体法意义上的“认罪从宽”，仅限于在认罪的情形下刑罚裁量上的从宽，与“认罪认罚从宽”中的“从宽”，在含义上是存在差异的。

第三章　程序从简也是从宽

我国学界和实务界对认罪认罚"从宽"的探讨,多聚焦于认罪认罚案件中实体法层面的刑罚裁量和适用的从宽上。事实上,认罪认罚案件不仅涉及刑罚裁量时的从宽问题,还包括检察官自由裁量权行使中的酌定不起诉以及适用何种审判程序来进行审理的程序繁简等问题。如果从"程序即是惩罚"的命题出发,程序从简也是从宽。2019 年《认罪认罚从宽指导意见》第 8 条,意在统一"从宽"的口径:"从宽处理既包括实体上从宽处罚,也包括程序上从简处理。"当然,"程序从简也是从宽"不是绝对正确的命题,是有其前提条件的,要基于犯罪嫌疑人、被告人的选择,或至少经过犯罪嫌疑人、被告人同意,程序从简才是从宽。

第一节　程序即是惩罚

一个人被怀疑有罪,从进入刑事诉讼程序开始,往往会经历漫长的等待过程,最终等到判决的结论。在当代各国和地区的刑事追诉制度及实践中,不论最终判决是有罪还是无罪,程序是同等分配给无辜者和有罪者的,对最终结论的等待过程,其间的不时被讯问、情况核实、调查,以及对不确定、未知结论的等待的心路历程,本身就是一个令人煎熬的过程,因此,"程序即是惩罚"。"被告人为什么做认罪答辩有着很多的原因。有些是觉得必须承认自己做出的错误行为。还有一些是认识到定罪是无法避免的,宁愿将冗长的刑事诉讼带来的自扰尽可能地降低。他们大概不喜欢审判带来的不确定性和紧张。"[①]联合国大会于 1985 年 12 月 10 日通过的《联合国少年司法最低限度标准规则》(又称《北京规则》)第 20 条有"每一个案件从一开始就应迅速处理,不应有任何不必要的拖

---

① [美]马尔科姆·M. 菲利(Malcolm M. Feeley):《程序即是惩罚——基层刑事法院的案件处理》,魏晓娜译,中国政法大学出版社 2014 年版,第 11 页。

延”之规定，应当有尽可能降低程序拖延所带来的弊端的蕴意。

曾有律师根据我国现有法律规定，对一个犯罪嫌疑人可以被合法地关押的时间进行过统计，也即根据《刑事诉讼法》，一个犯罪嫌疑人可以被合法地羁押13年以上，程序用足还可以更长。[①] 在借鉴吴布达律师所做的统计的基础上，这里根据我国《刑事诉讼法》的规定，分侦查、审查起诉和审判三个阶段，对羁押时间进行一下统计，见表3-1、表3-2、表3-3、表3-4、表3-6。

表 3-1　　侦查阶段羁押时间

程序	事项与事由	法条	时间	
			月	日
	传唤	第119条第2款		1
侦查	拘留	第92条		37
	逮捕后侦查	第156条	2	
	案情复杂，逮捕后侦查延长	第156条	1	
	案情重大复杂，逮捕后侦查延长	第158条	2	
	可能判处10年以上，逮捕后侦查延长	第159条	2	
	发现另有罪行一次，重新计算	第160条	7	
			合计14	

表 3-2　　审查起诉阶段羁押时间

程序	事项与事由	法条	时间(月)
审查起诉阶段	审查起诉	第172条第1款	1
	重大复杂案件的审查起诉	第172条第1款	1.5
	改变管辖一次，重新计算	第172条第2款	1/1.5
	第一次补充侦查	第175条第3款	1
	审查起诉/重大复杂案件的审查起诉	第172条第1、2款	1/1.5
	第二次补充侦查	第175条第3款	1
	审查起诉/重大复杂案件的审查起诉	第172条第1、2款	1/1.5
			合计：最高8

---

① 参见吴布达：《程序即惩罚？——一个犯罪嫌疑人可以被合法地关押多久？》，https://mp.weixin.qq.com/s?src=11&timestamp=1576828052&ver=2045&signature=90E-el-kBpLhzQAiH8JxGB9O83gGhOfyhaKP-f2lbZU2GMMLzBLPI-RRwvRvdeNHQNNWaTPHRq3ja6pqEnULzR*kqfsr2hCj-9cW*Zh9UAx-obNIIM-PEW8qRqNMlyImN&new=1，2019年12月20日访问。

表 3-3　　一审阶段的羁押时间

程序	事项与事由	法条	时间(月)
一审	一审一般	第 208 条第 1 款	3
	一审重大复杂延长	第 208 条第 1 款	3
	第一次补充侦查	第 208 条第 3 款	1
	补充侦查后期限重新计算	第 208 条第 3 款	3/6
	第二次补充侦查	第 208 条第 3 款	1
	补充侦查后期限重新计算	第 208 条第 3 款	3/6
	改变管辖重新计算	第 208 条第 2 款	14/20
	特殊情况,最高人民法院批准一次	第 208 条第 1 款	3
			合计,最高 43

表 3-4　　二审阶段的羁押时间

程序	事项与事由	法条	时间(月)
二审	一审二审衔接	无	3
	二审检察院阅卷	第 235 条	1
	商请二审法院延长阅卷时间	检察院规则第 474 条第 2 款	3
	二审一般	第 243 条	2
	二审重大复杂延长	第 243 条	2
	第一次补充侦查	第 242 条、第 208 条第 3 款	1
	补充侦查后期限重新计算	第 242 条、第 208 条第 3 款	2/4
	第二次补充侦查	第 242 条、第 208 条第 3 款	1
	补充侦查后期限重新计算	第 242 条、第 208 条第 3 款	2/4
	特殊情况最高人民法院批准一次	第 243 条	3
			合计,最高 24

表 3-5　　发回重审的羁押时间

程序	事项与事由	法条	时间(月)
发回重审	发回重审一审重新计算	第 241 条	最多可以 43
	发回重审二审	第 141 条	最多可以 24
	商请二审法院延长阅卷时间	检察院规则第 474 条第 2 款	合计,最高 67

将侦查、审查起诉和审判阶段的羁押时间加在一起,最高可以达到 157 个月,折合 13 年零 1 个月。

可举个案为例。首先以福建省“念某投毒案”为例。“福州念某投毒案”指

2006年7月27日发生在福州平潭县的一起投毒案，嫌疑人念某被认定是投毒者。2006年7月27日夜，福建省平潭县澳前村17号两户居民丁某某家和房东陈某某家一同吃晚饭。到了晚上10点，丁某某10岁大儿子和8岁的女儿，相继出现腹疼、头疼、呕吐和抽搐等症状，被诊断为食物中毒，经医生抢救无效死亡。警方在接到报警后即到达现场，宣布该案系“人为投毒”，于当日刑事立案。2006年7月30日，警方从死者的心血和呕吐物中检验出氟乙酸盐有毒成分，认为死者系氟乙酸盐中毒死亡，并认为其邻居念某存在重大作案嫌疑。据警方提供的案卷资料，念某投毒动机是，2006年7月26日晚，一名顾客来买香烟，被丁某某招呼到她的店里（两者同开杂货店），抢了念某生意，因怀恨在心，想教训一下丁某某，遂于次日凌晨将鼠药投入邻居家的铝壶中，造成了2死4伤。

念某案件进程：2007年2月，福州市人民检察院以念某犯投放危险物质罪向福州市中级人民法院提起公诉。2007年3月，福州市中级人民法院开庭审理了此案，念某当庭翻供，表示，其作出的有罪供述，均是遭受了警方严重的刑讯逼供后承认的。2008年2月，福州市中级人民法院对此案作出一审判决，念某不服判决，提起上诉。2008年12月，福建省高级人民法院裁定：事实不清，证据不足，撤销原判，发回重审。2009年6月，福州市中级人民法院判决念某死刑立即执行，念某不服判决，提起上诉。2010年4月，福建省高级人民法院于二审判处念某死刑之后，该案移送至中华人民共和国最高人民法院进行死刑复核。2011年4月，最高人民法院下发裁定，认为本案事实不清，证据不足，撤销原判，发回福建省高级人民法院重审。2011年5月，福建省高级人民法院裁定：事实不清，证据不足，撤销原判，发回福州市中级人民法院重审。2011年9月，念某案再次由福州市中级人民法院进行一审开庭。2011年11月，念某被福州市中级人民法院判处了死刑立即执行，念某提起上诉。2014年6月，该案在福建省高级人民法院开庭审理。2014年8月，宣布念某无罪，当庭释放。

念某从被逮捕，提起公诉，后该案历时8年10次开庭审判，4次被判处死刑立即执行。直至2014年8月22日，福建高院作出终审判决：“一、撤销福州市中级人民法院（2011）榕刑初字第104号刑事附带民事判决。二、上诉人念某无罪。三、上诉人念某不承担民事赔偿责任。”

张某某案也是适例。某控股集团有限公司董事长张某某，2006年9月遭到审查逮捕，同年12月被河北省衡水市人民检察院刑事拘留。2008年9月，河北省衡水市中级人民法院进行了不公开审理，认定张某某犯诈骗、单位行贿和挪用资金罪，一审判处18年有期徒刑。张某某和物美集团不服判决，提出上诉。2009年3月，河北省高级人民法院终审改判张某某12年有期徒刑，并处物美集团和张某某个人罚金。全国工商联高度关注张某某案，并多次向有关部门反映。2015年3月，我国12位著名刑法专家召开“张某某案法律专家论证会”，旗帜鲜明地直指冤案根本错误，主张立即彻底纠正。2015年12月，河北高院驳回其申诉后，张某某于2016年10月向最高人民法院提出申诉。2017年12月28日，最高人民法院公布将依法再审张某某涉产权案件。2018年5月31日，最高人民法院对张某某案进行公开宣判，撤销原审判决，改判张某某无罪，原审判决已执行的罚金及追缴的财产，依法予以返还。在全国政协委员和刑法学家的呼吁下，张某某从被逮捕到无罪释放，先后经历了12年。

再如孙某某案。孙某某经历了114次庭审，1277天羁押。大概案情是：2014年7月底，孙某某所在的潍坊中微发生董事会纠纷，孙被免去董事长和总裁的职务。随后，公司一名董事向当地公安机关举报孙某某利用职务便利侵占公司财产。孙某某随即被公安机关刑事拘留。2015年11月，孙某某被当地检方提起公诉，被指控的罪名为虚开增值税发票罪和职务侵占罪。法庭上，孙某某坚称自己无罪，认为自己是遭到构陷。此案经过一审判决，之后发回重审。庭审笔录显示，这个案件4年来经历114次庭审。2019年5月9日，潍坊市高新区法院对该案作出刑事裁定，同意检察院申请撤回对被告单位潍坊中微、被告人孙某某的起诉。2019年8月12日，潍坊市高新区检察院向孙某某宣读《不起诉决定书》称：“经本院审查并退回补充侦查，本院仍然认为潍坊市公安局高新技术产业开发区分局认定的犯罪事实不清、证据不足，不符合起诉条件。”

此外，像河南农民张某某被羁押近10年，案发27年后被判无罪案，河南的赵某某案，湖北的佘某某案，这些案件中被怀疑有罪的案件当事人，除了服刑之外，都经历了较长羁押和漫长的诉讼过程。

再以笔者手头用作其他课题研究所搜集的“高空抛物”案为例。我们从中国裁判文书网上下载了“高空抛物”定以危险方法危害公共安全罪的案例共32份，选其中的部分案件的羁押期限为例[①]，见表3-6。

① 我们曾经为了对“高空抛物”的司法定性有比较全面的了解，通过中国裁判文书网，以“以危险方法危害公共安全罪”“刑事案由”和“高空”为关键词进行检索，截至2019年11月5日，共检索到相关裁判文书32份。剔除二审维持一审判决的裁判和非“高空抛物”的裁判文书以及两份决定书和一份通知书，剩下的共有17份系因“高空抛物”被定为“以危险方法危害公共安全罪”的裁判文书。17份裁判文书中，适用《刑法》第114条的是14份，适用第115条的有3份。17份判决书所判处的刑罚，最高刑为有期徒刑15年，最低刑是有期徒刑1年10个月，被判处有期徒刑宣告缓刑的4人。这里选取审前采取羁押强制措施的个案进行统计，特此说明。

表 3-6　“高空抛物”定以危险方法危害公共安全罪的羁押期限统计

判决书,案号	羁押开始时间	一审判决书下达时间	期间
青岛市中级人民法院刑事判决书,(2018)鲁 02 刑初 86 号	徐某,2018 年 3 月 9 日被刑事拘留,同年 3 月 23 日被逮捕	2018 年 11 月 22 日	259 天
宜宾市翠屏区人民法院刑事判决书,(2016)川 1502 刑初 819 号	杜某,2016 年 4 月 14 日被刑事拘留,同年 5 月 17 日被执行逮捕	2017 年 2 月 14 日	307 天
深圳市宝安区人民法院刑事判决,(2019)粤 0306 刑初 905 号	方某某,2018 年 8 月 6 日被刑事拘留,同年 8 月 21 日被逮捕	2019 年 3 月 14 日	221 天
哈尔滨市香坊区人民法院刑事判决书,(2018)黑 0110 刑初 679 号	王某,2018 年 4 月 5 日被刑事拘留,同年 4 月 19 日被逮捕	2018 年 11 月 30 日	240 天
重庆市沙坪坝区人民法院刑事判决书,(2017)渝 0106 刑初 1343 号	李某某,2017 年 8 月 26 日被羁押,同年 9 月 2 日被刑事拘留,同年 9 月 15 日被逮捕	2018 年 2 月 1 日	160 天
沈阳市大东区人民法院刑事判决书,(2015)大东刑初字第 00472 号	刘某某,2014 年 9 月 2 日被刑事拘留,同年 9 月 30 日被监视居住,2015 年 3 月 30 日被取保候审,2015 年 9 月 24 日被依法逮捕	2015 年 10 月 21 日	414 天
包头市昆都仑区人民法院刑事判决书,(2017)内 203 刑初 456 号	孙某某,2017 年 5 月 28 日被拘留,同年 7 月 5 日被逮捕	2017 年 12 月 6 日	203 天
重庆市巴南区人民法院刑事判决书,(2017)渝 0113 刑初 392 号	邓某,2017 年 2 月 9 日被刑事拘留,2017 年 2 月 24 日被执行逮捕	2017 年 5 月 31 日	112 天
成都高新技术产业开发区人民法院刑事判决书,(2015)高新刑初字第 169 号	张某某,2014 年 11 月 20 日被刑事拘留,2014 年 12 月 26 日被执行逮捕	2015 年 5 月 26 日	188 天

续表

判决书,案号	羁押开始时间	一审判决书下达时间	期间
北京市海淀区人民法院刑判决书,(2014)海刑初字第2362号	张某,2013年7月31日被羁押,2014年2月14日被取保候审,同年5月9日被逮捕	2014年12月17日	504天
北京市怀柔区人民法院刑事判决书,(2014)怀刑初字第3号	王某,2012年4月27日被北京市公安局怀柔分局取保候审;因涉嫌犯寻衅滋事罪,于2013年11月8日被北京市公安局怀柔分局羁押,同年11月22日被逮捕	2014年6月16日(注:延期审理一次)	782天

表3-6统计显示,上述案件审前羁押时间最少782天,最短112天。上述案件基本上都是未造成严重后果从而适用《刑法》第114条判决的案件,在宣告刑都不高的情况下,羁押时间从112天到782天不等,时间不算短。

除了羁押期限问题外,犯罪嫌疑人、被告人在羁押期间是放在看守所里进行的,尽管我国《刑事诉讼法》规定,未经法院判决,对任何人都不得确定有罪,然而,在看守所,人身自由也被剥夺,超长的判前羁押期限,加上我国比较高的羁押率,使得刑事诉讼程序异化为惩罚措施。因此,漫长的程序,带给犯罪嫌疑人和被告人的,是焦虑、不安和紧张。

第二节　程序简化也是一种"从宽"

从理论上讲,正当程序对于保障犯罪嫌疑人、被告人合法权益最为周全,对公正的体现最为彻底,能够充分地保证被追诉人行使各种诉权,问题在于:一方面,对所有案件不分轻重一律适用正当程序是否可行及必要?另一方面,当被追诉人自愿选择放弃复杂程序而选择简易程序时,是否意味着正义受到折损?

正义包括实体正义和程序正义,二者在刑事案件中都是经由程序来实现或体现的。程序是实现实体正义的方式和保障,并且自身具有体现正义、法治和人权理念的独立价值。正当程序是刑事诉讼的理想状态,其实现能够保障被追诉人充分地行使权利,然而正当程序是有成本的,被追诉人权利的充分行使是需要付出时间的拖累的。多年来,人们重点关注的是程序给侦查、检察和法院办案机关带来的诉讼成本和压力问题,对程序给诉讼中的犯罪嫌疑人、被告人、被害人所带来的成本、负累及等待期间的紧张、焦虑和不安,关注度较弱。美国加利福尼亚大学伯克利分校的马尔科姆·M.菲利教授在他的《程序即是惩罚——基层刑事法院的案件处理》一书中谈到,为了提高公正性而将程序改造得更加精致的努力将带来适得其反的效果——程序更加昂贵——一种同等分配给无辜者和有罪者的惩罚。人们满怀对公正的热情而不懈地追求正当程序,却没有考虑到正当程序的成本。[①] 马尔科姆·M.菲利教授通过实证研究,考察了纽黑文基层法院的组织形式、环境、诉讼参与人以及基层法院处理刑事案件、实施刑事制裁的现实情况,发现绝大多数刑事案件都是通过非对抗方式处理的,对抗式程序的成本过高,是导致通过非对抗方式处理大多数刑事案件的现实原因。

从一定意义上来说,简化程序也是一种"从宽"。我国认罪认罚从宽制度试点期间,有的地方对"从宽"有明确的解释,并将"从宽"解释为实体法意义上的"从宽",如大连市《刑事案件认罪认罚从宽制度试点工作实施办法》第4条规定:"从宽是指对认罪认罚的犯罪嫌疑人、被告人,应当从轻或者减轻处罚。对于具有法定减轻处罚情节的,犯罪嫌疑人、被告人认罪认罚的,根据犯罪的性质、情节和对社会的危害程度,应当减轻处罚;对于犯罪嫌疑人、被告人认罪认罚的,不具有法定减轻处罚情节的,应当在法定量刑幅度以内从轻处罚。"天津市《关于开展刑事案件认罪认罚从宽制度试点工作的实施细则(试行)》《上海市刑事案件认罪认罚从宽制度试点工作实施细则(试行)》(2017年1月23日)也对"从宽"的实体法适用作了规定。《青岛市认罪认罚刑事案件办理流程(试行)》第1条规定:"从宽处理是指对认罪认罚的犯罪嫌疑人、被告人,一般可以适用自首、坦白、自愿认罪、悔罪认罪、取得谅解和解等法定、酌定从宽情节,依法从轻、减轻或者免除处罚;对于具有一定社会危害性,但情节显著轻微危害不大的行为,不作为犯罪处理;对于依法可不监禁的,尽量适用缓刑或者判处管制、单处罚金等非监禁刑。"在学界,有学者认为,"从宽不仅指实体法上的依法从轻、减轻或者免除处罚,还指程序上适用较轻的强制措施和从简的诉讼程序,体现在侦查、起诉和审判等多个环节"[②]。本书认为,"从宽"包括实体法层面的"从轻、减轻、免除处罚",也包括程序法意义上的"从宽",即程序从简,程序从简也是"从宽"。具体内容包括:

---

① 参见[美]马尔科姆·M.菲利(Malcolm M. Feeley):《程序即是惩罚——基层刑事法院的案件处理》,魏晓娜译,中国政法大学出版社2014年版,第24、30页。

② 苗生明:《认罪认罚从宽制度研究——以重罪案件为视角》,中国检察出版社2019年版,序第1页。

1.强制措施的适用相对宽缓化

根据《刑事诉讼法》第81条第1款的规定，一般逮捕必须满足有证据证明有犯罪事实、可能判处徒刑以上刑罚和采取取保候审尚不足以防止社会危险性这三个条件。其中，“社会危险性”这一要件，关系到逮捕这一强制措施的适用。为此，最高人民检察院、公安部专门出台了《关于逮捕社会危险性条件若干问题的规定(试行)》，对《刑事诉讼法》第81条第1款所列具有社会危险性的五种情形进行了细化。2018年10月26日新修订的《刑事诉讼法》第81条第2款新增加了“批准或者决定逮捕，应当将犯罪嫌疑人、被告人涉嫌犯罪的性质、情节，认罪认罚等情况，作为是否可能发生社会危险性的考虑因素”。这一规定，一方面是为了避免出现“关多久判多久”，甚至出现“刑期倒挂”的现象；另一方面，将“认罪认罚”情况纳入社会危险性判断之中，也在于倡导认罪认罚案件优先考虑适用非羁押措施。2019《认罪认罚从宽意见》第19条规定：“对于罪行较轻、采用非羁押性强制措施足以防止发生《刑事诉讼法》第81条第1款规定的社会危险性的犯罪嫌疑人、被告人，根据犯罪性质及可能判处的刑罚，依法可不适用羁押性强制措施。”因此，羁押措施的宽缓，是认罪认罚从宽制度程序“从宽”的具体内容和表现之一。值得关注的是，近年来检察机关高度重视刑事诉讼监督工作并取得实效。2020年《最高人民检察院工作报告》中提到“常态化清理久押不决案件，对侦查、审判环节羁押5年以上未结案的367人逐案核查，已依法纠正189人”。这是一个可喜的进步，相信我国的司法机关在未来采取羁押措施上会更为规范化。

2.办案期限体现的“从宽”

与普通程序和简易程序相比较，速裁程序不论是在人民检察院移送起诉作出决定的时间上，还是在人民法院一审程序审结案件的时间上，都缩短了许多。详见表3-7和表3-8的对比。

表3-7　　人民检察院对移送起诉案件作出决定的时间的比较

条文	程序	人民检察院对移送起诉案件作出决定的时间
第172条	普通程序	人民检察院对于监察机关、公安机关移送起诉的案件，应当在一个月以内作出决定，重大、复杂的案件，可以延长十五日
第172条	速裁程序	犯罪嫌疑人认罪认罚，符合速裁程序适用条件的，应当在十日以内作出决定，对可能判处的有期徒刑超过一年的，可以延长至十五日

表 3-8　　　人民法院一审程序审结案件的时间的比较

条文	程序	人民法院一审程序审结案件的时间
第 208 条	普通程序	人民法院审理公诉案件，应当在受理后两个月以内宣判，至迟不得超过三个月。对于可能判处死刑的案件或者附带民事诉讼的案件，以及有本法第一百五十八条规定情形之一的，经上一级人民法院批准，可以延长三个月；因特殊情况还需要延长的，报请最高人民法院批准
第 222 条	简易程序	适用简易程序审理案件，人民法院应当在受理后二十日以内审结；对可能判处的有期徒刑超过三年的，可以延长至一个半月
第 225 条	速裁程序	适用速裁程序审理案件，人民法院应当在受理后十日以内审结；对可能判处的有期徒刑超过一年的，可以延长至十五日

速裁程序的办案期限明显缩短，对被告人而言，也是一种“宽待”。实践中，速裁程序试点和认罪认罚从宽制度改革试点的法院，适用速裁程序，大大地缩短了办案时间。以济南市章丘区法院为例。济南市章丘区法院自 2015 年开展刑事速裁程序试点工作，2017 年被确定为认罪认罚从宽制度改革试点法院。随着对速裁程序的不断探索和完善，速裁程序适用率不断提升，审判效率不断提高，2018 年适用速裁程序审结案件 107 件，均在 15 天之内审结；2019 年以来适用速裁程序审结案件 177 件，其中在两天之内审结的危险驾驶案件 85 件，无一上诉，服判息诉率达 100％。如被告人马某某驾驶小型普通客车因实际载人数超过核载人数，被章丘交警大队执勤民警查获。马某某因犯危险驾驶罪于 7 月 3 日被公安机关刑事拘留，公诉机关于 7 月 5 日向章丘区法院提起公诉，章丘区法院适用刑事案件速裁程序，于 7 月 9 日公开开庭审理了该案，当庭宣判，判处被告人马某某犯危险驾驶罪，拘役两个月，并处罚金人民币 5000 元。从公安机关侦查到检察院起诉再到人民法院审结，仅用 7 天时间，这是章丘区法院适用“刑拘直诉”工作机制的一个缩影。① 再如北京市海定区法院适用速裁程序的情况。从 2015 年 5 月 1 日开始试点至 2016 年 9 月 30 日，海淀法院受理速裁案件 989 件，适用速裁程序审结案件 984 件，结案率 99.5％，占同期全部案件的 22.6％，占同期简易案件的 37.9％。由于涉及量刑情节或入罪情节认定问题，转为简易程序、普通程序的 52 件。共有 155 件有律师辩护。被告人在押案件

① 参见侯月：《轻微刑事案件审判驶上“快车道” 章丘区法院刑事案件速裁程序适用率、审判效率实现“双提升”》，http://news.e23.cn/jnnews/2019-10-18/2019A1800246.html，2019 年 12 月 26 日访问。

778件，诉讼全程平均用时35天；被告人取保案件206件，诉讼全程平均用时262天。适用速裁程序的每个案件在侦查、审查起诉、审判三个阶段的流转速度加快，流转时间缩减，诉讼效率得到了明显提高。被告人审前羁押时间平均减少3个月，使被告人切实感受到及时的公正，人权保障水平有效提高。[①]

3.认罪认罚的犯罪嫌疑人、被告人享有程序选择权

新《刑事诉讼法》总结实践经验，构建了由速裁程序、简易程序和普通程序组成的有序衔接的第一审审判体系，认罪认罚的犯罪嫌疑人、被告人有权在上述程序中作出选择，体现了尊重犯罪嫌疑人、被告人诉讼主体地位的姿态，确保其在刑事诉讼追诉程序中的参与度。[②]

4.获得值班律师的法律援助

根据《刑事诉讼法》第36条、第174条以及《关于开展法律援助值班律师工作的意见》的相关规定，在认罪认罚从宽制度中，值班律师的职责主要是：为自愿认罪认罚的犯罪嫌疑人、被告人提供法律咨询、程序选择建议、申请变更强制措施；对检察机关定罪量刑建议提出意见；犯罪嫌疑人自愿认罪，同意量刑建议和程序适用的，签署认罪认罚具结书时，在场进行见证。

有辩护人或者值班律师参与，是认罪认罚案件的必备要件。从认罪认罚案件中犯罪嫌疑人、被告人获得法律援助的角度来说，值班律师制度，作为法律援助中的一种新类型，是保障犯罪嫌疑人、被告人在认罪认罚从宽案件程序中获得法律援助的重要措施，可以有效地保障犯罪嫌疑人、被告人实质性参与诉讼的权利，提升其诉讼参与度。

5.附条件提前终止诉讼

《刑事诉讼法》第182条第1款属于特殊情形特殊处理规定，对实质要件和程序要件都有严格的要求。实质要件是“犯罪嫌疑人自愿如实供述涉嫌犯罪的事实，有重大立功或者案件涉及国家重大利益的”。“程序要件”要求“经最高人民检察院核准”。实质和程序要件都具备，方能撤销案件、不起诉或选择性起诉。

理论和实务界也有“犯罪嫌疑人、被告人自愿认罪实质上是以一定程度上的程序权利减损换取一定程度上的量刑从宽”[③]的观点。事实上，认罪认罚从宽简化程序，可以使犯罪嫌疑人、被告人尽早地从不确定、未知判决结果的紧张等待中解脱出来，加之，是否认罪认罚，犯罪嫌疑人、被告人有选择权，因此，权利

① 参见游涛：《认罪认罚从宽制度中量刑规范化的全流程实现——以海淀区全流程刑事案件速裁程序试点为研究视角》，《法律适用》2016年第11期。

② 关于“程序选择权”详见本章第三节。

③ 胡云腾主编：《认罪认罚从宽制度的理解与适用》，人民法院出版社2018年版，第9页。

总量不仅不减损，反而是增加。另外，尽管"认罪认罚从宽"既包括实体上的"从宽"，也包括程序上的"从宽"，然而，"认罪认罚从宽"不可以简化为"认罪认罚当然从宽"。程序"从宽"尽管对犯罪嫌疑人、被告人有诸多好处，但是其根本的意义仍在于对案件进行合理分流，减少简单案件的诉讼资源空转的问题，为实现"以审判为中心"的刑事诉讼制度改革提供保障。

第三节　被追诉人程序选择权及完善

《刑事诉讼法》第 173 条规定："人民检察院审查案件，应当讯问犯罪嫌疑人，听取辩护人或者值班律师、被害人及其诉讼代理人的意见，并记录在案。辩护人或者值班律师、被害人及其诉讼代理人提出书面意见的，应当附卷。犯罪嫌疑人认罪认罚的，人民检察院应当告知其享有的诉讼权利和认罪认罚的法律规定，听取犯罪嫌疑人、辩护人或者值班律师、被害人及其诉讼代理人对下列事项的意见，并记录在案：……（三）认罪认罚后案件审理适用的程序……人民检察院依照前两款规定听取值班律师意见的，应当提前为值班律师了解案件有关情况提供必要的便利。"这一规定被解读为认罪认罚后案件审理适用的程序选择权。"认罪认罚后案件审理适用的程序的选择权，要听取犯罪嫌疑人、被告人的意见。法律规定告诉办案机关，法律赋予了犯罪嫌疑人、被告人选择适用程序的权利。因此，必须给予尊重，不能由办案机关随意决定，更不能违背犯罪嫌疑人、被告人的意愿。"①

一方面，社会对惩治犯罪的需求是无限的，人们都期盼生活在没有任何危险、没有任何犯罪的无犯罪社会中；另一方面，国家防控犯罪、打击犯罪是一项高消耗、高成本的活动，因此，这中间出现了为了保障正义，刑事司法机关需要提高单位时间里的工作量的问题，也就是公正与效率的关系问题。"在社会科学的语境中，效率与公平常常被作为一对互斥又相联的价值范畴为人们提及和辨析。"②公正无疑是刑事诉讼的基本价值追求，然而，效率在各国立法者设计刑事诉讼程序时，都是不能回避的问题。随着认识的深入和经验的积累，各国为提高刑事诉讼效率所选择的制度设计就是繁简分流，对于那些案情重大、复杂或者社会影响面大、争议比较大的案件，适用公正性程度较高的普通程序进行追诉和审判；对于那些罪行较轻、事实简单的案件，则适用效率比较高的简易程序来处理。当然，公正与效率要兼顾，要实现二者之间的动态平衡。我国《刑事

① 樊崇义：《认罪认罚从宽制度与程序选择权》，《人民法治》2019 年第 19 期。
② 左卫民、周长军：《刑事诉讼的理念》，北京大学出版社 2014 年版，第 233 页。

诉讼法》规定的审判程序包括普通程序、简易程序和速裁程序，基本上呈现由繁到简的特征，这些程序是在兼顾公正与效率、坚持维护当事人程序权利的人权保障原则的基础上设立的，每一种程序都有自己的适用范围和条件。其中，速裁程序适用的范围和特点，在《刑事诉讼法》第 222 条中有明确规定："基层人民法院管辖的可能判处三年有期徒刑以下刑罚的案件，案件事实清楚，证据确实、充分，被告人认罪认罚并同意适用速裁程序的，可以适用速裁程序，由审判员一人独任审判。人民检察院在提起公诉的时候，可以建议人民法院适用速裁程序。"并在第 223 条规定了不适用速裁程序的情形。《刑事诉讼法》的第 214 条规定了简易程序的适用条件和范围："基层人民法院管辖的案件，符合下列条件的，可以适用简易程序审判：(一)案件事实清楚、证据充分的；(二)被告人承认自己所犯罪行，对指控的犯罪事实没有异议的；(三)被告人对适用简易程序没有异议的。人民检察院在提起公诉的时候，可以建议人民法院适用简易程序。"第 215 条明确规定了不能适用简易程序的各种情形。关于普通程序的适用范围，第 226 条规定："人民法院在审理过程中，发现有被告人的行为不构成犯罪或者不应当追究其刑事责任、被告人违背意愿认罪认罚、被告人否认指控的犯罪事实或者其他不宜适用速裁程序审理的情形的，应当按照本章第一节或者第三节的规定重新审理。"①即是说，当发现不宜适用速裁程序审理的情形时，应由速裁程序转为普通程序或者简易程序。

赋予犯罪嫌疑人、被告人适用程序的选择权，可以使其通过对不同审判模式的利益衡量作出对自己有利的制度安排，凸显对其诉讼主体地位的尊重，从而改变以往仅将犯罪嫌疑人、被告人当作施加惩罚的对象的片面观点。认罪认罚从宽制度的改革，自然涵盖当事人的人权保障的价值追求，为此，认罪认罚从宽制度的适用中，应充分尊重犯罪嫌疑人、被告人的诉讼权利，其中包括犯罪嫌疑人、被告人的程序选择权，即一旦犯罪嫌疑人、被告人自愿认罪，对指控的犯罪如实陈述，办案机关就必须赋予犯罪嫌疑人、被告人程序选择权，并且在量刑上充分体现从宽。从程序即是惩罚的角度，并且当犯罪嫌疑人、被告人选择认罪认罚的情况下，程序从简自然就是从宽。

一、程序选择权的内容

1. 审理程序的选择

目前，我国认罪认罚从宽制度中，程序选择的内容主要是审理程序的选择。

① 这里的"本章第一节"即《刑事诉讼法》第三编(审判)第二章第一节"公诉案件第一审普通程序"；"本章第三节"，即《刑事诉讼法》第三编(审判)第二章第三节"公诉案件简易程序"。

我国《刑事诉讼法》第174条规定:"犯罪嫌疑人自愿认罪,同意量刑建议和程序适用的,应当在辩护人或者值班律师在场的情况下签署认罪认罚具结书。"这里的"程序适用"主要是指审理时的程序,即选择适用速裁程序、简易程序还是普通程序的问题。当然,犯罪嫌疑人的"同意",前提是要符合《刑事诉讼法》规定的速裁程序、简易程序、普通程序各自的适用条件。

2. 结合认罪认罚从宽制度的整体内容,第174条的"程序适用",也可以扩张解释为包括作为终结案件的不起诉决定程序在内

《刑事诉讼法》第182条规定:"犯罪嫌疑人自愿如实供述涉嫌犯罪的事实,有重大立功或者案件涉及国家重大利益的,经最高人民检察院核准,公安机关可以撤销案件,人民检察院可以作出不起诉决定,也可以对涉嫌数罪中的一项或者多项不起诉。"2019《认罪认罚从宽意见》第30条(不起诉的适用)规定:"完善起诉裁量权,充分发挥不起诉的审前分流和过滤作用,逐步扩大相对不起诉在认罪认罚案件中的适用。对认罪认罚后没有争议,不需要判处刑罚的轻微刑事案件,人民检察院可以依法作出不起诉决定。人民检察院应当加强对案件量刑的预判,对其中可能判处免刑的轻微刑事案件,可以依法作出不起诉决定。"犯罪嫌疑人对不起诉有反悔的权利。2019《认罪认罚从宽意见》第51条(不起诉后反悔的处理)规定:"因犯罪嫌疑人认罪认罚,人民检察院依照《刑事诉讼法》第一百七十七条第二款作出不起诉决定后,犯罪嫌疑人否认指控的犯罪事实或者不积极履行赔礼道歉、退赃退赔、赔偿损失等义务的,人民检察院应当进行审查,区分下列情形依法作出处理:(一)发现犯罪嫌疑人没有犯罪事实,或者符合《刑事诉讼法》第十六条规定的情形之一的,应当撤销原不起诉决定,依法重新作出不起诉决定;(二)认为犯罪嫌疑人仍属于犯罪情节轻微,依照刑法规定不需要判处刑罚或者免除刑罚的,可以维持原不起诉决定……"诚如有的学者所言:"认罪认罚从宽制度,蕴含着一个权利让渡与量刑优惠相博弈的问题。被告人自愿让渡一部分程序性权利,简化案件的审理,从而获取量刑上的优惠,得以从宽处罚。为了简化程序,提高诉讼效率,节约司法资源,国家和社会要牺牲部分公正,容忍对被告人的轻判。这是效率优先兼顾公正的表现,当然这种牺牲和让渡都是有限度的,具有一定的底线,这个底线就是基本的公正,包括保障被告认罪自愿性,案件事实清楚、证据确实充分,适度吸收被害人的合理诉求等。"①

3. 刑事案件中其他的选择权内容,自然适用于认罪认罚从宽案件,包括是

① 李晓民:《完善认罪认罚从宽制度的几点设想——以公正与效率的动态平衡为基点》,《中国检察官》2018年第7期。

否公开审理的选择权、法官和陪审员的异议权等

我国目前没有法官和陪审员的选择权，有关于法官和陪审员的异议权，表现为申请审判人员、检察人员、侦查人员回避的权利等等。

二、程序选择权的保障

1. 办案机关的告知义务

我国《刑事诉讼法》规定了办案机关对刑事案件当事人等其他诉讼主体的告知义务，其中有几处涉及认罪认罚从宽制度。譬如第 120 条第 2 款规定："侦查人员在讯问犯罪嫌疑人的时候，应当告知犯罪嫌疑人享有的诉讼权利，如实供述自己罪行可以从宽处理和认罪认罚的法律规定。"第 173 条第 2 款规定："犯罪嫌疑人认罪认罚的，人民检察院应当告知其享有的诉讼权利和认罪认罚的法律规定，听取犯罪嫌疑人、辩护人或者值班律师、被害人及其诉讼代理人对下列事项的意见，并记录在案……"第 190 条第 2 款规定："被告人认罪认罚的，审判长应当告知被告人享有的诉讼权利和认罪认罚的法律规定，审查认罪认罚的自愿性和认罪认罚具结书内容的真实性、合法性。"告知认罪认罚的法律规定，里面自然包括犯罪嫌疑人、被告人在认罪认罚后的程序选择的内容。再如《刑事诉讼法》第 172 条第 1 款规定："人民检察院对于监察机关、公安机关移送起诉的案件……犯罪嫌疑人认罪认罚，符合速裁程序适用条件的，应当在十日以内作出决定，对可能判处的有期徒刑超过一年的，可以延长至十五日。"可见，认罪认罚从宽不仅仅是实体量刑上的从宽，还包括程序的选择与程序的简化。

2. 律师对犯罪嫌疑人、被告人程序选择权的法律帮助

值班律师、法律援助律师向犯罪嫌疑人、被告人提供程序选择的建议。《刑事诉讼法》第 36 条第1 款规定："法律援助机构可以在人民法院、看守所等场所派驻值班律师。犯罪嫌疑人、被告人没有委托辩护人，法律援助机构没有指派律师为其提供辩护的，由值班律师为犯罪嫌疑人、被告人提供法律咨询、程序选择建议、申请变更强制措施、对案件处理提出意见等法律帮助。"这里的"程序选择建议"自然包括认罪认罚案件的"程序选择"内容。同时，《刑事诉讼法》第 174 条第 1 款规定："犯罪嫌疑人自愿认罪，同意量刑建议和程序适用的，应当在辩护人或者值班律师在场的情况下签署认罪认罚具结书。"可见，《刑事诉讼法》不仅赋予了犯罪嫌疑人、被告人认罪认罚后的程序选择权，并且为该权利的行使提供了律师法律帮助等制度保障。2019《认罪认罚从宽意见》就犯罪嫌疑人、被告人获得法律帮助的权利，进行了较为详细的规定，并就法律援助机构在人民法院、人民检察院、看守所派驻值班律师及律师职责作了规定，如规定："人民法院、人民检察院、公安机关办理认罪认罚案件，应当保障犯罪嫌疑人、被告人获

得有效法律帮助，确保其了解认罪认罚的性质和法律后果，自愿认罪认罚。犯罪嫌疑人、被告人自愿认罪认罚，没有辩护人的，人民法院、人民检察院、公安机关（看守所）应当通知值班律师为其提供法律咨询、程序选择建议、申请变更强制措施等法律帮助。”2019《认罪认罚从宽意见》规定，值班律师的职责之一即为犯罪嫌疑人、被告人提出程序适用的建议。上述规定，为强化律师对犯罪嫌疑人、被告人程序选择权的法律帮助，提供了依据。

3. 犯罪嫌疑人、被告人程序选择权的救济

“无救济即无权利”，权利的存在和最终实现，需要以法律上存在相应的救济途径为前提，如果没有积极途径，权利也就没有意义，因此，赋予权利，就应该包括权利受侵害时的救济措施的配套规定，其中以司法救济最具有决定意义。被追诉人的程序选择权是否可由司法方式予以救济，即其是否具有可诉性，是一个尚未引起足够关注的问题，自然，《刑事诉讼法》对犯罪嫌疑人、被告人的程序选择适用有异议时的申诉等救济权利，没有规定。在我国，全面的被追诉人的程序选择权的确立，条件尚不成熟，需要时日进行理论论证和实践探讨，但可以于认罪认罚从宽制度内，在修改《刑事诉讼法》时，将认罪认罚案件中犯罪嫌疑人、被告人的程序选择权利列入申诉事由的范围，以加强对犯罪嫌疑人、被告人程序选择权的保障和救济。

三、探讨构建独立的认罪认罚从宽诉讼程序

根据《认罪认罚从宽制度试点办法》和《刑事诉讼法》的规定，认罪认罚从宽目前并没有专门的诉讼程序，犯罪嫌疑人、被告人认罪认罚的，分别适用刑事速裁程序、简易程序与普通程序。实践中，由于制度层面多元诉讼程序并存，办案人员需要根据不同的案件的具体情况和不同诉讼程序的不同条件要求来选择适用，办案人员在选择和决定适用何种诉讼程序时，工作量大大增加，认罪认罚诉讼程序缺乏独立的诉讼程序，需要在速裁程序、简易程序与普通程序上选来选去，已经成为该项制度运行的一个短板。针对这一现状，学界提出的解决方案有以下几种：第一种是建议通过将认罪认罚从宽规定为刑事诉讼的基本制度的方式，来解决认罪认罚从宽诉讼程序的地位问题，建议在《刑事诉讼法》中，直接将其作为一项基本制度，放入第一章“任务和基本原则”中，具体条文可以表述为：“人民法院、人民检察院和公安机关对于真诚承认犯罪、真诚接受惩罚并且积极退回赃物赃款的犯罪嫌疑人、被告人，应当依法从宽处罚。对认罪认罚从宽的案件，在程序上依法适当简化。犯罪嫌疑人、被告人罪行极其严重不具备从宽处罚条件的，以及犯罪嫌疑人、被告人是未成年人、精神病人的案件，情

况复杂，不宜适用认罪认罚从宽程序的，不适用认罪认罚从宽制度。[①]”第二种是建议构建独立的认罪认罚从宽诉讼程序：“认罪认罚从宽诉讼程序是否应当独立的问题，已经成为制定和推动该制度试点的一个理论短板，目前只是被‘程序简化’这一概括性的诉讼现象所遮蔽；而随着试点案件数量与试点时间的量变，会逐渐加速暴露认罪认罚从宽诉讼程序尚未独立化的弊端……应对认罪认罚从宽诉讼程序是否独立进行准确定位。”[②]“在《刑事诉讼法》的再修订时，认罪认罚从宽应以一种独立的程序理路进行制度设计，并形成一个新的程序格局，而不能将其概括为一个原则或制度名称，将其简单地糅合到既有的程序当中去。否则认罪认罚的制度设计一方面受限于既有程序的框架内容，难有实质性的制度突破，另一方面也很难与其他程序和制度进行有效区分，最终使得认罪认罚被泛化或空置。”[③]当然，更多的是围绕目前速裁程序、简易程序与普通程序，如何选择适用，进行研究。如认为，目前认罪程序与不认罪程序是第一层次划分，认罪程序下简易程序、速裁程序、普通程序是第二层次划分。各个刑事诉讼程序之间有序衔接，充分发挥诉讼程序多元化的优势，实现司法资源配置的最优化，是我国多层次刑事诉讼程序体系发展的总体面貌。[④]

认罪认罚从宽制度的最显著特征应该是简化诉讼程序。认罪认罚从宽诉讼程序是否有必要独立，需要考虑的问题很多。樊崇义教授从宽严相济政策的程序法定需求、目前的“嵌用”司法模式的隐患、刑事诉讼程序多元层次性趋势等角度，深入地论证了构建我国独立的认罪认罚从宽诉讼程序的理论根据。[⑤]的确，我国的认罪认罚从宽司法改革，从试点工作开展到制度的生成和实施，在对认罪认罚的犯罪嫌疑人、被告人体现从宽的政策和理念层面基本一致的同时，却在制度的设计和实践运行层面，产生了诸多的争议。我国学界和实务界投入了大量的人力和物力开展研究工作，研究成本之高，在单项的司法制度改革中少见。究其原因，一方面，可能跟此项改革的巨大魅力所释放出来的吸引力有关，另一方面，与此项制度内部以及与其他制度之间存在的矛盾、衔接不顺畅也有很大的关系。同样是认罪认罚从宽，实体和程序是否同

---

① 陈光中、唐彬彬：《深化司法改革与刑事诉讼法修改的若干重点问题探讨》，《比较法研究》2016 年第 6 期。

② 樊崇义：《认罪认罚从宽协商程序的独立地位与保障机制》，《国家检察官学院学报》2018 年第 1 期。

③ 王戬：《认罪认罚从宽的程序性推进》，《华东政法大学学报》2017 年第 4 期。

④ 参见叶青、吴思远：《认罪认罚从宽制度的逻辑展开》，《国家检察官学院学报》2017 年第 1 期。类似观点还可以参见陈永生：《认罪认罚从宽案件的程序转化》，《检察日报》2020 年 4 月 13 日第 3 版；曹坚：《认罪认罚从宽：注重程序选择与繁简分流》，《检察日报》2019 年 9 月 18 日第 3 版。

⑤ 参见樊崇义：《认罪认罚从宽协商程序的独立地位与保障机制》，《国家检察官学院学报》2018 年第 1 期。

时“从宽”不一样，程序的适用上又有速裁程序、简易程序和普通程序的不同，辨认和选择起来，实在是考验办案人员对相关制度的解读能力和熟练程度，常常令办案人员陷入选择的困境。

好的理念和政策，要靠制度来落实。制度的构建，内部与外部体系顺畅，司法适用起来就顺手很多。因此，我国需要将问题思考纳入到体系性思考中，改变权宜之计、就事论事地解决社会问题的思维习惯。“经过体系性思考，形成体系性秩序，作为平等和有区别地适用法律的条件，是保证法律得到平等和理性适用的重要手段。”①认罪认罚从宽诉讼程序也一样，与其让办案人员每天在速裁程序、简易程序和普通程序之间选来选去，挖尽脑汁，倍感疲惫，莫不如单独设立认罪认罚从宽程序，增强制度的明确性，降低制度适用的成本。正如石毓智所说：“中国历史上也有不少科技著作，然而大都是经验事实的堆砌，现象的罗列，没有一本是具有内部严密逻辑系统的著作……因为中国人没有科学的思维工具，不会从简单的概念出发，运用严格的逻辑规则，一步一步建立起一个理论系统。中国人有高超的智慧，可以在某一点上具有闪光的发现，然而因为缺乏这种的科学思维工具，无法做出系统的发现，也缺乏科学的抽象，结果中国人的科技成就多停留在直观的经验基础之上。”②理论研究需要系统性思维，需要对问题进行体系性思考，具体问题的解决同样如此，如果眼光仅盯住眼前的问题，将影响对事物的长远和宏观的思考。因此，秉持刑事诉讼活动基本理念，制度的设计做到体系顺畅，程序由法律明确规定，办案人员适用法律的成本就会大大降低。

探讨构建独立的认罪认罚从宽诉讼程序，除了基于将问题思考纳入体系性思考的理由之外，更主要的还在于，认罪认罚从宽有其特质性的内容：其一是被追诉者自愿认罪认罚，由此与不认罪认罚案件区别开来，体现区别对待的司法理念；其二是实体法上从宽；其三是诉讼程序上从简。目前，要想实现认罪认罚从宽的上述三个基本的专属要求，仅仅靠现有任何一项制度是无法实现的。从实体上看，尽管《刑法》对自首、坦白等作出了规定，然而认罪认罚不完全等同于自首和坦白；从程序法角度来看，目前的任选一项诉讼程序，无法满足和实现认罪认罚从宽诉讼从简的需求；从改革的总体设计上来分析，认罪认罚从宽应该是一项综合实体和程序内容，然而又超越已有实体和程序制度的一项全新的更深层的制度，具有自己的特质和独立性，应该有一种新的诉讼程序来满足其实

① [德]克劳斯·罗克辛：《德国刑法学总论》第1卷，王世洲译，法律出版社2005年版，第127页。

② 石毓智：《东西方培养博士的差距在哪儿？》，http://blog.sina.com.cn/s/blog_63af05000101u8ov.html，2014年3月20日访问。

体和程序理念和刑事政策目标的实现。“目前的认罪认罚从宽，缺少自己独立的制度内容，它附体于其他程序之中，附体于原有的简易程序、速裁程序，甚至于普通程序当中。所以，所有这些程序都可能是认罪认罚从宽。认罪认罚从宽一下子成为了一个泛化的概念。”①任何一个改革的落地执行，基础价值取向越清晰，制度越明确，其可操作性和实践适用越强，效果就越好。如果仍然将认罪认罚从宽程序安置于刑事速裁程序、简易程序和普通程序三者之内，诉讼制度、程序之间逻辑不顺畅，会阻碍认罪认罚从宽改革的实质性跃升。认罪认罚从宽不仅是一种精神、一种理念或一种政策，更应该是实实在在的一项制度和实践，应该将其变成一种看得见、摸得着的制度和诉讼程序，从而通过制度和实践，实现认罪认罚从宽的基础价值和效果追求。

因此，就目前来看，犯罪嫌疑人、被告人适用程序选择权的选择范围是现有的速裁程序、简易程序和普通程序，选择权是受条件限制的，要看犯罪嫌疑人、被告人是否认罪认罚，选择了认罪认罚，还要看符合哪种诉讼程序。甭说犯罪嫌疑人、被告人缺乏专业知识，自己作出选择存在困难，就连办案人员也得仔细端详，方能在这个迷宫里捋出一些头绪来。因此，学界提出的基于认罪认罚从宽自身的特质，将其独立出来，未尝不是一个好的方案。到那时，程序选择权仍然存在，认罪认罚从宽独立程序成为犯罪嫌疑人、被告人可以直接选择适用的诉讼程序，只要符合认罪认罚从宽制度的要求就可以了，无需再去考察是否符合其他的程序条件，程序的适用会变得规范而简洁。

与构建独立的认罪认罚从宽诉讼程序密切相关的问题是我们在前面提到的认罪认罚从宽制度目的的综合性和多元性的问题。经验证实，任何一项改革的落地执行，目的越清晰，相应制度的可操作性和实践适用效果就越好。认罪认罚从宽从试点开始，加上前期的速裁程序的试点工作，尽管前后文件关于此项制度和改革的宗旨在表述上有很大的变化，但其所要追求的优化司法资源配置，实现真正意义上的繁简分流，以解决案多人少的现实矛盾这一点上是比较清晰的，正如樊崇义教授所言：“在宽严相济刑事政策的指导下，基于区别对待的基本要求，通过区分认罪认罚案件与不认罪认罚案件，实现了繁简分流，将不认罪认罚案件推向庭审实质化，同时通过对认罪认罚案件的从宽简化处理，进一步夯实庭审实质化的基础，实现‘重大要案和疑案’的精审。”②认罪认罚从宽制度运行的关键是程序从宽，因此，探讨构建独立的认罪认罚从宽诉讼程序，一定要明确程序定位，推动简化诉讼程序的构建与发展。

① 王戬：《认罪认罚从宽的程序性推进》，《华东政法大学学报》2017 年第 4 期。

② 樊崇义：《认罪认罚从宽协商程序的独立地位与保障机制》，《国家检察官学院学报》2018 年第 1 期。

第四章　认罪认罚案件的类型化及“从宽的适当性”

认罪认罚案件的“从宽”，包括实体从宽和程序从宽。从宽在控辩协商中达成。从“程序即是惩罚”这一命题出发，程序简化也是从宽。程序上的从宽包括强制措施的宽缓化、审判流程的简化及审限的缩减、程序的选择等丰富的内容。认罪认罚案件中从宽的空间变大，但也要讲究适当性，以兼顾对整体法秩序的维护。程序上从宽很大程度上体现为“从简”，也有适当性的问题，需要做到“从简但不减损权利”。

第一节　“从宽”的实证考察

认罪认罚从宽是一项刑事诉讼制度改革的重大举措。相比较于“认罪”案件，“认罪认罚”案件，刑罚从宽也罢，简化程序也罢，其适用的前提是“认罪认罚”。那么“认罪认罚从宽”中的“从宽”如何解读，只“认罪”不“认罚”是否可以获得“从宽”？“从宽”时考量的因素有哪些？“从宽”的幅度及其适当性如何把握？对这些问题，我们有必要从刑事一体化的视角，透过对认罪认罚从宽的刑事法原理、主旨内涵、价值选择等基本问题的探讨和分析，对“认罪认罚从宽”进行细致的类型化分析，对“从宽”作出合理的解读，从而就“从宽的适当性”给出合理的建议。

一、试点地区“从宽”的实践、特点及提出的问题

（一）试点地区相关文件规定的“从宽”幅度

自刑事案件认罪认罚从宽制度试点工作开展以来，北京等 18 个试点地区，结合本地司法工作实际，纷纷出台了相关的实施细则或实施办法，仅就认罪认

罚案件的"从宽"而言,有的作出了原则性的规定,如《长沙地区刑事案件认罪认罚从宽制度试点工作实施办法(试行)》(2018 年 4 月 25 日)第 47 条规定:"人民法院在量刑时应当综合考量被告人认罪认罚的时间、阶段、完整性以及稳定性等因素,从宽量刑幅度予以适当区别。"有的作出了较为具体的规定,如上海、天津、重庆、沈阳等城市。详见表 4-1。

表 4-1　　上海等试点地区对"从宽"的规定

试点地区、文件名称及施行时间	内容
上海市《刑事案件认罪认罚从宽制度试点工作实施细则(试行)》(2017 年 1 月 23 日)	第一部分第 2 条:"从宽的刑罚量一般不得多于基准刑的二分之一;对于积极赔偿被害人损失、取得被害人谅解且已履行完毕的案件,从宽的刑罚量可适当增加;对于犯罪情节轻微,不需要判处刑罚的,可以免除刑事处罚……"
天津市《关于开展刑事案件认罪认罚从宽制度试点工作的实施细则(试行)》(2017 年 3 月 31 日)	第 6 条:"犯罪嫌疑人、被告人认罪,同意人民检察院提出的量刑建议并签署具结书的……可以减少基准刑的 15%以下;选择适用速裁程序的,可以再减少基准刑的 15%以下;选择适用简易程序的,也可比照速裁程序酌情从宽。"
重庆市《关于开展刑事案件认罪认罚从宽制度试点工作的实施细则》(2017 年 11 月 17 日)	第 46 条:"被告人认罚的,按照下列情形分别处理:(一)在审查起诉阶段,同意检察机关量刑建议,并签署具结书的,法定刑在三年以下(含三年)的,可以减少基准刑的 20%～40%;法定刑在三年以上的,可以减少基准刑的 20%以下。(二)在审判阶段,同意检察机关量刑建议,并签署具结书的,可以减少基准刑的 10%以下。被告人在侦查阶段就愿意认罪认罚的,对其从宽处罚幅度应高于在审查起诉或审判阶段认罪认罚的。"
沈阳市《关于刑事案件认罪认罚从宽制度试点工作的实施意见(试行)》(2017 年 6 月 27 日)	第 25 条:"对于《量刑指导意见》中规定的罪名,可以将认罪认罚作为案件事实以外的一个单独量刑情节,减少基准刑的 10%～30%,但减少的刑罚量不能超过二年。对于《量刑指导意见》中未规定的罪名,从宽幅度亦应低于本地区同类案件的刑罚。对可能判处三年有期徒刑以下刑罚的案件,减少的刑罚量不能超过一年。对可能判处三年有期徒刑以上刑罚案件,减少的刑罚量不能超过二年。"

济南则构建了“阶梯式从宽量刑机制”，即：犯罪嫌疑人在侦查阶段认罪认罚的，最多可以减少基准刑的35%以下；在审查批捕阶段认罪认罚的，最多可以减少基准刑的25%以下；在起诉阶段认罪认罚的，最多可以减少基准刑的20%以下；被告人在审判阶段当庭认罪认罚的，最多可以减少基准刑的15%以下。青岛市中级人民法院联合其他试点机关，将认罪认罚案件量刑从宽幅度根据认罪认罚的阶段不同分别确定为20%、15%、10%，实际使用量刑规范化文件中规定的法官享有20%的自由裁量权，没有另外的从宽幅度。[①]《青岛市认罪认罚刑事案件办理流程(试行)》第52条规定：“……人民法院在量刑时应当综合考量被告人认罪认罚的时间、阶段、完整性以及稳定性等因素，对从宽量刑幅度予以适当区别。认罪阶段越靠前，从宽幅度越大，即侦查阶段认罪优于审查起诉阶段、法庭审理阶段认罪，审查起诉阶段认罪优于法庭审理阶段认罪。”

各试点地区对“从宽”的把握和适用有如下特点：

(1)“从宽”考量的因素包括认罪认罚的时间、赔偿被害损失的落实情况、是否同意量刑建议、选择适用何种审判程序、认罪的稳定性与完整性等。以认罪认罚的时间为例，各试点地区一般依据犯罪嫌疑人、被告人认罪认罚的时间和阶段，认罪时间越早，从宽的幅度越大，体现对尽早认罪的鼓励和奖励。除表4-1中的有关规定外，再如2017年杭州市中级人民法院出台《刑事案件认罪认罚从宽制度试点工作量刑指引》，明确了认罪认罚案件中“从宽”的幅度。案件具体情况不同，可以从宽处罚的比例也不同。根据该《量刑指引》，最高可依法减少基准刑的30%。案件办理分为侦查(公安)、审查起诉(检察院)、审判(法院)三个阶段，表现的等级评定会影响从宽的幅度，按照“好”“较好”“一般”等若干个等级来评：在侦查阶段认罪认罚的，上述等级都可以评；在审查起诉阶段认罪认罚的，评“一般”或者“较好”；在审理阶段认罪认罚的，通常评“一般”。认罪阶段越靠前，建议从宽幅度越大。[②] 关于认罪的稳定性等，如重庆市《关于开展刑事案件认罪认罚从宽制度试点工作的实施细则》第45条规定：“人民法院适用认罪认罚从宽制度审理案件，在量刑时应当综合考虑被告人认罪认罚的主动性、及时性、稳定性、全面性及悔罪表现等情节，决定从宽的具体幅度。”

(2)对“从宽”的幅度有限定和控制。控制的方法包括控制幅度或者同时控制总量。如表4-1中，天津市和重庆市是控制降低基准刑的幅度，上海市是将兼有多个从轻、从宽情节的，从宽的刑罚量控制在“一般不得多于基准刑的二分之

① 参见胡云腾主编：《认罪认罚从宽制度的理解与适用》，人民法院出版社2018年版，第351页。

② 参见陈东升、平安君、严静：《杭州刑事案件认罪认罚从宽制度试点工作全面推进》，https://www.chinacourt.org/article/detail/2017/08/id/2957853.shtml，2019年5月5日访问。

一”。沈阳市的规定，则既限定幅度的比例，也控制从宽的总量。再如武汉市，2017年，武汉中级人民法院结合以审判为中心的刑事诉讼制度改革工作，出台《武汉市中级人民法院关于刑事案件认罪认罚从宽制度试点工作实施方案》《武汉市中级人民法院关于刑事案件繁简分流、优化司法资源配置实施意见（试行）》等规范性文件，探索建立审前程序的案件分流机制，并明确了对被告人认罪认罚的量刑激励标准。“案件具体情况不同，可以从宽处罚的比例也不同。根据量刑指引，最高可依法减少基准刑的20%。”①

（3）“从宽”的幅度不尽相同。如重庆市将从宽的幅度规定为最高可以减少基准刑的40%，与杭州市以及大连市②的“最高可依法减少基准刑的30%”相比，从宽的最高幅度多出10%。

（4）“从宽”审查程序严格。比如，2016年10月，浙江省杭州市富阳区公检法司联合出台《关于开展刑事案件认罪认罚从宽制度试点工作的若干规定（试行）》，2017年4月，富阳区又对工作实施细则进行了重新修订。依富阳区相关规定，在侦查阶段，民警在第一次讯问犯罪嫌疑人时就要告知其认罪认罚从宽处理制度，并书面送达《告知书》；移送审查起诉时，要随案移送《情况记录表》《认罪认罚表现评定表》；在检察院阶段，检察官要再次对犯罪嫌疑人进行书面告知，同时审核犯罪嫌疑人认罪认罚的自愿性，并与其签署《具结书》等。富阳在这项试点工作中，仅各类新创制的制式表格文书就有9种，覆盖了案件办理的各个阶段，全程留痕。③

（二）认罪认罚从宽案件裁判文书的量刑情况

我们通过中国裁判文书网，以“刑事案件”和“认罪认罚从宽”为关键词进行检索，共检索到2016～2019年认罪认罚判决书37864份，检察院提出量刑建议的数量为30788件，提出量刑建议的方式主要有精准刑和幅度刑两种，而法院一般会全部、部分采纳或者完全没有采纳。比如，北京市第三中级人民法院审理的郝铮诈骗一案中，法院认为，公诉机关的量刑建议适当，全部采纳。④ 广州市海珠区人民法院审理的曹某某盗窃一案中，检察院量刑建议是有期徒刑1年，

---

① 杨康、涂莉、刘坚：《武汉法院试点认罪认罚从宽制度，两个月的案子十天就结了》，http://news.cnhubei.com/gd/201803/t4083322.shtml，2019年5月5日访问。

② 大连市《刑事案件认罪认罚从宽制度试点工作实施办法》第18条规定：“人民检察院在适用认罪认罚从宽制度拟定量刑建议时，应当严格区分被告人认罪认罚所处的诉讼阶段：（一）对于审查起诉阶段认罪认罚的被告人，原则上可以减少基准刑30%以下；（二）对于在审判阶段认罪认罚的被告人，原则上可以减少基准刑20%以下。经人民法院、人民检察院协商一致的，也可以减少基准刑30%以下。”

③ 参见许梅：《认罪认罚从宽，“宽”要“宽”得规矩》，http://www.pazjw.gov.cn/yaowen/201704/t20170421_3493105.shtml，2019年5月5日访问。

④ 参见（2019）京03刑初73号。

人民法院判决是有期徒刑1年,罚金3000元。[①] 广州市中级人民法院审理陶某某贩卖毒品一案中,该案被认定构成贩卖毒品罪,检察院的量刑建议是10个月以下有期徒刑;人民法院一审判处有期徒刑1年2月,并处罚金2000;二审判处有期徒刑10个月,并处罚金2000。[②] 广州市中级人民法院审理的朱某某职务侵占、受贿一案中,检察院的量刑建议是有期徒刑1年至1年零6个月,人民法院判决是:犯职务侵占罪,判处有期徒刑1年零1个月;犯受贿罪,判处有期徒刑6个月,并处罚金10万;决定执行有期徒刑2年零1个月,缓刑2年,并处罚金10万。[③] 广州市中级人民法院的这两份判决也都是增加了附加刑。[④]

(三)程序适用情况

我国《刑事诉讼法》规定的一审程序包括普通程序、简易程序和速裁程序。自认罪认罚从宽试点工作开展以来,试点地区适用速裁程序审结的认罪认罚案件占比较高。如天津市自2016年12月至2018年6月试点期间,在适用认罪认罚从宽制度审结的7870案件中,适用刑事速裁程序审理4283件,适用简易程序审理2698件,分别占全部认罪认罚案件的54.4%、34.3%,这两种简单快速的诉讼程序占全部认罪认罚案件的88.7%,其余889件是普通程序,占11.3%。[⑤]2017年,武汉市汉阳区人民法院共审结刑事案件1036件,结案率达到98.36%,服判息诉率达到96.22%。其中,认罪认罚案件875件(其中值班律师和辩护律师参与的认罪认罚案件571件),占全部刑事案件结案数的84.5%,服判息诉率98.77%;其中适用刑事速裁程度审结案件854件,占比28.4%,简易程序案件155件,占比15%,普通程序案件27件。[⑥] 上海市一些基层法院审理认罪认罚从宽案件的程序适用情况,速裁程序占60%以上。具体情况是:2018年11月1日至2019年6月30日,上海二中院所辖的9个区法院共审结认罪认罚案件3721件;其中,适用速裁程序审理的案件1386件,占比为37.2%,简易程序2285件,占比61.5%,普通程序50件,占比1.3%。上海徐汇区2018年认罪认罚案件中适用速裁程序的310件,占比50.32%。[⑦]

---

① 参见(2016)粤0105刑初1426号。

② 参见(2018)粤01刑终386号。

③ 参见(2017)粤01刑终1775号。

④ 当然,由于查阅的是法院的裁判文书,因此,有的文书中没有检察院的量刑建议,不等于检察院就没有提出量刑建议,加之,刑事判决书中对检察院所提出的量刑建议未必表述的全面,在此特别说明。

⑤ 参见胡云腾主编:《认罪认罚从宽制度的理解与适用》,人民法院出版社2018年版,第314页。

⑥ 参见樊崇义:《武汉市汉阳区认罪认罚从宽制度调研报告》,《人民法治》2018年第5期。

⑦ 参见沈言、夏菁、吴学知:《完善认罪认罚从宽配套措施　助力深入推进司法体制改革——上海二中院刑庭关于认罪认罚从宽制度的调研报告》,第1～2页。

（四）"从宽"适用中值得思考的问题

认罪认罚从宽从试点到立法化，关于"从宽"的解读和适用，存在不同的认识，有以下问题值得思考：

（1）"从宽"是限于实体法意义上的刑罚宽缓，还是也包括程序上的程序简化，程序简化是不是"从宽"？

（2）认罪认罚案件中的"从宽"是否必须与《量刑指导意见》接轨？如何接轨？这里还涉及，我国目前推行的认罪认罚从宽制度，与既有的刑事法的基本原则，诸如罪责原则、审判公开原则、反对强迫自证原则、直接言词原则等之间，哪些可以妥协、协调，哪些存在本质性的冲突，哪些不可以妥协，这些都是值得思考的问题。

（3）仅"认罪"但不"认罚"，是否从宽，依据是什么？"认罪"与"认罪认罚"从宽的幅度是否可以有所不同，理由是什么？

（4）"认罪意愿"在"从宽"中扮演怎样的角色？是不是适用"认罪认罚从宽"的必要条件？

（5）认罪认罚从宽制度与自首制度、坦白制度会不会出现重叠、"概念混同"以及"重复评价"等问题。

二、认罪认罚案件中"从宽"的解读

总结刑事法语境中的"从宽"，有多方面的内容和表现形式，具体到认罪认罚从宽制度的语境，刑罚的宽缓、程序的简化，都可以解读为"从宽"。认罪认罚从宽制度中的"从宽"包括实体和程序双层面的从宽。

认罪认罚案件的"从宽"，首先体现在实体法意义上的刑罚裁量环节的宽缓，具体形式仍然是刑法规定的从轻、减轻或免除处罚，也包括判处实刑适用缓刑等非监禁刑。如前文所述，实体法意义上"认罪从宽"正当性基础，来自于既有的刑罚观即刑罚的正当化根据原理。

"每一种制度都是一种信仰，每一种活动都是一种需要或要求。……研究人的科学必定是研究精神的科学，这一点似乎已无需争辩了。"[①]法律是人与人之间、人与社会之间的规则，法律必须有其根据，即根据某种明确的观点或信仰，否则便无法解释和毫无意义。刑罚作为最严厉的法律制裁手段，其存在需要有正当化的根据——刑罚正当化根据，即人为什么能够惩罚人，作为惩罚最严厉的刑罚，其轻重依何而设立与分配，刑罚的轻重尺度如何掌握，是人类进入文明社会以来始终伴随立法、司法活动的一个永远需要讨论的问题。自17～18

① [英]鲍桑葵：《关于国家的哲学理论》，汪淑钧译，商务印书馆1995年版，第77～78页。

世纪古典学派开始至今，理论上形成了较为稳定的刑罚观，并已经渗透和应用到各国或地区的立法和司法活动之中。从各国或地区的立法可以看出，各个国家或地区关于刑罚根据的规定，一般采取并合主义，即刑罚一方面要与应负的责任相适应，另一方面要考虑预防犯罪的需要，同时有的将恢复性司法的理念引入立法。[①]“制裁制度的构筑、适用和改革，鉴于变化着的社会关系，被概括性地描述为‘刑事政策’。对于刑事政策的原则方向具有决定性意义的，是安排作为刑事政策的主要反应手段的国家刑罚的任务。很久以来就存在两种截然相反的观点：一种观点是强调刑罚的意义，并将刑罚的意义视为对行为人负有罪责的不法的抵偿；另一种观点则强调制裁的目的在于既影响社会（一般预防）又影响行为人本人（个体预防、特殊预防），其目的在于防止行为人继续实施犯罪行为。”[②]“大陆法系法学把刑罚理论归纳为报应刑和目的刑两大类，美国刑法理论归纳为报应主义和功利主义两大类，除表述方法有差异（大陆法系理论提‘刑罚目的’，美国理论提“刑罚理由”，如此等等）之外，实质上是相同的。”[③]刑罚的报应理论，又称为“正义理论”，是“使行为人由于自己的行为而加于自身的罪责，在正义的方式下得到报应、弥补和赎罪”[④]。“刑罚是为特殊预防和一般预防服务的。刑罚在其严厉程度上是由罪责的程度限制的，并且，只要根据特殊预防的考虑认为是必要的，同时，根据一般预防的考虑也不反对，那么，就可以不达到罪责的程度。”[⑤]换言之，以罪责为基础，特殊预防必要性低，刑罚可以低于罪责刑的程度。目前，并合主义并且以罪刑相当为主、刑罚个别化为辅，也是我国刑法学界关于刑罚正当化根据的主流观点。

可见，由此引发的问题是，认罪认罚案件的“从宽”，幅度应如何把握？目前，实务界和学界主要有最高从宽幅度 20％、30％和 40％等不同的观点。[⑥]我们主张，对于认罪认罚的犯罪嫌疑人、被告人，在确定基准刑的基础上，最高可在坦白和自首之间调节基准刑的比例来掌控，理由详见下文的阐述。

此外，程序即是惩罚，程序从简也是“从宽”，详见本书第三章的内容，在此不再赘述。

---

① 详见王瑞君：《如何规范地识别量刑情节——以实务中量刑情节的泛化和功利化为背景》，《政治与法律》2014 年第 9 期。

② ［德］汉斯·海因里希·耶赛克、托马斯·魏根特：《德国刑法教科书》，徐久生译，中国法制出版社 2017 年版，第 1011～1012 页。

③ 储槐植：《美国刑法》，北京大学出版社 2005 年版，第 237 页。

④ ［德］克劳斯·罗克辛：《德国刑法学（总论）》，王世洲译，法律出版社 2005 年版，第 36 页。

⑤ ［德］克劳斯·罗克辛：《德国刑法学（总论）》，王世洲译，法律出版社 2005 年版，第 50 页。

⑥ 参见周新：《认罪认罚从宽制度试点的实践性反思》，《当代法学》2018 年第 2 期；赵恒：《论量刑从宽——围绕认罪认罚从宽制度的分析》，《中国刑事法杂志》2018 年第 4 期。

第二节 “认罪认罚”的类型化及“从宽适当性”的实现

一、“认罪认罚”的类型细化

“认罪认罚”中包括“认罪”和“认罚”两个要素，将二者统合考虑，在我国开始于2014年北京等18个地区开展刑事案件速裁程序的试点工作。2014年8月22日，最高人民法院、最高人民检察院、公安部、司法部印发《关于在部分地区开展刑事案件速裁程序试点工作的办法》，尽管该《速裁程序试点办法》3处出现的仍然是“认罪”，并未出现“认罪”与“认罚”并列的表述方式，但根据第1条规定内容“承认自己所犯罪行”，加上“同意人民检察院提出的量刑建议”，因此，被解读为“对犯罪嫌疑人、被告人认罪认罚、可能判处1年有期徒刑以下刑罚的11类案件依法从宽、从简、从快处理。这是第一次明确将‘认罪’、‘认罚’统合考虑，实体程序同步落实坦白从宽政策的实践探索”[①]。

《中共中央关于全面推进依法治国若干重大问题的决定》提出“完善刑事诉讼中认罪认罚从宽制度”，之后出台的关于认罪认罚从宽的文件，都将“认罪”与“认罚”并到一起使用，即“认罪认罚”，直至2018年10月26日，新修订的《中华人民共和国刑事诉讼法》将“认罪认罚”写入法律。

在对“认罪认罚”类型化之前，有必要对“认罪意愿”的作用进行以下分析，“认罪意愿”是不是“认罪”的必要条件，其在实体法和程序法中的角色和作用是否完全一致？

首先，《刑事诉讼法》和《刑法》都一致性地认可主动和自愿的认罪。换句话说，如果犯罪嫌疑人、被告人主动、自愿认罪，不论是从刑法角度还是刑事诉讼法的角度，都认定为“认罪”，刑法适用中刑罚裁量从宽，程序法进行速度加快，如再加上“认罚”，能够获得程序选择的对待，这种情形下的“从宽”是双重的，包括实体从宽和程序从宽。

其次，如果不是自愿性认罪，依据刑法原理，缺乏再犯可能性降低的依据，因此，不适宜从宽进行量刑。但是，在兼顾效率的刑事诉讼语境中，不自愿认罪，主动性弱和被动“认罪”的，却可以适用认罪认罚从宽速裁程序。主动性弱，一般表现为认罪作出的时间距离案发较长，中间有犹豫、波折甚至反复，这就需要看案件选择进入速裁还是普通程序的时间节点上，嫌疑人、被告人的态度表现；如果其认罪认罚，同样可以适用速裁程序，并且获得从宽处罚的对待。当然

① 胡云腾主编：《认罪认罚从宽制度的理解与适用》，人民法院出版社2018年版，第75页。

主动强弱不同，刑法实体法层面量刑从宽的程度是不同的。

再次，对于被迫或者佯装、虚假的认罪，刑法意义上没有理由获得从宽处罚的待遇，从刑事诉讼法角度，也不建议适用认罪认罚从宽的速裁程序。依据是，《认罪认罚从宽制度试点工作的办法》第 1 条和《刑事诉讼法》第 15 条、第 174 条以及第 190 条第 2 款，都使用的是“自愿”一词。

这里有必要阐述一下“认罪认罚”的判断问题。通过研读现有的关于“认罪认罚从宽”文献可以知悉，该制度的“核心关键在于被告人认罪的自愿性和真实性，这是整个程序的立足之基。否则，则有可能沦为办案机关强迫、威胁、引诱或者利用被告人无知而使其认罪，成为突击办案的一种工具”[①]。因此，是“主动、自愿认罪”，还是“同意被指控的犯罪”，至少“认罪认罚”不能是被强迫的，不能是伪装出来的。“认罪”“认罪认罚”在实体和程序法上的地位和作用是有所区别的。实体法中的刑罚根据原理和各国包括我国理论和实务接受的刑法裁量的根据及具体判断标准，对于犯罪后自愿“认罪”的，可以得出从宽对待的结论，依据就是人身危险性降低，特殊预防必要性减少。而程序法层面上的“速裁”待遇，是需要“认罪”和“认罚”二者同时具备的，即“认罪认罚”才能简化诉讼程序，获得程序法上的“从宽”。当然，要想判断出认罪认罚的自愿性、真诚性、明智性，司法官则必须认真审查行为人的犯罪后态度，毕竟这些犯罪后态度会在漫不经意间流露出行为人认罪认罚的态度。因此，作为影响量刑因素的犯罪后态度，自然而言必须就要获得足够的重视，这才能从实体法上找到影响认罪认罚从宽制度运行的内在参考因素，真正挖掘出犯罪后态度在“认罪认罚从宽”中重要的司法价值。“认罪”不仅是被告人承认所犯的所有罪行，更是一种信念，它不应该是法院仅仅给出正确判决以及作出刑罚那样简单。[②] 被告人的某些犯罪之后的行为举动并非仅仅只是一种单纯的外观表现，而是能够反映被告人内心信念的一种理性表达，绝非是一种无目的性、无意识以及缺乏利益衡量后的行为。因为我们知道，对于被告人而言，即使他并不愿意承认参加犯罪，或者他的有罪答辩有一项无罪的申诉，他仍可能自愿、知情和理解地同意判处徒刑。因为出于他自己的利益的考虑，他需要作有罪答辩和那些强有力的有罪证据。[③] 因此，在判断被告人的“认罪认罚”行为举动时，必须要综合考量所有可能影响并决定被告“认罪认罚”信念表达的因素，我们称之为“犯罪后态度”。

我国新近的研究中，学者开始特别地关注到有证据规则相联系的“自愿认

---

① 田楠:《完善认罪认罚自愿性保障机制》,《天津政法报》2017 年 8 月 15 日第 3 版。

② Boykin v. Alabama, 395 U. S. 242(1969).

③ North Carolina v. Alford, 400 U. S. 25-26(1970).

罪"认定问题。自愿性也称"任意性",指由当事人自己的任意选择或者同意而推进的,而非引诱、强迫或者欺骗的结果。[①] 张建伟教授认为:"口供的任意性和认罪认罚的自愿性在特定含义上是相同的。……任意当然不仅由法律进行纸面保障,还需要排除行动上的障碍。自愿性以具有自由意志为内容,自由意志是'个人能够做决定或进行思虑选择的心灵能力'。自由是当事人可以随自己的意志行动,不受拘束。这意味着自主,即依自己的权利自由行事,不受他人协助、干涉。"[②]学者杜磊主张:"认罪认罚自愿性的判断标准,实际上与供述自愿性的判断标准密切相关。……可以参照我国非法言词证据排除规则所确立的'痛苦标准'来界定认罪认罚自愿性的判断标准。一方面,将排除非法言词证据的标准作为非自愿认罪认罚的法定标准,符合这些标准便属于非自愿性的认罪认罚。例如,以暴力或严重损害本人或其近亲属合法权益进行威胁,使被追诉人遭受难以忍受的痛苦而认罪认罚的,因违背自愿性原则而导致认罪认罚无效。另一方面,考虑到我国非法言词证据排除规则所确立的标准并不完善,例如,对引诱的界限缺乏明确的判断标准,因此,也要确立裁量性的认罪认罚自愿性判断标准,即根据案件的具体情形加以判断认罪认罚是否自愿。"[③]从学者的研究中可以看到,"认罪"以及"自愿认罪"不是形式上的口头表达或者肢体语言层面的点头与摇头的问题,而是事关证据规则及背后体现的合理性、公正性的问题,客观地讲,认罪认罚自愿性判断标准具有抽象性和模糊性的特点,认罪认罚自愿性的判断标准在适用过程中不可避免地面临适用难题,因此,实务中要引起重视,要充分认识到实务中的一些实际操作措施是否符合认罪认罚自愿性的要求。

综上,认罪认罚从宽制度是诉讼制度创新与改革的产物,更是回应现实司法需求的必然选择。犯罪后态度是自愿性的一种外部性表达,可以通过犯罪后的不同表现态度来判断被告人的自愿性。然而,能够作为审查标准的犯罪后态度的要求很高,一方面需要被告人获得充分的法律帮助,对于自己行为的法律后果有一种明确的认知;另一方面,要求被告人作出的认罪认罚决定是一种自愿的且充满智慧的抉择。因而,无论何时何地,我们认为都必须坚持同样的标准(被告人必须获得足够的律师咨询帮助、明智的且具备理解力去认罪)去审查被告人是否自愿认罪,任何无知、不理解、胁迫、恐怖、诱惑、微妙或公然的威胁

---

① 参见张建伟:《协同型司法:认罪认罚从宽制度的诉讼类型分析》,《环球法律评论》2020 年第 2 期。

② 张建伟:《协同型司法:认罪认罚从宽制度的诉讼类型分析》,《环球法律评论》2020 年第 2 期。

③ 杜磊:《论认罪认罚自愿性判断标准》,《政治与法律》2020 年第 6 期。

都可能成为违宪行为的完美掩盖的幌子。而此时的胁迫的、不真诚的以及无知的认罪认罚，就整个诉讼程序的价值来讲，毫无意义可言。

最为重要的是，作为法官在审查被告人认罪认罚自愿性的时候，尽管通过犯罪后态度的表现能够大致窥探一些细节，但是法官在审查这些犯罪后态度之时，仍旧要认真倾听被告人的法庭答辩以及陈述，仔细观察被告人在对待被害人时的面部表情、语言表达方式以及态度是否有所友善，等等。尽管通过这些犯罪后态度判断认罪认罚的自愿性并不是太过于困难，但是并非每一个法官都有能力去完成，这需要熟谙断案的法官不仅“有一副‘哀敬折狱’的悲悯心肠，还需要通过礼典的熏陶和世事的历练，以获得洞悉人情物故的经验支持”①。

总之，“认罪认罚”及相关情形，可以分为几种：(1)既“认罪”又“认罚”的，即“认罪认罚”；(2)只“认罪”不“认罚”的；(3)表面上认罪认罚，背地里却串供、毁灭证据或者隐匿、转移财产的等等；(4)明确表示不认罪认罚的；(5)态度不明朗的；(6)认罪认罚，同时又有自首、坦白情节的。

二、“从宽适当性”的实现

“法律解释的古典规则早就指出，对规范的解释应尽可能避免使规范之间出现冲突。”②近年来，我国司法改革频繁，那么认罪认罚从宽司法改革与前期的量刑规范改革、现行的《量刑指导意见》，是否要完全一致，还是可以有所突破、变通，是值得我们思考的问题。

根据《刑事诉讼法》第 201 条，法院对认罪认罚案件量刑建议的处理规定的理由是，认罪认罚案件的量刑建议是控辩协商的结果，是控辩双方的“合意”，因此，认罪认罚案件的量刑建议的效力与不认罪认罚案件的量刑建议效力有所不同。具体而言，量刑建议是检察机关对犯罪嫌疑人认罪认罚给予宽大处理的承诺，具有一定的司法公信力。对认罪认罚从宽进行顶层设计时，为鼓励犯罪嫌疑人认罪认罚，也为了兑现承诺，规定了除法定情形外“一般应当”采纳量刑建议，实际上是对不采纳量刑建议进行了适当限制，充分体现了对控辩合意的尊重。③ 结合目前的认罪认罚从宽司法改革的文件，认罪认罚案件，既有与《量刑指导意见》相协调的一面，也有进一步“协商”和“突破”的余地，即不限于在《量刑指导意见》幅度范围内，可以有所突破。

---

① 郑智：《刑讯与五听：“情实”背后的身体思维模式》，《法律科学(西北政法大学学报)》2014 年第 3 期。

② [德]齐佩利乌斯：《法学方法论》，金振豹译，法律出版社 2009 年版，第 57 页。

③ 参见胡云腾主编：《认罪认罚从宽制度的理解与适用》，人民法院出版社 2018 年版，第 51 页。

如前所述,我们主张,对于认罪认罚的犯罪嫌疑人、被告人,在确定基准刑的基础上,最高可在坦白和自首之间调节基准刑的比例来掌控,其理由是:

(1)"认罪认罚",除"认罪"之外,还加上了"认罚",不仅具备实体法意义上的认罪、悔罪情节,还能够为刑事诉讼降低成本,提升办案的效率,因此,从行为人人身危险性的降低和降低司法成本获取奖励的角度来分析,可比仅仅"认罪""当庭认罪"乃至"坦白"获得从宽的幅度要大些。

(2)根据《认罪认罚从宽制度试点办法》第22条规定内容,尽管有"免于刑事处罚",但有一个前提,即"犯罪情节轻微不需要判处刑罚",显然,跟现行《刑法》第67条自首中"对于自首的犯罪分子,可以从轻或者减轻处罚。其中,犯罪较轻的,可以免除处罚"相比,在条件限定上还是要严格的。因此,"认罪认罚"的"从宽"尚不能与自首相提并论。而司法实践中对认罪认罚案件免除被告人处罚的比例也极低即为例证。

(3)试点地区认罪认罚从宽的幅度,介于坦白和自首之间的调节基准刑的比例较多。

认罪认罚从宽试点工作开展以来,各地对"认罪认罚"影响基准刑的幅度,介于坦白和自首之间的做法占多数。这一实践选择,与刑罚裁量根据理论正相契合。

如前所述,报应刑论、预防刑论以及二者结合起来形成的并合主义,分别从不同的角度给出了刑罚正当化根据的论证,加上这些年来兴起的恢复性司法理念,传统的刑罚根据理论得以扩充。对刑罚正当化根据的回答,不仅是为了从总体上回答国家为什么能够对犯罪规定刑罚,司法机关为什么可以对定罪的人适用和执行刑罚,而且能够回答对具体犯罪的刑罚裁量、量刑情节的判断和适用等问题。但是,对于符合报应刑、预防刑、恢复性司法原理之外的因素,可否作为影响刑罚裁量的事由,始终存在争议。现在,将认罪认罚作为从宽的理由,有人担心类似的越来越多的功利性做法会让正义打折扣。这种担心有一定的道理,但现实终归是现实,现实中,正义的实现,需要成本的付出,受司法资源的制约,因此,公正与效率等不同的价值之间,不得不进行协调,方能实现最大程度的正义。美国学者马尔科姆·M.菲利基于考察美国纽黑文基层法院案件审理情况所言:"许多在刑事法院持续存在的问题源自这三个因素:组织结构、对实体正义的关切和审前成本的重要性。它们凑在一起,挫败了许多刑事诉讼理想。"[①]这句话听起来感觉有些悲观,但也反映了一定的客观现实,即现实中,完

---

① [美]马尔科姆·M.菲利(Malcolm M. Feeley):《程序即是惩罚——基层刑事法院的案件处理》,魏晓娜译,中国政法大学出版社2014年版,第266页。

全排斥司法机关所谓功利性的诉求，是很难实现的。换一个角度，刑事诉讼的价值追求应该是多元的，有正义、有效率，二者要兼顾，正义需要效率，正义不及时到来，也会打折扣。“一个社会，无论多么‘公正’，如果没有效益，必将导致社会集体的贫困，那也谈不上什么公正，即使有这种‘公正’，也是社会和人们所不取的。”[①]将公正作为刑事司法的唯一目标，是很困难的现实问题，实在是司法机关面对的案件不仅多，而且复杂，要均匀分配人力、物力，同时又要对复杂的疑难案件、大案要案，重点投入时间和人力、物力，因此，司法活动需要对效率给予充分的关注并能够在公正与效率之间保持适当的平衡。

因此，认罪认罚从宽，通过试点和理论论证，要细化为不同的类型，实现“从宽的适当性”。具体来说，“认罪认罚从宽”可分为以下几种：

(1)对于认罪的，可以体现实体上的从宽。

(2)对于只认罪不认罚的，不能得到适用速裁程序的对待。

(3)对于既认罪又认罚的，既包括实体上的从宽，也包括程序上的从宽。

(4)对于表面上“认罪认罚”，背地里却串供、毁灭证据或者隐匿、转移财产的，则不能适用认罪认罚从宽，包括实体和程序两个方面。

(5)对于自首或坦白，又认罪认罚的，可参见某些学者的观点：①单纯自首的，处罚尽可能轻；对于“自首型认罪”且认罚的，处罚比单纯自首更轻。②单纯坦白的，比自首处罚略重；对于“坦白型认罪”且认罚的，处罚比单纯坦白要轻很多，甚至可以比单纯自首略轻一些。③并无自首、坦白情节，但相对被动地承认被指控的犯罪事实且认罚的，在从宽处罚方面，可以予以从轻或者减轻处罚。[②]

(6)不认罪认罚的，不意味着必然从严。对于犯罪嫌疑人、被告人不认罪认罚的，不能因为不从宽就自然转为从严。因为不从宽未必一定从严。有的主观恶性深，拒不认罪悔罪；有的是认为自己是无罪无辜的；还有的选择走普通程序的；等等。对不认罪认罚的，同样应该保证正常的诉讼程序和实体上合法合理的判决，要避免出现不从宽即从严的错误认识和做法。

既然程序上的“从宽”，很大程度上体现为“从简”，那么程序“从简”也有适当性的问题。如前面所述，简化程序可以是强制措施适用上体现从宽，可以是办案期限的缩短、审判程序的简化等。我国由于不适用陪审团制度，也没有完全适用直接言辞原则，加之普通程序之外有速裁程序、简易程序，因此，“从简”可以更多地在侦查特别是审查起诉阶段寻求简化的空间。为此，建议：

---

① 陈正云：《刑法的经济分析》，中国法制出版社 1997 年版，第 337 页。

② 参见周光权：《论刑法与认罪认罚从宽制度的衔接》，《清华法学》2019 年第 3 期；王志祥、融昊：《认罪认罚从宽制度的体系性反思与建构》，《法学杂志》2020 年第 5 期。

(1)审查起诉阶段可细化为协商程序和审核确认程序。鉴于现有的简易程序和速裁程序基本上是审核确认程序,因此,应在侦查阶段和审查起诉阶段增加协商的成分,当然,这两个诉讼阶段协商的内涵和内容是不同的。

(2)充分尊重检察官参与认罪认罚协商的公权主体地位,切实发挥检察机关的主导作用,有效贯彻检察官量刑建议的采纳制度。

(3)整体上增强诉讼活动的衔接性,避免重复劳动,提高诉讼效率。由于我国速裁程序和认罪认罚从宽试点中,基本上是通过简略事务性工作的方式,压缩办案时间,办案时间缩短了,但是办案人员的实质性的工作量并没有减少,如有法官所言:"虽然办案时间缩短了,但是进入员额的司法人员的工作量没有显著减少。对证据、事实的审查判断才是一线司法人员主要工作量所在,是进入员额的司法工作人员承担的法律'核心事务',其他卷宗移送、内部审批、文书制作事务都可以由助理和书记员完成。不在法律核心事务上'加速',难以实质缓解'案多人少'。"[①]

① 王璇:《认罪认罚案件简略式审查起诉机制之构建——基于速裁试点经验的考察》,苗生明主编:《认罪认罚从宽制度研究》,中国检察出版社2019年版,第231页。

第五章　量刑建议的适用及反思

我国《刑事诉讼法》第 176 条第 2 款，对审查起诉后决定提起公诉的认罪认罚案件的处理，提出了三个方面的要求：(1)人民检察院应当提出量刑建议；(2)量刑建议的内容包括主刑、附加刑、是否适用缓刑等内容；(3)提起公诉时应该随案移送认罪认罚具结书等材料。这一条款，赋予了检察院在认罪认罚从宽案件中重要的角色，让检察机关的量刑建议从单纯的权力属性变为兼具权力与义务的双重属性。提出量刑建议的权利表面上是其行使起诉权的重要体现，本质上则是求刑权，这种获得法律授权的"量刑建议权"将构成认罪认罚从宽制度的重要组成部分。[①] 依《刑事诉讼法》第 173 条第 2 款的规定，人民检察院应当听取犯罪嫌疑人、辩护人或者值班律师等对有关事实、罪名、适用法律规定、从宽处罚以及案件审理的程序等事项的意见。据此，犯罪嫌疑人在认罪认罚从宽案件中已经不仅仅是案件事实的提供者，同时成为罪名、量刑、案件审理程序等关系案件处理走向和结果的意见表达者，量刑建议成为控辩双方协商交流、凝聚共识的结果。从各地司法实践的数据显示，认罪认罚从宽制度的实施过程中，检察机关对于量刑建议表现出极为重视的态度，并视之为宣传的重点[②]，侧面印证了"检察机关对量刑建议被采纳率的高度重视，也反映出该机关对公诉成功的强调延伸到量刑建议方面，这与该机关对高定罪率的重视几乎如出一辙"[③]的观点。我们选取北京地区 2017～2018 年度适用认罪认罚从宽制度以来的 10 个变更检察院提供的量刑建议典型案例作为样本，分析检察院对量刑建

---

① 参见胡云腾主编：《认罪认罚从宽制度的理解与适用》，人民法院出版社 2018 年版，第 37 页。

② 参见各地司法机关的报道，诸如刘宜俭：《98%量刑建议被采纳》，《检察日报》2012 年 6 月 13 日第 10 版；刘培莹：《提高量刑建议准确性和采纳率的思考》，《西部法制报》2012 年 4 月 12 日第 4 版；卢志坚：《采纳率 98%的秘诀》，《检察日报》2019 年 7 月 10 日第 2 版；陈鹏：《湖北省检察机关用好认罪认罚从宽制度，量刑建议采纳率高出全国平均近 20 个百分点》，《湖北日报》2019 年 8 月 18 日第 2 版；等等。

③ 陈瑞华：《量刑程序中的理论问题》，北京大学出版社 2011 年版，第 160～161 页。

议权的适用，从而为检察院更好地提出量刑建议献言献策。

第一节　量刑建议被拒绝的裁判文书概况分析

对于认罪认罚从宽案件案例，我们以率先试点认罪认罚从宽制度的北京地区为研究区域，通过在裁判文书网以“认罪认罚从宽”为关键词进行检索，时间跨度为2017～2018年度，搜集了共计276件适用认罪认罚从宽制度的裁判文书，其中由高级人民法院适用的2件，中级人民法院适用的59件，基层人民法院适用的215件。[①] 在上述的276个裁判文书中，检察院都基于犯罪嫌疑人认罪认罚而提出了量刑建议，而最终有10个裁判文书中的量刑建议未被采纳，占整体的3.6%[②]，从而印证了检察院定罪量刑的诉求、建议是否被采纳仍然需要人民法院依法审理后作出判决裁定的观点，详见表5-1。

表5-1　　检方量刑建议未被采纳案件对比概况表

案件名称	法院层级	检方建议	审判结果	结果比较
王某等买卖武装部队专用标志案	北京市海淀区人民法院	有期徒刑3～4年或缓刑，并处罚金	王某：有期徒刑3年，缓刑3年，罚金6000元；李某某：有期徒刑1年，缓刑1年，罚金1000元	部分犯罪嫌疑人自由刑减轻
朱某某危险驾驶案	北京市延庆区人民法院	拘役5个月，并处罚金3000元	拘役4个月，并处罚金3000元	自由刑减轻
李某某故意杀人案	北京市第二中级人民法院	无期徒刑，剥夺政治权利终身	有期徒刑12年，剥夺政治权利2年	自由刑和资格刑减轻
王某某受贿案	北京市第二中级人民法院	有期徒刑5年，并处罚金50万元	有期徒刑6年，并处罚金50万元	自由刑增加

① 根据司法机关披露的数据显示，从试点开始到2018年8月31日，北京地区共审结认罪认罚案件18157件20026人，占同期全部一审刑事案件的65.7%，但是在裁判文书网上搜索合格且不重复的仅有276件。

② 文中所述拒绝了检察机关量刑建议的裁判文书分别是：(2018)京0108刑初597号、(2018)京0119刑初67号、(2018)京02刑初65号、(2017)京02刑初135号、(2018)京0106刑初1086号、(2017)京0115刑初1627号、(2017)京0115刑初1664号、(2017)京0115刑初1555号、(2018)京0115刑初211号、(2018)京0115刑初85号。

续表

案件名称	法院层级	检方建议	审判结果	结果比较
鲁某某盗窃案	北京市丰台区人民法院	拘役9个月至1年,并处罚金	有期徒刑9个月,并处罚金2000元	自由刑刑种改变
单某等危险驾驶案	北京市大兴区人民法院	拘役3～4个月,并处罚金	拘役2个月,并处罚金4000元	自由刑减轻
常某等危险驾驶案	北京市大兴区人民法院	拘役3～5个月,并处罚金	拘役2个月,并处罚金4000元	自由刑减轻
崔某某故意伤害案	北京市大兴区人民法院	有期徒刑6个月至1年	拘役5个月	自由刑刑种改变和刑期减轻
孙某某盗窃案	北京市大兴区人民法院	有期徒刑6个月至1年,并处罚金	拘役3个月,缓刑4个月,并处罚金1000元	自由刑刑种改变和刑期减轻
贺某某盗窃案	北京市大兴区人民法院	有期徒刑8个月至1年,并处罚金	有期徒刑7个月,罚金1000元	自由刑减轻

通过上表中案例的对比,可以对法院拒绝检察院量刑建议的状况进行分析并得出原因,其中蕴含一定的特点,能够帮助检察院更好地适用量刑建议权,分别如下:

一、被拒绝的量刑建议一般重于裁判结果

在检察院量刑建议被拒绝的情况下,法院的最终裁判结果一般要轻于检察院的量刑建议。依据表5-1的对比显示,法院裁判结果的区别主要集中在以下几点:自由刑刑期减轻(8次)、自由刑刑种改变(3次)、资格刑减轻(1次)、自由刑刑期增加(1次),其中发生次数最多的是自由刑刑期减轻,占到了总次数的80%,说明此种情况的发生多数是法院出于再次降低自由刑刑期的考量。从量刑幅度上来看,王某案降低66.7%～75%,朱某某案降低20%,李某某案由死刑降为12年有期徒刑,单某案降低33.3%～50%,常某案降低33.3%～60%,崔某某案降低16.7%～58.3%,孙某某案降低50%～75%,贺某某案降低12.5%～41.7%。综合来看,减刑幅度平均为43.75%。除此以外,伴随自由刑的降低,附随的资格刑的裁判结果也随之减轻,有力地保障了犯罪嫌疑人相应

的人身权利。值得注意的是，对于此处的量刑幅度的变更，实际上是由于量刑建议存在一定的缺陷，而缺陷的根源在于量刑建议缺乏值班律师等第三方的介入，导致量刑建议的制定有检察院“一言堂”的潜在风险，科学性和准确性存在不足，并最终为审判机关所否定，而程序正义的实现需要相关主体的有效参与，因此值班律师的角色在量刑建议的制定中不可或缺。[①]

通过对量刑建议和裁判结果的比较可以看出，最终裁判结果的得出实际上融入了审判机关对于案件的独立理解和思考。审判机关虽然在材料选取上主要依照检察院提供的相应材料（如积极赔偿、取得谅解等），但实际上其自身对于案件的思考和理解更影响最终裁判结果：一方面，法院对于量刑建议材料中的某些积极因素的影响予以承认和放大；另一方面，法院也否决了某些其认为并不成立的消极因素。如崔某某故意伤害案中，审判机关就对“被害人对本案的发生具有重大过错”以及“被告人崔某某主观恶性不大，社会危害性较小”这两个积极因素进行取舍，并对其他因素的影响予以判断，并最终得出了更轻的裁判结果。[②]

二、裁判结果较量刑建议的改变倾向于以矫正功能为主的刑种的变化

量刑建议被拒后的变化还体现在刑种变更上，审判机关更倾向于采用以矫正功能为主的刑罚措施。在上述的10个典型案例中，有3个发生了刑种变更，分别是鲁某某案由拘役改为有期徒刑，崔某某案由有期徒刑改为拘役，孙某某案由有期徒刑改为拘役并且适用缓刑。在拘役改为有期徒刑的案件中，刑期按照量刑建议中的最低标准予以适用，但是在刑种的选择上，有期徒刑的惩罚程度则高于量刑建议中的拘役。在有期徒刑改为拘役的案件中，不仅在刑种上采用了较轻的拘役刑，而且在刑期的选择上也稍有降低。在适用缓刑的案件中，对犯罪嫌疑人人身危险性的评价进一步降低，所以改用缓刑来敦促犯罪嫌疑人进行改造。从上述三个案例中，可以发现法院改正后的裁判结果，整体呈现降低刑罚处罚强度的趋势，尤其是刑种的变更，更凸显教育和矫正的目的。正如贝卡里亚所说：“刑罚的目的既不是要摧残折磨一个感知者，也不是要消除业已犯下的罪行，刑罚的目的仅仅在于阻止罪犯再重新侵害公民，并训诫其他人不要重蹈覆辙。”[③]在上述的案件中，犯罪嫌疑人选择认罪认罚从宽制度，可以视为

① 参见徐冉：《正当程序视野下的认罪协商与权利救济——以美国弗莱伊案、库珀案为例的分析》，《西北民族大学学报（哲学社会科学版）》2019年第1期。

② 参见（2017）京0115刑初1555号。

③ ［意］切萨雷·贝卡里亚：《论犯罪与刑罚》，黄风译，北京大学出版社2018年版，第31页。

其对于自身的行为已有悔过，并且认罪和认罚。法院改变刑种，降低惩罚力度，节约司法资源，发挥刑罚改造、再教育犯罪人或者使犯罪人回归社会、重新社会化的作用，能够加速刑罚目的的实现，给予犯罪人新的成熟的社会伦理意识，使其重新适应社会。①

综合来看，虽然在否决量刑建议的情况下，审判机关对审判结果的裁定更加慎重，并充分地参考了量刑建议的精髓，对于量刑建议的积极因素与消极因素也重新取舍，但是量刑建议被否决这件事本身便值得注意，意味着量刑建议的制定需要保质量保准确度，修正和完善量刑建议的幅度，并且出于权力制衡的目的考虑，在保证效率的前提下，仍然应该给予检察院以救济的渠道，避免因为审判机关的失误而导致最终审判结果的错误。

第二节　量刑建议的适用优点

在试点过程中，多数地区的检察院对于制定量刑建议都极为重视，还总结了相应的经验教训。整体看来，检察机关对于量刑建议制度的推行持肯定态度，并且积累了相应的经验以助力量刑建议制度更好地发展。

一、对于同一案件的不同行为人有区别地提出量刑建议

在适用认罪认罚从宽制度的案件中，有的属于共同犯罪的案件，检察院根据犯罪嫌疑人认罪认罚态度的不同给出了不同的量刑建议，体现了量刑建议的准确性。检察院之所以能提供较为准确的量刑建议，是因为其作用的发挥集中在认罪认罚从宽程序的前期阶段，在认罪认罚程序中较早地和犯罪嫌疑人进行接触，对犯罪嫌疑人是否悔过以及悔过程度的把握较为直观，避免了后续其他因素的干扰，从而提高了量刑建议的“含金量”。有鉴于此，检察院在提供量刑建议时，由于涉及两个以上犯罪嫌疑人共同作案的案件的案情一般较为复杂，而检察院作为多名犯罪嫌疑人的较早接触者，对于不同犯罪嫌疑人所适用的量刑建议，应该根据不同犯罪嫌疑人所对应的认罪认罚态度，得出有针对性的量刑建议，而非“一视同仁”地给出一样的量刑建议，避免有损不同犯罪嫌疑人之间的“实质公平”。

直觉可以帮助我们进行预判。对于犯罪嫌疑人的认罪悔罪程度，检察官可以基于法律直觉并参照其行为举止进行一定程度的预判，当认罪认罚的程度不

---

① 参见[意]杜里奥·帕多瓦尼：《意大利刑法学原理》，陈忠林评译，中国人民大学出版社2009年版，第355页。

同时，人身危险性程度的降低亦不相同，就需要对应不同的司法评价，转化为相对应的不同量刑建议。在张××等故意伤害案中，公诉机关虽然认为张××和张××都是犯罪的实行行为人，但是在量刑建议中提出，张××已在家人的帮助下赔偿了被害人董某人民币6万元并取得被害人的谅解，所以在量刑建议上，张××是一年二个月以下有期徒刑，而对张某某则建议判处一年半以下有期徒刑，从而形成有理由的针对性量刑建议。[①]

二、量刑建议的提出附带检察机关的理由说明

通过分析可以看出，检方量刑建议的另一个亮点在于其所提出的量刑建议做到了“有理有据”，这也是量刑建议有很高被接纳率的缘由。量刑建议附带检察机关的理由说明，能够清晰地解释从宽减刑的理由，提升司法公信力，增强了量刑建议的可接受性。在仇某某等寻衅滋事案中，检方在提出量刑建议之前，阐述了如下理由：“认为仇某某具有赔偿被害人经济损失，取得被害人谅解及如实供述的从轻处罚情节，建议判处被告人仇某某拘役五个月至六个月。”[②]这里，量刑建议的理由分别由以下几个方面构成：有赔偿被害人的经济损失、取得被害人的谅解、如实供述，从而为量刑建议的提出提供了支撑因素。对于量刑建议的理由，应该基于刑罚根据原理，结合认罪认罚的情况，进行综合性考察评定，多数情况下，可以分为犯罪嫌疑人的认罪认罚的时间阶段、认罪认罚的态度及效果、犯罪嫌疑人的程序选择等来进行。

司法实践中，有的地方在量刑建议的展示中包含了各种影响因素的叠加，增强了量刑建议的准确性、公正性和被采纳率，值得借鉴和相互交流。以天津地区检察院为例，其试点期间以最高人民法院2017《量刑指导意见》为衡量标准，共分为两大类七种十二个细分幅度，并且将不同的身份因素的影响也纳入衡量标准，诸如“已满十四周岁不满十六周岁的未成年人犯罪，减少基准刑的30%～60%，已满十六周岁不满十八周岁的未成年人犯罪，减少基准刑的10%～50%”等规定。简而言之，由于审判机关倾向于采用“30%～20%～10%”的量刑从宽方案[③]，因此检察院在提出量刑建议时，受此影响一般也愿意按照“30%～20%～10%”的模式提出量刑建议以提高被采纳率。但是《量刑指导意见》终究是由最高人民法院颁布的文件，检察院在提出量刑建议时予以参

---

① 参见(2018)京0108刑初893号。

② 参见(2017)京0115刑初1532号。

③ “30%～20%～10%”的量刑从宽方案是依据诉讼阶段的时间差异来认定不同的减损比例，在侦查阶段认罪认罚的最高减少30%，在审查起诉阶段认罪认罚的最高减少20%，在审判阶段认罪认罚的最高减少10%，其很大程度上是参考2017年英国颁布的《认罪量刑减轻：最终指南》来制定的。

照，固然可以提高量刑建议的被采纳率，但是有“互通消息”和“越俎代庖”的嫌疑，因此，由最高人民检察院发布统一的量刑建议指导标准，显得迫在眉睫。

三、合理的法检对抗有助于对审判机关自由裁量权的限制

诉讼程序的公正不仅仅是出于正确解决案件的目的，对被害人的公正也不仅仅局限在解决争端和惩罚犯罪，被害人在诉讼过程中权利的保障自然是诉讼公正所追求的目标，与程序结果产生利害关系的主体享有介入诉讼程序的权利，这是正当程序的价值导向。① 美国学者贝勒斯在论述程序法原则时曾指出：“法院对案件和争执做出判决，意味着审判的目的之一是解决争执。倘若司法判决的用意不在于解决争执，而只是向某一方表示声援，那么打官司就无甚必要了。”②在适用认罪认罚从宽制度时，实际上存在着审判机关和检察机关的权力对抗，检察院的作用不能局限在案件证据的搜集以及量刑协商上，而应该将自身的作用范围予以延伸，形成对审判机关自由裁量权的合理限制。赋予检察院以量刑建议这样的“求刑权”，本身便是赋予其和法院相对抗的权力。检察院的量刑建议是审判机关在作出最终裁判时的直观参照，有助于增加裁判结果的合理性。而“合理性”则根源于检察院工作人员对认罪认罚制度的理解和对犯罪嫌疑人在认罪认罚过程中举止态度的经验判断，这是任何技术手段所无法替代的。③

在法检对抗的过程中，形成公平良好的对抗环境尤为重要，审判体系应该由“自治型模式”转向“回应型模式”，积极推动程序运转的多中心主义，而非以审判机关为单一核心，最大限度地保障犯罪嫌疑人的正当权利。④ 有学者认为，“采纳量刑建议体现了裁判方在合法范围内对诉讼合意的尊重与认可，是认罪协商制度有效运行的基础，与法院独立行使职权的原则无涉”⑤。我们对此持肯定态度。对于认罪认罚从宽制度的适用，首先就要构建公正平等的法检对抗平台，这一点体现在《刑事诉讼法》第 176 条要求检察机关“应当提出量刑建议”，

---

① 参见[日]谷口安平：《程序正义与诉讼》，王亚新、荣军译，中国政法大学出版社 2002 年版，第 11 页。

② [美]迈克尔·D·贝勒斯：《法律的原则——一个规范的分析》，张文显等译，中国大百科全书出版社 1996 年版，第 21 页。

③ 根据很多学者的看法，虽然伴随人工智能的发展，规范化量刑可以依据智能量刑辅助系统得出“准确”的量刑结论，但是对此应该辩证地予以看待，检察官的主观能动性和经验判断依旧是不可或缺的。

④ 参见李先波、赵彩艳：《“自治”或“回应”：行政审判模式的反思与走向——构建面向权利型审判机制》，《广西大学学报(哲学社会科学版)》2018 年第 6 期。

⑤ 卞建林、苗生明、李建超等：《确定刑：认罪认罚从宽制度下量刑建议精准化之方向》，《检察日报》2019 年 7 月 29 日第 3 版。

第 201 条规定:"人民法院经审理认为量刑建议明显不当,或者被告人、辩护人对量刑建议提出异议的,人民检察院可以调整量刑建议。人民检察院不调整量刑建议或者调整量刑建议后仍然明显不当的,人民法院应当依法做出判决。"这种同时赋予了法检双方"矛"与"盾"的举措,可以促使法检机关在对抗过程中维护司法的公平公正。

第三节 量刑建议存在的问题

对收集的 276 份量刑建议裁判文书进行分析发现,检方所提供的量刑建议在绝大多数情况下会被审判机关所采纳,但是依然有被拒绝的情况,而其中大部分则是由于量刑建议自身存在的问题所致。

一、量刑建议存在格式化的弊端

通过对裁判文书的分析可以发现,检察院的量刑建议部分出现严重的格式化倾向。据统计,在涉及危险驾驶罪的 44 个案例中,检察院的量刑建议基本统一为"拘役××到××个月+并处罚金"模式。在量刑幅度上,拘役一般以 2～3 个月为起点,最多没有超过 5 个月,这也可以视为检察院默认给法院预留一定的裁量额度,而在罚金数额上则一般不给出具体的数额。虽然格式化的量刑建议有助于提升司法裁判的整体效率,可以直接就量刑从宽方面和犯罪嫌疑人进行沟通,但这实际上也有一定弊端:第一,采用格式化的量刑建议降低了量刑建议的适用度,有流于形式的嫌疑,不仅导致犯罪嫌疑人的可选择范围被大大限缩,而且导致法院参考困难,限制了法院作出合理的裁判结果。第二,量刑建议的格式化导致犯罪嫌疑人认罪认罚后的量刑优势不能凸显,不仅使得推行认罪认罚从宽制度的目的落空,而且使得公众怀疑检察院对犯罪嫌疑人的认罪认罚过程的审核不够细致。虽然认罪认罚从宽制度强调效率,但仍应秉持公平公正的价值理念,检察院在制定量刑建议时,应该通过对犯罪嫌疑人的认罪认罚行为判断,实现有针对性的从宽,不能因为案件的情节大体相同而采用格式化的量刑建议,甚至不给出具体的罚金数额,这有损认罪认罚从宽制度的司法公信力。

二、量刑建议幅度过大导致实际为无效建议

裁判文书中暴露出检察院为了量刑建议能被采纳而人为地扩大量刑建议的幅度的问题,尤其是考虑到采用较大的量刑幅度可以给法院提供较大的裁量空间,法检双方会倾向于达成默契以"提高"整体效率。以北京地区 44 个涉及

危险驾驶罪的案例为例，其量刑建议主要包括自由刑和罚金，其中自由刑是全部为拘役。考虑到拘役刑的量刑幅度为1个月以上6个月以下，在44个案例中，量刑幅度差距在3个月及以上的有11个，占比达到25%；量刑幅度在2个月的有21个，占比达到47.8%；量刑幅度在1个月的有9个，占比达到20.3%；其中给出幅度较小且准确的量刑建议的案例只有3个，占比6.9%。从整体数值加权计算来看，平均的量刑建议幅度达到1.9个月，确实存在量刑建议给出的幅度过大的弊端，这一点在各地的试点经验总结中亦有所提及。①

对于量刑建议幅度过大导致量刑建议实为无效建议的问题，实际上是检察院为了防止自身量刑建议被拒绝而采用的“无奈之举”。这从侧面反映了三个问题：其一，法院和检察院之间的沟通较少，在没有充分的交流以及参照案例的前提下，检察院对于自身提出的量刑建议是否被采纳没有把握，在量刑建议被拒绝后亦无救济渠道，所以衍生出扩大量刑建议的幅度来提升采纳率的做法。其二，出于提升认罪认罚从宽制度的效率的目的，检察院为了确保不会因为量刑建议被拒而影响整体程序的效率，以扩大量刑建议的幅度的方式提升整体程序效率，导致“重效率轻效果”的结果，这在本质上是对量刑建议所蕴含的“求刑权”的忽视。其三，检察院肆意扩大量刑建议的幅度，实际隐藏着对犯罪嫌疑人正当权利的“漠视”，在认罪认罚从宽程序中，检察院有义务依据犯罪嫌疑人的行为举止给出合理的量刑建议以供法院参考，而给出实质无效的量刑建议，严重损害了犯罪嫌疑人的正当利益，本质上是对法律权威的“忽视”，破坏认罪认罚从宽制度的良好运行。

三、强行将提出确定量刑建议作为考核指标违反客观规律

在两院三部联合发布的《认罪认罚从宽制度试点办法》(以下简称《试点办法》)中，第11条规定，检察院可以提出确定的量刑建议，也可以提出相对明确的量刑幅度，建议判处财产刑的，一般应当提出确定的数额。而在后续的刑事诉讼法修改中，这一规定演化为“人民检察院应当提出量刑建议”。由此可见，在认罪认罚从宽制度司法改革的顶层设计层面，要求检察院提出量刑建议，从而在法检机关之间形成制衡，同时也不希望检察院对于量刑建议限制得过于“死板”，更不希望其沦为某项硬性的“考核指标”。在福建省福清市的试点经验总结中，就提出事件中很多检察院将“确定的量刑建议”异化为一项考核指标，

---

① 在广州市的试点经验总结中，提到了某些基层检察院在提供量刑建议时，甚至在2017年的1～4月审理的242个认罪认罚案件中，量刑幅度达到6个月的有200件，占比82.64%，甚至有些达到1年以上，接近法定刑幅度。

导致检察院提出了大量的确定刑建议，违反了量刑建议的规律。[①]

北京地区的检察院虽然没有将确定的量刑建议"异化"为考核指标，但是通过统计数据的对比，亦可以看出其存在将确定的量刑建议作为考核指标的趋势。在上面所述的10个典型案例中，检察院提出明确的量刑建议且被拒绝的案例有3个，而在全部搜集的276个案例中，检察院提出明确的量刑建议的案例有11个案例，得出确定的量刑建议被拒绝率达到了27%，是整体量刑建议被拒绝率的7.5倍。从这一数据的对比可以看到，一方面，检察院如果过分追求确定的量刑建议，将会和以上给出量刑幅度过大的量刑建议一样，走向另一个极端，导致量刑建议的被拒绝率大大提高，拉低制度的运行效率；另一方面，过于确定的量刑建议导致法院在裁量时缺乏采纳的空间，自然会倾向于否定检察院的量刑建议，从而使本来为了法检双方相互制衡的量刑建议制度走向"零和博弈"。

区别于在自由刑层面过于追求确定的量刑建议，检察院对涉及财产刑方面反而倾向于不给出明确的量刑建议，与《试点办法》中"建议判处财产刑的，一般应当提出确定的数额"的规定背道而驰。在搜集的276个裁判文书中，有162个裁判文书中提到了财产刑，而其中只有18个给出了一定幅度的财产刑（占比11.1%），且只有4个给出了确定数额的财产刑（占比2.5%）。检察院之所以不愿意给出确定的财产刑量刑建议，原因在于对制度运行效率的刻意追求，由于财产刑量刑建议介入因素较多，检察院倾向于减少与犯罪嫌疑人对此进行商榷，并将此类工作延后至庭审阶段。但是在实际的认罪认罚从宽程序中，对于认罚的工作应该做得更加细致，犯罪嫌疑人对于财产刑的具体数额的接受与否、接受程度高低关系到对其认罪悔罪态度的判定，因而在涉及财产刑的量刑建议方面，检察院应该在与犯罪嫌疑人的沟通和协商中，给出较为确定的财产刑量刑建议，保障认罪认罚从宽制度的公正性。[②]

第四节 完善量刑建议司法适用的建议

认罪认罚从宽程序和一般的刑事审判程序一样，是一种不完善的程序正义，正如罗尔斯所言，"即便法律被仔细地遵循，过程被公正恰当地引导，还是有可能达到错误的结果，不正义并非来自于人的过错，而是因为某些情况的偶然

① 参见胡云腾主编：《认罪认罚从宽制度的理解与适用》，人民法院出版社2018年版，第404页。

② 详见王瑞君：《"认罪从宽"实体法视角的解读及司法适用研究》，《政治与法律》2016年第5期。

结合挫败了法律规范的目的”[①]。有鉴于此，对于量刑建议制度，应该在司法适用的过程中从以下几个方面予以不断完善，以期能够实现制度的设立初衷。

一、完善涉及量刑建议的文书样式

通过对北京地区 276 个认罪认罚裁判文书的分析，发现涉案文书在量刑建议部分没有统一的样式，导致了阅读和理解困难。很多情况下，即使是同一个地区的法院，在不同时期的同类型裁判文书中，都会出现格式混乱。在 2018 年 5 月丰台区法院办理的“谢某盗窃案”中，采用的文书样式是“公诉机关建议以盗窃罪判处被告人谢某拘役 3 个月至 4 个月，并处罚金，被告人谢某庭前签署认罪认罚具结书”。对比之下，在 2018 年 3 月丰台区法院办理的“巫某某盗窃案”中，在裁判文书的叙述中则加入了“被告人巫某某对指控事实、罪名及量刑建议没有异议且签字具结，在开庭审理过程中亦无异议”这样更为详尽准确的描述。而在大丰区法院审判的“刘某某盗窃案”中，甚至对于量刑建议没有提及，这有可能是检察院没有提供量刑建议，亦有可能是法院在裁判文书中对此直接予以忽视。[②] 裁判文书中对于涉及量刑建议部分的文书样式的不统一，实际上导致了对案件审判结果的解释混乱。因此，裁判文书对于涉及量刑建议部分，应该统一描述的要素或者样式，对于检察院没有提供量刑建议的情形，也应该在裁判文书中予以标明。对于裁判文书的法律修辞，佩雷尔曼指出：“法官应说明法律，而且应以符合社会感受的方式予以说明。”[③]这就要求法官在书写裁判文书时，要以加强裁判文书的说理性、增强裁判文书的可接受性为目标。对于拒绝适用认罪认罚的缘由、情节应该予以详细的说明，增强相关文书的可接受性，采用规范的文本及格式，在体现法官解释的说理论证前提下，提升司法效率。

二、量刑建议制定引入值班律师参与

值班律师应该参与制定和修改量刑建议，从而构建第三方制约和监督机制，防止法检双方形成潜在的沟通联盟，侵害犯罪嫌疑人的合法权利。在认罪认罚从宽改革的试点过程中，配合以审判为中心的诉讼制度的改革，实质化的辩护工作成为值班律师的工作重心。在《刑事诉讼法》中，仅规定了审查起诉阶段值班律师的参与程序，和《认罪认罚从宽制度试点办法》中推定可知的值班律

① [美]约翰·罗尔斯：《正义论》，何怀宏、何包钢、廖申白译，中国社会科学出版社 1988 年版，第 86 页。

② 参见(2018)京 0106 刑初 547 号、(2018)京 0106 刑初 343 号、(2017)京 0115 刑初 1109 号。

③ 转引自沈宗灵：《佩雷尔曼的“新修辞学”法律思想》，《法学研究》1983 年第 5 期。

师适用于侦察、审查起诉、出庭审判等各个阶段的观点相悖。[①] 出于值班律师职责集中化的观点考量，此处的修改似乎也无可厚非，但即使在限定了值班律师所适用程序阶段的背景下，值班律师依旧可以参与到量刑建议的制定过程中去，成为衡量量刑建议质量的“第三把标尺”。

在量刑建议协商阶段引入值班律师制度，除了督促犯罪嫌疑人认罪和认罚，还可以有效地帮助犯罪嫌疑人对于自身权利进行保障。“绝大多数被追诉人对于繁杂的刑事法律必然了解不深入，对于自己行为的性质、严重程度等认识都会较为模糊，在与侦查员、检察官之间的信息严重不对称的情况下，是无法保障其认罪认罚的自愿性、真实性和明智性的。虽然被追诉人名义上享有认罪或者不认罪的权利，但他们经常会发现，在没有辩护人的情况下自己根本不享有任何保护。”[②]这一观点虽然形容的是美国的辩诉交易制度，但是在中国认罪认罚从宽的司法环境下依旧适用，而值班律师的介入可以有效地减少司法黑幕，在获得犯罪嫌疑人同意的前提下赋予值班律师以量刑建议协商权，这一观点获得了包括江苏、天津等地的司法机关的支持。

值班律师在量刑建议协商阶段的介入，同时可以帮助检察机关提高自身量刑建议的质量和可接受性，从而在整体上提升司法审判的效率。有关机关在对《试点办法》中量刑建议适用的反思总结中，指出量刑建议在试点过程中存在的问题主要有三个方面，即没有对罪名进行限制、量刑情节在审判环境可能发生变化、量刑建议不够公正，而这三点归根到底是由于缺乏第三方的监督，导致了量刑建议存在质量瑕疵。值班律师参与监督可以体现其自身具有的专业性和客观性，提升量刑建议的整体质量。有学者指出：“社会各界的一个普遍共识就是，在中国，刑事辩护的参与率低与刑事辩护的质量差都根源于刑事辩护的外部司法环境不佳。”[③]值班律师制度与认罪认罚从宽制度的耦合适用，在完善责任约束的基础上，由值班律师的外力介入推进量刑建议的质量提升[④]，则恰好是展示司法环境改善的绝佳窗口。

---

① 《认罪认罚从宽制度试点办法》第5条规定，侧面印证了在《试点办法》中倾向于值班律师可以介入认罪认罚从宽程序的任意阶段。

② [美]乔治·费希尔：《辩诉交易的胜利——美国辩诉交易史》，郭志媛译，中国政法大学出版社2012年版，第6页。

③ 吴纪奎：《对抗式刑事诉讼改革与有效辩护》，《中国刑事法杂志》2011年第5期。

④ 参见吴睿佳：《认罪认罚从宽改革中的值班律师参与及其完善》，《成都理工大学学报（社会科学版）》2019年第5期。

三、完善量刑建议的衡量标准

在量刑建议的试点过程中，各地检察院反馈最多的问题便是缺乏明确的量刑建议衡量标准，因而影响了量刑建议的被采纳率。完善量刑建议的衡量标准，需要从制度层面着手统一制定，防止出现地区性的衡量差异，影响司法公平公正。荷兰检察机关根据“北极星指引”计划单独发布了三四十个全国性的量化的、科学的量刑指引，这些量刑指标极具科学性和公正性，受到了司法机关的欢迎。[①] 而美国的《联邦量刑指南》也具有广泛的一般性，能“适用于多种多样的量刑”情况。[②] 除此以外，在《联邦量刑指南》中，也科学地预留了量刑指南的兜底性调整条款，当法院发现“减轻处罚情节……不足以被量刑委员会考虑在内时”，法院有权不遵守《联邦量刑指南》中所规定的一个量刑原则。有鉴于此，构建具有中国司法特色的量刑建议指南并且将其推而广之，是推动认罪认罚从宽制度建设的应然之举。而在实践中，我国的司法机关也的确出具了相应的量刑建议指南，在最高人民法院发布的《量刑指导意见》中，提供了审判时的规范指南，在实践中亦为检察机关提出量刑建议时所参考，但是检方一味参考审判机关的《量刑指导意见》进行量刑建议的修订有违司法公正。质言之，不能因为程序上的便捷性而损害本应遵守的行为规范，应该构建由检察机关主导的量刑建议参考指南，并克服《量刑指导意见》存在的情节规范涵摄不够全面的弊端，将涉及适用速裁程序、预缴罚金等节约司法资源、表示认罪悔罪态度的情节都应该加入，并且在涉及量刑建议幅度时，可以参照《量刑指导意见》，但是不宜全部照搬，否则便失去了制定量刑建议参考指南的意义。

除此以外，在制定具体的量刑建议指南的过程中，应该将量刑建议的情形细化，避免量刑建议陷入旧式“估堆式”办法的桎梏。在提供量刑建议时，坚持以量刑建议精准化为宗旨，但是不应拘泥于严格的确定刑，从量刑规律出发，以幅度刑为主、确定刑为辅，其中对于自由刑可以较为确定，但是对于财产刑则在司法实践层面很难给出确定的数值，通常适合给出一定的幅度。除此以外，对适用确定的自由刑量刑建议的案件类型也应该予以限制，比如只能适用于 3 年以下有期徒刑的案件，亦有司法机关建议适用于 1 年以下的有期徒刑的案件，而具体的划分标准则应交由最高人民检察院予以定夺。

---

① 参见杨先德:《认罪认罚从宽量刑建议精准化的域外启示》,《检察日报》2019 年 7 月 16 日第 3 版。

② 参见[美]道格拉斯・胡萨克:《刑法哲学》,姜敏译,中国法制出版社 2015 年版,第 474 页。

四、规范量刑建议的幅度

规范量刑建议的幅度，要求提供严格但不固定的幅度参考标准，对量刑建议幅度的限制如果采用“一刀切”的方式，只会降低司法实践的可操作性。有学者从实践数据出发，提出对于速裁程序的案件实施“阶梯式”的量刑建议幅度，对判处 1 年、2 年、3 年有期徒刑的案件对应 2 个月、3 个月、4 个月的量刑建议幅度。① 我们认为并不恰当。首先，幅度过宽导致量刑建议流于形式，尤其是对于自由刑较低的案件缺乏适用性；其次，“阶梯式”量刑建议幅度缺乏适用的灵活性，并且限制密度较高，缺乏科学性；最后，对于认罪认罚从宽案件中可能出现的上限情况缺乏限制，应该补充以上限体现适用的严谨性。

有鉴于此，通过对 276 个裁判文书的分析，认为实际上可以采用如下的幅度规定方式：将幅度的限制和其构成的罪名所适用的自由刑挂钩，采用自由刑下限的 1/12 作为量刑建议的幅度；对于没有自由刑下限的情形，则限定为 1 个月；除此以外，对于可能幅度超过 6 个月的，则将 6 个月作为上限。而在具体的适用过程中，则可以加入人工智能系统的助力，依据智慧办案系统对尽可能多的因素进行考虑，并且防止因为算法偏见出现误导性的结论，在得出一定的量刑建议幅度后，辅以检察官根据经验得出的反馈意见，最终制定合理的量刑建议，最大限度地保障量刑建议的幅度位于合理的区间范围内。②

当然，随着认罪认罚从宽制度的全面实施，量刑建议的提出正在从幅度刑转向确定刑。“就实践来看，检察机关在认罪认罚案件中努力提升量刑建议的精准度，既往以幅度刑为主的量刑建议数量逐渐下降，确定刑的量刑建议愈发受到青睐。例如，重庆市检察机关在 2019 年 1～5 月，提出确定刑建议的人数占提出量刑建议人数的 61.98％；广州市南沙区检察院依托量刑智能辅助系统，90％以上的认罪认罚案件提出精准量刑建议；四川省成都市检察机关更是实现了全部确定刑的量刑建议。”③确定性的量刑建议，从认罪认罚从宽案件特点、提高办案效率、增强认罪认罚从宽案件的诉讼结论的稳定性以及裁判的安定性等方面都能找到其合理性。事实上，量刑建议精准化不是我国的首创，同时，量刑建议的精准化，最终可以追溯到量刑基准的理论上来。“刑罚的裁量既要与罪行本身的轻重（行为责任）相均衡（责任刑），又要考虑预防犯罪的目的需要（预

---

① 参见李艳飞：《速裁程序量刑建议实证研究——基于 C 市 J 区 460 个速裁案件及其相关经验的分析》，《河南科技大学学报（社会科学版）》2019 年第 2 期。

② 参见鲍键、陈申骁：《认罪认罚从宽制度中量刑建议的精准化途径与方法——以杭州市检察机关的试点实践为基础》，《法律适用》2019 年第 13 期。

③ 董坤：《认罪认罚案件量刑建议精准化与法院采纳》，《国家检察官学院学报》2020 年第 3 期。

防刑)。问题是,责任刑与预防刑究竟是何种关系?……这便是量刑基准问题。对此,刑法理论存在幅的理论(Spielraumtheorie)与点的理论(Punktstrafetheorie)之争。"[①]在以往的研究中,我们也曾对此进行过分析和论证:"从对各国理论学说和立法的分析可以看出,融合报应与预防的并合主义是当今关于量刑根据的主流观点,并且,以消极的责任主义为中心的刑罚根据理论,是当今刑法理论的共识和德、日等大陆法系国家乃至英美法系许多国家的做法。消极责任主义充分体现了对人权的尊重,用消极的责任主义指导量刑活动,对准确地确立量刑基准、协调罪刑均衡与犯罪预防之间的冲突、规范量刑情节的提取和认定以及适用具有重要的意义。点的理论与幅的理论相比较,点的理论比较可取。或许,责任刑的点可能并不十分精确,但与责任相适应的刑罚应该是确定的,否则对犯罪人的最终宣告刑也谈不上是确定刑种和刑期。"[②]具体的论证理由,不再赘述。点的理论和幅的理论、相关争论及各自的优缺点,能够为量刑建议精准化的问题,提供参考。

五、刑罚正当化的根据才是量刑建议精准化的基础依据

认罪认罚从宽制度实施过程中,实务界总有一种声音,认为我国一直以来都是由法官作最终的刑罚裁量,由检察官提出量刑建议,由于检察官缺乏量刑经验,不具备刑事法官所具有对刑事案件进行刑罚裁量的经验,因此,让检察官给出精准化的量刑建议,是非常困难的。上述认识,所反映的现象没错,但如果认为精准量刑建议的提出主要是靠经验,则是错误的。量刑建议是对"量刑"的建议。精准的量刑建议的给出,靠的并不仅仅是经验,更不是简单地靠感觉、直觉进行判断,而是要以刑罚的正当化根据为标准进行判断,考验的是检察官对刑罚和刑罚裁量基本原理的掌握程度与对案件事实和情节解读程度。

无论怎样的刑罚裁量过程,量刑结果要实现公正性与稳定性,都是以明确的刑罚根据作支撑的。刑罚根据即刑罚正当化根据这个哲学命题,包括报应刑论、预防刑论及晚近的恢复性司法理念。量刑是一项司法活动。在量刑过程中,既要考虑对于犯罪行为的惩罚与威慑,也要兼顾预防犯罪的需求,还要最大限度地承担起将犯罪人从社会边缘甚至之外挽救回来的道德责任。刑罚根据在量刑活动中具体化为:哪些情节能够影响量刑和影响的权重、量刑情节如何适用、先适用哪些情节后适用哪些情节等具体的量刑工作。其中量刑情节的规

---

① 张明楷:《刑法学》(第四版),法律出版社 2011 年版,第 496~497 页。

② 王瑞君:《如何解决个案量刑时报应刑与预防刑的冲突》,《政治与法律》2013 年第 5 期。

范识别和适用是量刑规范化的重要环节。刑事诉讼中包含定罪与量刑两类最基本的实体性内容，定罪只能严格依法律规定，不能实行定罪的个别化，而量刑则应当适当考虑犯罪人的情况，是一个更为复杂的问题。定罪涉及的信息与量刑涉及的信息具有较大的差异。定罪涉及的信息主要围绕犯罪构成要件而展开，警察的侦查活动旨在查清犯罪事实、收集相关证据，检察官经过审查起诉程序，提出具体的犯罪指控，这些都有严格的程序与规范，而且定罪涉及的信息要经过法庭上公开质证、辩论的严格检验方可予以确认。而量刑涉及的信息除了与案件事实或者定罪相关的信息之外，还包括犯罪人对其罪行的态度、生长环境、犯罪记录、工作状况、经济状况以及其他可能影响被告人的信息。某事由可否影响量刑，是否可以成为影响刑罚裁量的因素，对量刑结果有着直接的影响。量刑情节的数量，量刑情节功能的判断和适用的先后顺序，同样影响量刑的结论。因此，将应该作为量刑情节的事由排斥于量刑情节之外，或者混淆量刑情节的功能，变更量刑情节适用的逻辑顺序，都会使量刑出现不同的结果。我国自 2010 年在全国范围内开展的量刑规范化改革，不仅仅是面向法官的一项理念和理论的业务训练和提升工作，在认罪认罚从宽制度的实践中，检察官具有量刑建议权，那么，要想给出精准的量刑建议，这个建议尽管可以在一定程度上进行协商，但一定是有内在的更深层次的立法和理论根据作支撑的，这就是刑罚正当化根据及其适用的相关立法及理论。同样的道理，尽管最高人民法院历次的《量刑指导意见》给出了一些常见量刑情节及其适用的幅度，但是单纯依靠量刑规范化文本来解决所有的关于量刑情节的识别和判断问题是不现实的，其他未尽事由和情形，仍然需要从刑事政策和刑罚裁量目的的层面上给出判断根据和理由。因此，要充分认识刑事政策、刑罚目的对量刑的主导和制约作用，量刑要符合正义理念、平等和比例原则、人道主义原则、预防目的等基本原则和理念；要培养司法人员、裁判者对刑罚裁量真谛的深刻认识和了解；要尊重刑罚裁量的规律，遵循合理的刑罚裁量的逻辑顺序。为此，在对量刑情节的识别和判断问题上要进行合理的功能区分，既要避免遗漏应该考虑的量刑因素，也要防止量刑情节的泛化和功利化，如此方能更好地实现刑罚正义，同时服务于轻刑化的刑罚改革方向，凸显对人权的尊重。

量刑不仅仅是经验问题，或者说，单凭经验保障不了量刑工作的质量，量刑是一项业务活动，具有专业性要求。我们的检察实务工作者也意识到并提出了培养专业化队伍的重要性："量刑过程是专业的法律适用和经验判断的有机结合。检察机关可以在内设机构改革的基础上，探索更进一步的专业化办案，对于多发性或难度较大的案件类型形成相对固定的办案组织，开展专业化业务培训和岗位练兵，培养公诉人量刑建议能力。对于重大、疑难、复杂案件，在提出量刑建议方面遇到困难的，可以充分发挥员额检察官联席会议的咨询作用和检察长、检察委员会的决策把关作用，必要时可以组织专家论证听取意见，提高量刑建议的公信力和权威性。”[①]结论是：量刑建议的生成根植于刑法关于量刑的全部事实根据和法律根据，根植于理论界和实务界所接受的经过反复讨论和论证的刑罚的基本原理，因此，检察官要实现量刑建议的精准化，必须学好量刑的实体性根据理论即刑罚的正当化根据理论。

第五节　构建量刑建议救济体系的路径探讨

对于认罪认罚从宽制度中量刑建议的完善，除了在量刑建议的衡量标准、规范幅度、参与主体以及文书样式上予以加强外，更要将目光延伸至对量刑建议救济体系的构建上。上文所述的量刑建议被否决的情况，并非都是检察院的量刑建议的问题，此时合理的救济体系就显得尤为必要。

一、法院对于否决量刑建议应该给予合理的说明

就目前我国司法实践反馈的情况，在认罪认罚从宽案件量刑建议被否决的情况下，当超出量刑建议幅度进行审判时，法官在写作裁判文书时说理性不足。当然，我国的刑事判决书原本就存在着说理性不足的问题，在认罪认罚从宽制度改革试点开启之后，人们则更加关注简化的裁判文书中的说理问题。法院的这种说理性不足的表现，根本原因在于制度构建的缺失和内源动力的不足，而这种情况则有损司法公正性。制度构建的缺失体现在没有相关的规章制度要求法官在裁判文书中对拒绝量刑建议的理由进行说明，且实践中并没有行之有效的通用文本和解释方向，法官在公布裁判文书时会对这一部分造成疏漏，不仅导致法官在裁判文书中难以体现自己的裁判路径和价值倾向，而且阻碍了检察院对量刑建议的修正。内源动力的不足则体现在法院缺乏对于驳回量刑建议进行说理论证的动力，在法官看来，此处的建议虽为名为“建议”，但是复杂程度却超过“建议”，其中亦有检察院在处理认罪认罚从宽案件时的经验反馈。在庭审时间较为短暂的情形下，此处的量刑建议可以说是法院审判时不可多得的参照依据。有鉴于此，有经验的法官即使是否决了量刑建议本身，多数情况下也是出于其他因素的考量，而量刑建议的参照价值依旧得以发挥，法官对此“讳莫如深”，导致裁判文书中鲜见否决量刑建议的说明。

① 谢健、黄志坚、聂婷婷：《认罪认罚从宽中量刑建议精准化的路径探索》，《中国检察官》2020 年第 3 期。

"自然正义的一个基本原理是裁判者应当就其裁判说明理由，在裁判影响主体量刑自由的情形下论点应当最为有力。"[①]概言之，出于司法公正性的考量，法官裁判的心路历程应该在裁判文书中予以充分体现，尤其是在认罪认罚的案件中，否决量刑建议作为心路历程的"转折"更应该予以详细说明。此处的量刑建议的说明应该秉持概括简练的原则，对于否决的说理应该从几个基础性的因素入手进行阐述，包括但不限于犯罪嫌疑人的当庭表现、检方的量刑建议幅度、犯罪嫌疑人认罪认罚的其他因素等，甚至可以形成通用的指标推而广之。出于裁判文书整体框架平衡的考量，此处解释不宜赘述，应该简洁凝练地论证自身裁判的观点，同时以供检方对于量刑建议的争议之处进行救济和反驳，维护法检对抗的平衡性。[②]

二、构建通畅的检方救济通道

"尽管抗辩式的诉讼程序建立了许多防范和控制措施，但是错误仍会发生……这些程序(指救济程序)的目的是通过纠正判决的错误，维护同一辖区内各法院司法实践的一致性以及明确管辖区域内对具体案件以及将来所有案件适用的法律，进而对审判法院进行监督。"[③]美国刑事审判体系中对于检方救济渠道的重视是出于司法实践的经验以及人权保障的需求。反观我国，在大力推动认罪认罚从宽适用的过程中，对这一通道的构建尚属空白，在量刑建议的产生、适用、表述等都日臻完善的今日，对于量刑建议被否决的救济程序的构建，成为量刑建议制度司法适用过程中的"最后一块拼图"。

构建通常的检方救济通道，首先要明晰量刑建议被否决后调整和救济的区别以及进行救济的启动标准。有学者认为量刑建议被调整的前提有三，分别是量刑建议明显不当、辩方提出异议或者量刑情节有变化，并且提出量刑建议的调整程序不宜过分繁琐，积极主张不再规定检察机关量刑建议权，而直接让审判机关作出裁决。[④] 这一观点虽然有助于认罪认罚从宽整体效率的提升，但是没有划清量刑建议的调整和救济的区分，量刑建议调整的情况源于检察院提出的量刑建议出现问题，而量刑建议的救济则是由于审判机关对于量刑建议的适

① [英]安德鲁·阿什沃斯:《量刑与刑事司法》，彭海青、吕泽华译，中国社会科学出版社 2019 年版，第 463 页。

② 参见丁红兵:《以量刑阐释为抓手提升认罪认罚适用水平》，《检察日报》2019 年 8 月 4 日第 3 版。

③ [美]爱伦·豪切斯泰勒·斯黛丽、南希·弗兰克:《美国刑事法院诉讼程序》，陈卫东、徐美君译，中国人民大学出版社 2002 年版，第 599 页。

④ 参见胡云腾:《认罪认罚从宽制度的理解与适用》，人民法院出版社 2018 年版，第 101 页。

用和理解错误以及其他情形所致的原本应该被接纳的量刑建议却被否决，调整和救济的范围既有交叉也有重合。综合来看，量刑建议的救济的启动标准主要分为审判机关对于量刑建议的理解有误以及涉及犯罪嫌疑人的量刑情节发生变化这两种情形，而之所以能够通过检察机关发起救济过程，理论依据在于检察机关全程参与了认罪认罚从宽的过程，其对于犯罪嫌疑人的认罪认罚判断具有不可或缺性，赋予了量刑建议以救济的价值。

其次，量刑建议的救济通道应该分情况予以讨论，构建不同审判场景和阶段下的认罪认罚从宽救济程序。对于量刑建议的救济可以分为当庭的救济、转换程序另行开庭的救济以及检察院提起抗诉的救济。对于量刑建议被否决的当庭救济，多适用于并不复杂的量刑建议被否决的情形，此时可以由法庭主导，当庭对于量刑建议的修正进行协商，并且就修改后的量刑建议获得各方的同意。而且从维护犯罪嫌疑人合法权利的角度出发，不能对更改幅度过大的量刑建议在当庭进行协商，此处的量刑建议的争议幅度宜定为50％，对于超过这一幅度的，则转换至另行开庭的救济。对于争议幅度过大的案件，在法院没有当庭否定量刑建议的前提下，出于谨慎的态度，适宜转换程序另行开庭协商，对于有关量刑建议的情节在庭后进行讨论，并且出具书面的意见，避免量刑畸重或畸轻。在现有的司法案例中，浙江省仙居县检察院在办理一起危险驾驶罪案件中对被否决的量刑建议进行救济，对于一审法院没有采纳量刑建议提起抗诉，并且二审法院予以改判，其中检察院的意见是一审法院无故不采纳量刑建议，违反了《刑事诉讼法》第201条，系法律适用错误，而二审的台州市中级人民法院则采纳了这一观点并且予以纠正。[①] 这是浙江省首例量刑建议的抗诉救济案件，放眼全国也有一定的参考意义。

最后，对于量刑建议的救济程序亦不可滥用，而是需要设立救济的“阈值阀门”，防止救济程序降低认罪认罚从宽制度的适用效率。在上面所述的案例中，检察院最终通过抗诉的渠道促使量刑建议被采纳，但是认罪认罚从宽制度的适用目的包括提升司法审判的效率，虽然不可否认对量刑建议的救济大概率会降低效率，但是影响可以尽可能降低。设立量刑建议救济的“阈值阀门”，要求不能任由检方因为量刑建议被否决而频繁申请救济，要科学地评价法官的自由裁量权。[②] 检察院在提出量刑建议救济时就应该提出合理的书面理由，诸如类案不同判、新的裁量情节未被参照等，在救济次数上，适宜限定为一次救济的机

---

① 参见范跃红：《认罪认罚了，量刑从宽建议为何未采纳》，《检察日报》2019年9月21日第1版。

② 参见陈国庆：《量刑建议的若干问题》，《中国刑事法杂志》2019年第5期。

会。检察院的量刑建议如果在两级法院的审判中都被否决,则大概率是量刑建议本身出现问题,此时便失去了救济价值。综合来看,对于量刑建议的救济虽然非常有必要,但是也不能因此对其过分推崇,在实际的司法适用过程中,对于可以适用救济的量刑建议,出于司法公正和被害人权益的维护而应该积极救济,但是应该限于合理且合法的范围之内。

第六章　律师法律援助及实效保障

认罪认罚从宽案件覆盖面广，关涉利益主体广泛，就犯罪嫌疑人、被告人而言，包括实体权利，包括诉讼程序权利，为了有效地贯彻《中华人民共和国宪法》《中华人民共和国刑事诉讼法》保障人权的理念，切实保障犯罪嫌疑人、被告人认罪认罚的自愿性，犯罪嫌疑人、被告人的法律援助必须得到保障，而且要有实效地保障，以保障认罪认罚从宽所追求的预期目的取得积极的效果。为此，我国在将认罪认罚从宽制度写入《中华人民共和国刑事诉讼法》的同时，也对值班律师制度作了相应的规定，以使其与认罪认罚从宽制度协同兼容。然而，值班律师制度写入《中华人民共和国刑事诉讼法》只是一个制度构建的开始，要充分发挥值班律师制度在认罪认罚从宽制度中的实际作用，有必要就值班律师参与认罪认罚从宽协商的配套制度设计应当基于何种人性基础，其角色功能的发挥又受到何种条件约束等等，进行理论与实务有效结合的研究。在我国目前的司法场域中，值班律师制度的完善，应当在周全考虑人性基础的前提下，客观地定位值班律师的角色，合理利用和安排对值班律师角色功能的制度约束条件，同时，应调整值班律师报酬体系，建立或完善值班律师转任辩护人制度和无效辩护制度，促使值班律师制度与认罪认罚从宽制度的有效和合理衔接并日趋完善。

第一节　值班律师制度的变革过程

2014 年《速裁程序试点办法》正式将建立值班律师制度作为建立和完善刑事案件速裁程序的重要配套制度。及至 2018 年 10 月，全国人大常委会将“值班律师”这一概念正式写入《中华人民共和国刑事诉讼法》，值班律师制度由此通过我国司法改革从试点探索正式成为我国刑事诉讼制度的重要组成部分。

值班律师制度的建立健全，是在长期以来的司法改革过程中逐步实现的。

早在2006年，我国就已在河南灵武等地开展了值班律师制度实践探索，但是彼时的“值班律师”制度，还仅是在法律援助的意义上运行的。正如其字面意义所表达的，律师以“坐堂值班”的形式，在法律援助中心提供的实体办公场所为法律援助对象提供法律援助服务，即是彼时“值班律师”的主要工作形式。其制度实践的主要法律依据还是《中华人民共和国律师法》和《法律援助条例》等，立足于法定的法律援助事项，并不专门针对刑事诉讼案件或刑事速裁程序。根据原先值班律师制度的实践情况来看，其主要价值在于：相比法律援助中心接受法律援助申请后指派法律援助律师的做法，律师在法律援助中心值班的形式便利了法律援助对象获取法律援助服务，也使得一些小微的纠纷得以通过律师的专业意见进行提前化解。而由于并未对律师介入案件的权利、义务、方法等产生实际变更，所以对于诉讼制度层面，尤其是刑事诉讼层面，这种实践的革新性体现不大。

变革的起点，始于2014年《速裁程序试点办法》。该《办法》第4条规定：法律援助机构在人民法院、看守所派驻法律援助值班律师。这一改变使得法律援助值班律师的工作地点由法律援助中心扩展到了法院和看守所，从而使得当事人可以在法院立案大厅和看守所第一时间获得值班律师的专业意见，而不必再等待法律援助中心的指派或是前往法律援助中心获取值班律师的帮助。虽然该《办法》并未改变值班律师的法律援助性质和诉讼地位，但是在值班律师参与刑事速裁程序的过程中，所产生的一系列问题逐渐引起了关注和讨论。比如，在人民法院和看守所派驻的值班律师在提供法律援助之前，是否需要将当事人的相关材料提交法律援助中心，以认定其是否属于法定援助对象？法律援助中心如何在看守所羁押期限内完成对援助对象的申请资格审查？当值律师能否有权接受或拒绝非法定援助对象的法律援助申请？诸如此类的一系列问题引发了许多相关实务工作者的困惑。为了解决这些实务操作中的疑问，各地先后开展了试点探索，在值班律师制度的地方探索中，陆续出现了“北京模式”“福清样本”等关于法律援助值班律师的典型做法和先进经验。这些试点经验为后来值班律师制度的推广和完善提供了借鉴和参考。

值班律师制度变革的另一个标志性文件是2016年《认罪认罚从宽制度试点办法》。该《办法》第5条规定：犯罪嫌疑人、被告人自愿认罪认罚，没有辩护人的，人民法院、人民检察院、公安机关应当通知值班律师为其提供法律咨询、程序选择、申请变更强制措施等法律帮助。这一规定，事实上将值班律师的援助对象范围在《法律援助条例》第10条、第11条、第12条所规定的12种法定情形之上作了扩大，即意味着无论犯罪嫌疑人、被告人是否符合12种法律援助的法定情形，均可由值班律师提供“法律帮助”。虽然法律咨询、程序选择、申请变更强制措施等法律帮助只是法律援助内容的一小部分，但这种变化仍然引起了律师群体、地方司法机关和司法行政部门的密切关注和讨论。

为了解答上述疑惑，规范值班律师的权责，2017 年 8 月最高人民法院、最高人民检察院、公安部、国家安全部和司法部出台了《关于开展法律援助值班律师工作的意见》，对许多引发争议的相关实践做法作了具体规定。比如，明确将值班律师的工作职责限制为以下几个方面："（一）解答法律咨询；（二）引导和帮助犯罪嫌疑人、刑事被告人及其近亲属申请法律援助，转交申请材料；（三）在认罪认罚从宽制度改革试点中，为自愿认罪认罚的犯罪嫌疑人、刑事被告人提供法律咨询、程序选择、申请变更强制措施等法律帮助，对检察机关定罪量刑建议提出意见，犯罪嫌疑人签署认罪认罚具结书应当有值班律师在场；（四）对刑讯逼供、非法取证情形代理申诉、控告；（五）承办法律援助机构交办的其他任务。"除此之外，对于实务界和学界许多人提出的"值班律师能否作为辩护人"的问题，该文件也作了明确规定：法律援助值班律师不提供出庭辩护服务，符合法律援助条件的犯罪嫌疑人、刑事被告人，可以依申请或通知由法律援助机构为其指派律师提供辩护。根据这一文件的规定，不仅值班律师与辩护律师有本质上的区别，而且从文件全文 6 处使用"法律帮助"这一概念以区别于"法律援助"的表述来看，提供"法律帮助"的值班律师也不能等同于提供"法律援助"的法律援助律师。各地方也依照上述文件精神，开始对值班律师的履职进行更为细致的约束规定。如上海市人民检察院、上海市司法局共同发布的《关于审查起诉阶段律师参与认罪认罚从宽制度试点工作的指导意见》第 5 条规定：值班律师不得主动就案件事实向犯罪嫌疑人、被告人发问。由此，值班律师在刑事诉讼中开始成为一种新型的诉讼参与角色发挥作用。

一项新的制度，从诞生到健全总是需要一段时间去打磨调整。虽然2018 年新修订的《中华人民共和国刑事诉讼法》第 36 条、第 173 条、第 174 条已将值班律师写入法律，但就与认罪认罚从宽制度兼容协同而言，值班律师制度目前还尚存许多值得商榷的细节问题，值得学界和实务界共同探索和解决。

第二节　认罪认罚从宽制度与值班律师制度衔接中出现的问题

自 2006 年我国首家法律援助值班律师中心试点在河南修武县启动之后，我国值班律师制度逐步开始在全国范围内试点和推广，其中自然不乏优秀的典型试点和案例。根据我们在网上的粗略搜索，作为值班律师制度构建先进经验进行报道的，有"北京模式""福清样本"等，不一而足。"塑造典型是艺术的法则，发现典型是媒体的兴奋点，而对于学术研究，须考察的是常态和统计比例中的多数。”[①]无论这些“模式”与“样本”如何强调值班律师的尽职尽责和制度实施效果的明显突出，我们都不应乐观地认为这是一种当然的普遍现象，更不能认为值班律师制度的构建，在其写入《中华人民共和国刑事诉讼法》后就已经趋乎健全。

需要明确的是，虽然在《认罪认罚从宽制度试点办法》中，将值班律师制度作为认罪认罚从宽司法改革的重要配套措施加以强调，但由于值班律师制度的试点工作早于认罪认罚从宽司法改革，因此，如何在业已建立的值班律师制度基础上，实现其与认罪认罚从宽制度的衔接，是一个值得重视的问题。

一、认罪认罚从宽协商中值班律师的职能与定位尚待进一步明确

我国的值班律师从产生到现在，一直带有很显著的法律援助性质，这与我国刑事辩护率长年过低有很大关联。根据近年个别学者进行的实证研究数据披露，我国部分地区刑事简易审判程序中的律师辩护率仅为12%左右。[②] 尽管数字很不理想，但这一数据是符合我国整体刑事辩护率过低的大背景的。根据中国政法大学诉讼法学研究院顾永忠教授的分析判断，“长期以来我国刑事诉讼活动中律师辩护率只有30%左右”[③]。而与此相对应，为了应对这一情况，国家在制度层面上作出了相应的安排：《中华人民共和国律师法》和《法律援助条例》等规定早已将律师开展法律援助工作作为律师的法定职责和义务进行了明确要求。从各地细化的落实措施来看，法律援助和值班制度的考勤情况已经作为地方司法行政部门对于执业律师进行考核的重要标准和依据。换言之，刑事诉讼中的法律援助和咨询值班，早已超出了刑事律师自愿的范畴，转而成为其执业生涯中不可或缺的硬性任务。同为认罪认罚从宽协商的参与者，不同于司法人员和犯罪嫌疑人（被告人），值班律师参与特定刑事案件并不是出于案件本身引起的法定参与义务，而是由于受司法机关指派为特定对象提供法律援助而介入案件审理。值班律师由于并不收取犯罪嫌疑人（被告人）费用、直接接受法律援助中心管理和指派等特性，在制度设计上属于法律援助律师的一种，只是在权责和功能上区别于受司法机关指派担任特定法律援助对象辩护人的法律援助律师。由于这种类法律援助律师的性质和定位，值班律师的职能、权责不

① 刘忠：《未完成的“平等武装”——刑辩律师非知识记忆理性的养成》，《中外法学》2016年第2期。

② 参见蒋宏敏、田娜西、刘瑶：《刑事案件律师辩护率及辩护意见采纳情况实证研究（上）——以四省（区、市）1203份判决书为研究对象》，《中国律师》2016年第11期。

③ 程姝雯、刘嫚：《刑案律师辩护率将由30%上升至“全覆盖”》，http://money.163.com/17/1012/05/D0HA5POF002580S6.html，2018年6月30日访问。

可避免地和法律援助律师相混同。

对于值班律师的主要工作职能，在《速裁程序试点办法》中作出了明确规定，当时规定值班律师的主要职责是为犯罪嫌疑人或刑事被告人提供法律咨询和建议。而在2017年8月由最高人民法院、最高人民检察院、公安部、国安部、司法部联合印发的《关于开展法律援助值班律师工作的意见》(以下简称《法律援助值班律师工作意见》)中，法律援助值班律师除了提供法律咨询和建议外，还包括在认罪认罚从宽制度改革试点中，为自愿认罪认罚的犯罪嫌疑人、刑事被告人提供程序选择、申请变更强制措施等法律帮助，对检察机关定罪量刑建议提出意见，对犯罪嫌疑人签署认罪认罚具结书应当在场，并对刑讯逼供、非法取证情形代理申诉、控告，等等。以上两个文件，应当被看作是值班律师制度和认罪认罚从宽制度正式开始在制度设计层面上进行对接的主要依据。由于2018年修定的《中华人民共和国刑事诉讼法》并未明确规定值班律师的具体工作职责，所以目前值班律师的工作职责在全国范围来看主要还是由上述两个文件进行规范。又由于这两个文件在原有法律援助相关规定的基础上扩大了值班律师的职责范围，值班律师要比以往消耗更多的时间和精力才能保障所提供的服务质量，于是也就不难理解为何有人呼吁“不要给‘法律援助值班律师’太多任务”①。

尽管相关规定赋予了值班律师如此之多的工作职能，但在一些学者的调研过程中也发现：“实务工作人员普遍反映值班律师的性质不明。目前值班律师在实践中更多地充当着见证人，这点已得到了实务部门的一致认可。”②与此同时，虽然有的学者也提出：“值班律师和辩护律师在刑事诉讼中是两种不同的身份，承担不同职责，值班律师提供的是初期的、即时的、高效的法律帮助而非辩护。”③但是在实际操作中，出于工作效率的考虑，不少值班律师没法与辩护律师明确分工，同步协作的成本很高、效率很低。针对这些情况，甚至有律师在网络上抱怨道：“这里的真问题不是律师做的事情太多了，而是只让律师擦屁股，不让律师真辩护。”④这主要是由于目前认罪认罚从宽制度构建对于值班律师的职能与定位尚不明确，以及值班律师制度与认罪认罚从宽协商程序在制度设计上

---

① 欧阳晨雨：《不要给“法律援助值班律师”太多任务》，http://news.163.com/17/0830/08/CT2TR78J000187VE.html，2018年6月30日访问。

② 樊崇义：《武汉市汉阳区认罪认罚从宽制度调研报告》，《人民法治》2018年第3期。

③ 樊崇义、徐歌璇、哈腾、刘鹏宇：《依托认罪认罚从宽　完善值班律师制度——中国政法大学关于福建值班律师制度试行情况的调研报告》，《人民法院报》2017年12月28日第8版。

④ 金宏伟：《值班律师，帮助了谁，与如何改》，https://zhuanlan.zhihu.com/p/35034171，2018年6月30日访问。

的衔接还不完善所造成的。

二、值班律师参与认罪认罚从宽协商时常见的“司法共同体”现象

对于值班律师在认罪认罚从宽协商中的作用,有学者认为:“对于被羁押在看守所的犯罪嫌疑人(被告人)而言,律师是其最信任的伙伴”;“律师……用自身的法律储备,参与、监督整个认罪认罚程序的完成,用自身的经验,舒缓、帮助当事人赢得刑法上的宽恕,完成被动参与到主动出击、形式参与到实质互动的华丽蜕变”[①]。然而,这种对于律师的理想期许,在实践中往往被证实只能是一种一厢情愿的判断。值班律师在参与认罪认罚从宽的协商过程中,能够发挥的作用受到一系列内外部因素的限制。其中,最主要的一个限制因素是,认罪认罚从宽协商中的值班律师,事实上同检察官、法官等司法工作人员一道构成了某种“司法共同体”。正如有律师所感慨的:“值班律师在目前阶段的功能是证明公权行为的正确性。”[②]这一论断或有偏颇,但值得注意的是,值班律师目前确实在多个方面更近似于一种配合或辅助司法权力规范运行的存在。

首先是值班律师与犯罪嫌疑人(被告人)之间的有机联系很少,缺乏委托代理关系的约束,双方能否充分信任、交流顺畅值得怀疑。以湖北省《关于开展法律援助值班律师工作的实施意见》为例,其中规定“值班律师不审查服务对象经济状况、不限定事项范围、不收取任何费用、不提供出庭辩护服务”。根据上述规定,值班律师除了不具备司法工作人员的法定身份之外,在与犯罪嫌疑人(被告人)的沟通交流上,并不比司法工作人员更贴近当事人。如果按照前述部分学者的设想,犯罪嫌疑人(被告人)对司法工作人员心怀疑虑,却能对既不接受自己委托亦不为自己所雇佣的司法机关指派的值班律师完全敞开心扉,这种高度符合预设立场的情形未免有些太过理想。

其次,缺少辩护权支撑的值班律师,其是否会见犯罪嫌疑人(被告人),事实上是由公诉机关的办案需求决定的,而非根据律师或其当事人的需求,这极易使得值班律师成为公诉机关的“说客”,而可能丧失提出独立法律建议的地位和动力。这在一些经验介绍的案例里有具体的体现,如在福清市检察院的一起适用认罪认罚从宽规定的示范性案例中,值班律师就是在检察官在对犯罪嫌疑人提出适用认罪认罚从宽建议之后,为了进一步劝服犯罪嫌疑人认罪认罚而被检

---

① 段威:《从认罪从宽制度看刑辩律师定位》,《中国社会科学报》2018年2月27日第3版。

② 参见金宏伟:《值班律师,帮助了谁,与如何改》,https://zhuanlan.zhihu.com/p/35034171,2018年6月30日访问。

察官传唤介入，被动提供适用建议的。[①] 是否存在检察官建议适用认罪认罚从宽规定而值班律师提出异议的现实案例，目前我们尚不掌握情况。但毕竟“同样具有一副沉重的肉身的律师和检察官，性非异也，而是受动之制度结构不同”[②]。在尚没有一套明确的制度为值班律师独立提供法律意见提供相应保障的情况下，一些疑虑的产生是自然的，也是有必要的。

再次，值班律师缺少独立为犯罪嫌疑人(被告人)提供法律意见，尤其是提供与检察官不一致的法律意见的内在动力。归根结底，值班律师究竟提供何种程度的法律咨询服务，取决于其内心的法律信仰与职业道德，而非外界因素。从目前各地司法行政机关设计的法律援助值班律师考核机制来看，形式要件仍是主要评价标准，如出勤率是否合格、值班次数或承接咨询次数是否达标等。而实质要件大多较为模糊，且往往限定于是否配合司法机关工作、遵守法律法规规定等。因此，值班律师如果选择和检察官的意见保持一致，是一种风险极低的选择；而在被动会见、委托受限、无阅卷权等一系列制约之下，值班律师很难全面而真实地掌握案情，在这种情况下一旦为犯罪嫌疑人(被告人)提供不接受认罪认罚的法律意见，则很容易招致一些随之而来的法律风险。因此，值班律师更可能出于自我职业保护和职业风险规避的目的，为犯罪嫌疑人(被告人)提供更为保守且符合司法机关预期的法律意见。

综上所述，值班律师的角色在目前的实践中更多地类似于一种辅助司法人员的存在，在认罪认罚从宽协商的参与中，对司法机关和司法行政部门，尤其是检察机关的从属和依赖性较强。

三、部分检察工作人员与司法行政人员对值班律师存有偏见

在值班律师参与认罪认罚从宽协商的过程中，我们不应忽略检察机关与司法行政部门的重要作用。前者作为量刑建议的制定者，不仅掌握了认罪认罚从宽协商程序开启的“锁钥”，还决定了值班律师的介入时间；后者则作为值班律师的考核评价者和行政管理者，对值班律师的工作成绩进行评价。因此，检察机关与司法行政部门如何看待值班律师这一角色，以及希望这一角色发挥何种功能，对于值班律师的参与工作至关重要。

德国学者许乃曼教授认为，刑事协商并非合意而是屈服，合意只能存在于

① 参见陈钦祥、林丽、石冰莹：《司法资源配置优化，诉讼效率提高了——福建省福清市检察院对刑事案件认罪认罚从宽工作的探索》，《检察日报》2017年11月15日第3版。

② 刘忠：《未完成的“平等武装”——刑辩律师非知识记忆理性的养成》，《中外法学》2016年第2期。

权力大致相等的主体之间，无权者只能放弃他本就微弱的反抗而屈服。[①] 根据目前我国已有司法实践来看，我国在认罪认罚从宽协商中并不允许检察机关与犯罪嫌疑人（被告人）对罪名争议和罪数问题展开协商。因此，对于目前的认罪认罚从宽实践而言，协商领域无可选择地集中在了量刑问题上。但一般来说，检察机关作出量刑建议减让的幅度通常不得超过 30%，协商余地并不大。可见，检察机关在认罪认罚从宽协商实践中，话语地位虽然极其强势，但手中可动用的“武器”和“筹码”却相当有限。基于这种情况，按照目前的制度设想，值班律师应当充当一种调和与缓冲的角色，一方面可以补强犯罪嫌疑人（被告人）在协商中的弱势地位，另一方面可以在认罪认罚从宽协商中利用检察官所不具备的身份便利促进协商的顺畅进行。但这一制度设想首先面临的一个问题就是检察机关是否完全认同和接受值班律师这种调和的角色与功能。

权力制约之所在，亦是矛盾冲突之所在。不同于制度设想的是，检察官们对于值班律师的角色定位和功能发挥有其自己的看法。如有检察官曾撰文，认为值班律师通过值班律师获得了“超检察官待遇”，因为“值班律师一次性接触大量案件并知晓案情，有违检察内部不得打听案情禁止令”；亦认为值班律师制度打破了“检察人员不得为律师介绍案源的禁令”；甚至认为“检察官讯问时，值班律师竟可以旁听，以旁听之名实现监控”。[②] 姑且不论这样的观点有无道理，我们认为，该文中的另外一个观点是值得深思的：“如果事后速裁程序未能适用，必然是律师对案件事实、定罪量刑的意见与检察机关难以耦合。而这恰巧为犯罪嫌疑人识别值班律师的勤勉、尽职提供了契机，值班律师也为自己另接受委托辩护提供了契机。”

至于司法行政部门对值班律师的功能期望与角色认知，容易出现的一个误区是把值班律师等同于书记员、法医等司法辅助工作人员，进而默认值班律师应当在案件审理进程中与司法机关的立场保持一致。这种倾向，可以从早年司法部法律援助中心编纂的模范案例当中窥得一斑。在首届全国百件优秀法律援助案例评选中，刑事类法律援助案件有 23 件。在这 23 件案例的标题中，大量出现法律援助律师“解冤情”“解沉冤”“申奇冤”“洗冤情”等类似这样的描述，甚至出现了“辨顽凶”“还清白”这类以往常用于司法机关的形容修辞。虽然随着法治文明的进步，这种观念上的误区正在逐步减少，在许多发达地区已经不

---

① 参见卞建林、谢澍：《职权主义诉讼模式中的认罪认罚从宽——以中德刑事司法理论与实践为线索》，《比较法研究》2018 年第 3 期。

② 孙军、樊华中：《认罪认罚从宽制度中值班律师的职责定位——以上海市工作开展情况为基础》，胡卫列、董桂文、韩大元等编：《认罪认罚从宽制度的理论与实践——第十三届国家高级检察官论坛论文集》，中国检察出版社 2017 年版，第 580 页。

再成为影响值班律师行使职权的问题，但在一些较为闭塞和落后地区，这种认识仍然在司法行政部门的工作人员中较为流行，对值班律师的第三方地位并没有充分认同。这为值班律师制度在一些地区的实际运行带来了障碍和隐患，最为直接的一种表现就是对值班律师的考评结果很大程度上取决于值班律师对司法机关的配合程度，而非对犯罪嫌疑人（被告人）利益的实际维护情况。

有学者提出："社会各界的一个普遍共识就是，在中国，刑事辩护的参与率低与刑事辩护的质量差都根源于刑事辩护的外部司法环境不佳。"[①]值班律师制度的构建以及其和认罪认罚从宽司法改革之间的衔接，必须充分考虑外部司法环境。尤其是检察机关与司法行政部门的观念与作风转变，可能成为制约值班律师制度在认罪认罚从宽协商中发挥作用的关键因素。

第三节　值班律师参与认罪认罚从宽协商的约束条件及其评述

在数学规划或经济管理中，决策者常常要在一定约束条件下得出决策目标。在决策过程中，决策方案的制定取决于决策变量，而决策变量的取值范围都有各种限制条件，数学和管理学上称为"约束条件"或"设计约束"。通过借鉴这一跨学科的方法，我们可以认为基于前述司法环境的制约，值班律师在参与认罪认罚从宽协商的过程中如何实现自己的角色功能，是一个决策问题，且这一决策问题得出行动方案的过程中必然受到一些约束条件的影响。以下三个因素，一方面构成了值班律师参与认罪认罚从宽协商的现行制度约束条件，另一方面也是当前配合认罪认罚从宽制度对值班律师制度进行完善的三个主要切入点。

一、观念约束

观念约束是指值班律师在参与认罪认罚从宽协商过程中所必须秉持的正义观，这决定了律师为了实现法律程序和结果的正义，愿意付出多大努力。需要指出的是，这种正义观之所以成为一种外部约束，而不是决策变量，主要是因其来自于制度的预先设定，并不取决于律师自身信仰何种正义观。

认罪认罚从宽制度的一个重要理论基础是司法效益观，其主要价值追求在于提高司法效率、节约司法成本，通过刑事案件的繁简分流，实现社会效益的最

① 吴纪奎：《对抗式刑事诉讼改革与有效辩护》，《中国刑事法杂志》2011年第5期。

大化。[①] 这一理论为所有认罪认罚从宽协商过程的参与角色,包括犯罪嫌疑人(被告人)和值班律师确立了一种正义观:通过节约司法成本的方式实现社会效益的最大化是正义的,而且是值得追求的。

毋庸置疑,每个人心中对于一种行为是否正义的判断结果并不一致,这与人的道德观念紧密联系。富勒在其经典著作《法律的道德性》中,将人的道德区分为"愿望的道德"和"义务的道德",并认为后者是个人应当遵守的道德底线,而前者则属于"人类所能达致的最高境界"。[②] 基于这一论断,我们亦可对认罪认罚从宽协商中值班律师的正义观进行二分,即"预期的正义"和"底线的正义"。前者的内涵包括尽力提升司法结果的可接受性、使当事人和司法机关各自的诉求得以最大化实现、尽可能地帮助司法机关节约司法资源等制度创设者所预期的理想化状态,属于非强制义务性的要求标准,即使达不到这样的标准,值班律师也不会因此而受到制裁;后者的内涵则包括准确提供当事人必需的法律意见、准确传达当事人与司法机关之间的沟通信息等职业道德的底线内容,属于强制义务性的要求标准,如果达不到这样的标准,值班律师就可能面临对应的惩罚措施或负面评价。这种区分的意义有二:一是厘清值班律师工作内容的"应为"和"可为",避免把值班律师定位成一种"正义化身",过度拔高其道德标准,以致设定一些不科学、不合理的评价措施;二是将律师的正义观与司法机关的正义观区分开来,律师作为个体公民,在价值观、正义观的多元化问题上应比司法机关享有更多转圜空间,比如对于降低司法成本,就不应成为值班律师过多考虑的问题,否则就可能影响案件实体正义的实现。

二、职权和待遇约束

职权和待遇约束是值班律师参与认罪认罚从宽协商过程中所能支配和获取的资源,其内涵包括两个方面:一是值班律师能够掌握何种工作职权;二是值班律师能够得到何种工作待遇。

工作职权方面,由于牵涉刑事诉讼程序问题,研究的学者较多,目前法律法规的相关规定也较为明晰。根据目前的法律规定和理论通说,值班律师的职权定位在于"提供法律帮助"而非"提供辩护",具体权能主要限定于法律咨询、程序选择、申请变更强制措施、见证具结书签署等程序性法律帮助事项,不享有辩护律师所享有的阅卷权、调查取证权等。由于篇幅所限,此处不再对当下值班

---

① 参见龚培华:《认罪认罚从宽制度基础理论研究》,胡卫列、董桂文、韩大元等编:《认罪认罚从宽制度的理论与实践——第十三届国家高级检察官论坛论文集》,中国检察出版社 2017 年版,第 3 页。

② 参见[美]富勒:《法律的道德性》,郑戈译,商务印书馆 2005 年版,第 8 页。

律师享有的工作职权作更多细致描述。

至于值班律师的工作待遇，与其说是一个法律问题，毋宁说是一个政策问题。也正因为这一问题与诉讼程序基本无关，更与实体刑法无涉，一般学界对此关注度不多。但如果要以值班律师的主体视角去考察其参与制度安排的决策过程，工作待遇是一个必然无法回避的问题。

就刑事法律援助而言，有学者断言："社会律师从事刑事法律援助需要时间、精力、物质、专业等成本的大量付出，没有基本对价的回报，仅仅靠道德和责任的支撑，刑事法律援助制度不可能持久发展。"[①]正如前文所论述的，社会公众和公权力机关出于复杂的社会原因，对于律师这一职业设定了诸多标签。一方面，律师是依靠知识、时间和精力提供法律服务的知识分子，知识经济时代，收费服务无可厚非；另一方面，律师又被赋予了"正义""体面"等多种职业标签，一旦律师未能符合预设的职业期许，很容易被形象落差所导致的偏见所误伤。在这种背景下，法律援助的公益性和市场经济的逐利性产生碰撞，值班律师的工作待遇就在这种矛盾冲突中成了一个较为敏感的话题。

或许从各地对于值班律师的补贴标准的设定上，可以得窥一些问题所在。根据某新闻报道，"2016 年 9 月，北京市司法局协调财政部门将值班律师补贴由每个工作日 150 元提高到 500 元，大大提高了律师参与值班工作积极性。在安徽，律师每值班 1 天有 180 元补助，除了值班费，办理援助案件的补贴也有了提高，2014 年，安徽的社会律师办理法律援助案件平均补贴每件 525 元，2016 年达到每件 836.4 元"[②]。青岛市城阳区在宣传报道中也提及，当地"大幅提高了法律援助案件补贴标准，将律师办理一、二审刑事、民事、行政案件和劳动仲裁案件由 1000 元/件调整为 1890 元/件。将办理侦查阶段案件由 400 元/件调整为 800 元/件。将审查起诉阶段案件由 400 元/件调整为 1200 元/件。跨市办案补贴由 1500 元/件调整为 2520 元/件。大大提高了办案律师的工作积极性"[③]。

从上述新闻报道的字里行间，可以感受到一种对上述补助政策效果的认可与赞赏。但根据樊崇义等学者组织的相关实证调研情况来看，情况似乎并不乐观。樊崇义等人认为，值班律师补助政策"即便强力推进协调下来，补贴标准相

① 郭名宏：《以观念更新带动制度创新——刑事法律援助脱困的双重出路》，《武汉商学院学报》2015 年第 6 期。

② 魏哲哲：《值班律师，咋保素质（关注改革最后一公里 · 聚焦值班律师）》，《人民日报》2017 年 10 月 10 日第 4 版。

③ 《城阳区多措并举加强法律援助经费使用管理》，青岛政务网，http://www.qingdao.gov.cn/n172/n1530/n2856332/160226083822077201.html，2018 年 6 月 30 日访问。

比法律援助律师仍然较低。因为待遇不高所以无法吸引更多的律师参与"[①]。诚然，待遇高与低的判断，总是基于一定的比较标准得出的，势必存在一定的主观性。但是，毋庸置疑的是，值班律师的补助待遇，将明显影响其开展法律援助工作的积极性。作为知识经济的典型代表，法律服务是通过消耗律师的时间和精力而提供给当事人的，这决定了律师在特定时间段内提供法律援助服务时，放弃了利用这段时间承接其他收费更高的业务。更何况一些地区为了提升值班律师工作成效，硬性规定要求值班律师须有3年以上刑事辩护经历[②]，这对于有经验、业务过硬的律师来说，无疑需要牺牲更多业务收入来完成法律援助任务。从经济学的角度考虑，如果值班律师得到的物质补助远不足以弥补其开展法律援助工作所付出的机会成本，他便会采取一些手段尽可能地降低自己的损失，从而很可能影响当事人的利益。

谢晖教授曾在与青年刑辩律师的一次讲座中谈及，对于律师而言"'社会正义精神'和'商业精神'两者是紧密勾连的"[③]。事实上，之所以不能抛开"商业精神"谈"社会正义精神"，本质上还是制度背后的人性基础问题——制度设计者依据何种人性基础对值班律师的角色进行设计。律师在制度设计中首先是一个具体的、鲜活的人，然后才是社会主义法治的建设者。因此，努力在公益和私利之间寻找平衡点，既是值班律师发挥自己角色功能时遵守的原则，亦应是制度设计者遵循的指针。

三、责任约束

责任约束体现了值班律师参与认罪认罚从宽协商时必须遵从的强制性义务，它为值班律师划定了"不可为"的行为边界并规定了越界行为的制裁后果。这种制裁后果体现于规范性法律文件确立的法律制裁和法律以外的社会规范确立的社会性制裁两个层面上。

依据司法部颁布的《律师和律师事务所违法行为处罚办法》第9条，"无正当理由拒绝接受律师事务所或者法律援助机构指派的法律援助案件的"和"接受指派后，懈怠履行或者擅自停止履行法律援助职责的"，均属于《中华人民共和国律师法》第47条第5项规定的律师"拒绝履行法律援助义务"的违法行为。

---

① 参见樊崇义、徐歌璇、哈腾、刘鹏宇：《依托认罪认罚从宽完善值班律师制度——中国政法大学关于福建值班律师制度试行情况的调研报告》，《人民法院报》2017年12月28日第8版。

② 参见湖北省《关于开展法律援助值班律师工作的实施意见》，http://www.hbsf.gov.cn/wzlm/xwdt/styw/54888.htm，2018年6月30日访问。

③ 谢晖：《刑事辩护的商业性与公益性》，《岳麓法学评论》第9卷，中国检察出版社2015年版，第334页。

目前来看，律师值班属于法律援助事项，以上规范性法律文件也为各地出台和完善律师值班制度的配套处罚规定提供了上位法依据。比如，河南省司法行政部门对值班律师提出了“六不准”的工作纪律，法律援助机构将值班律师工作情况记入诚信服务记录。[①] 湖北省亦有类似规定，提出将律师参与值班视为履行法律援助义务，法律援助机构应向律师协会通报法律援助值班律师履责情况，律师协会要将法律援助值班律师履责情况纳入律师年度考核及律师诚信服务记录。[②] 而福建省则通过对法官、检察官、被告人的反馈调查，将值班律师工作情况与律师评级、资格年审、办案补贴挂钩。[③]

佐伯仁志在其著作《制裁论》中言道：“(日本)的法律制裁与美国相比，在种类、发动的频率、严厉性的任何一个方面都要略逊一筹，其中一个原因可能就是我国的社会性制裁比美国的社会性制裁更为严苛。”[④]可见，制裁的威吓力并不是仅能通过法律制裁体现出来，足够严苛的社会性制裁有时会起到比法律制裁更有效的威吓作用。狄骥认为：“法律规则不过是社交和公平双重感觉的作用下用社会强制来制裁的道德规范和经济规范。”[⑤]关于值班律师的行为责任后果，除了《刑法》第306条等刑事层面上的制裁规定，“道德”和“经济”上的社会性制裁也是目前值班律师主要面临的责任后果。信仰不可考证，全赖内心；权利可以放弃，无可强制。当一名值班律师并不挂怀所谓“程序正义”，又不屑汲汲于值班律师补助那“仨瓜俩枣”时，责任约束的“威力”便显露无余。目前来看，对责任约束的运用在各地值班律师制度的构建中较为普遍，也符合我国重视社会性制裁的传统。

第四节　值班律师制度完善的人性基础

“很明显，任何科学都或多或少与人性有些关系，无论科学看似与人性相隔多远，它们最终都会以某种途径回归到人性中。”[⑥]在“以人为本”理念逐步深入人心的当代社会，休谟的上述论断无疑在当今中国能够为决策者们在创设和完

① 参见《河南省法律援助值班律师办公室(工作站)工作规定》，http://www.jzzz.gov.cn/News_show.asp?id=823&type=14，2018年6月30日访问。

② 参见湖北省《关于开展法律援助值班律师工作的实施意见》，http://www.hbsf.gov.cn/wzlm/xwdt/styw/54888.htm，2018年6月30日访问。

③ 参见樊崇义、徐歌璇、哈腾、刘鹏宇：《依托认罪认罚从宽 完善值班律师制度——中国政法大学关于福建值班律师制度试行情况的调研报告》，《人民法院报》2017年12月28日第8版。

④ ［日］佐伯仁志：《制裁论》，丁胜明译，北京大学出版社2018年版，第6页。

⑤ ［法］狄骥：《宪法论》第1卷，钱克新译，商务印书馆1959年版，第111页。

⑥ ［英］大卫·休谟：《人性论》，贾广来译，安徽人民出版社2012年版，引论第8页。

善司法制度时提供有益的启示。以往无数的例子告诉我们,“徒法不足以行”,制度的实际效果并不自觉以其在法律意义上的良好初衷为基本遵循,而往往依赖于制度的参与者能否按照制度设计的运行轨道发挥其预设作用。认罪认罚从宽司法改革,作为近年来刑事诉讼领域最重要的司法改革举措之一,其亦无法完全脱离制度参与者的人性基础而运转自如。

对于律师是否应当主动承担更多社会责任这一话题,我国长期以来的社会主流观点是持肯定意见。受旧社会“讼棍”“司法掮客”等污名化标签的影响,以及律师职业的特性,社会对于律师这一职业往往存在一些误解,而基于这些误解,又进一步产生了对于这一群体一些不切实际的社会期许。体现在认罪认罚从宽司法改革上,有一种有代表性的观点是,律师不应过于偏重商业化。如有司法工作人员认为:“社会对于律师角色定位偏重于商业化,从而使得律师为自身生存而奋斗,在为社会提供法律服务的同时,偏重追逐个体利益,造成其社会责任感缺失。”[①]这一观点当然有失偏颇,但在“市场在资源配置中起决定性作用”的今天,这一带有浓重计划经济指令性色彩的观点为何仍然有其存在的社会土壤,其根源仍在于其背后的人性基础观念。

与上述观点所依据的人性基础观念不同,经济分析法学派认为,人在本性上都是自私而理性的,在此基础上每个人都以自身价值观念或稳定偏好进行利益衡量,趋利避害,作出对自己最有利的选择。由此,一些经济分析法学派的学者提出以能否尽可能地实现“帕累托最优”这一理想化的社会资源配置状态作为衡量法律制度效果的标准。而这要求制度的运行结果不仅要使制度的参与者所获的产出大于投入,而且在补偿其行为给别人造成的损失之后还有盈余。当然,上述学说亦有其缺陷和不足,我们自然不能简单地将这种观点奉为圭臬,一字不刊。但值得注意的是,由于我国长期以来都将集体主义作为社会主流导向,在制度安排上往往很容易引起对于个体人性的忽视。“水至清则无鱼”,正如严存生教授在其著述中论述的,“合理的利己主义”(不损人利己,并力所能及地帮助他人)不仅不能说是一种“恶”,反而因其要求人们珍惜生命,积极面对人生,奋发图强,积极地捍卫自己的权利,而可称之为一种“美德”,进而成为个体的人产生“博爱”的人性基础。[②] 在党的十八届五中全会以来提倡“共享”发展理念的当下,“叩其两端而执其中”,多在制度设计中对个体利益投入一些关注的目光,尝试从一种“合理的利己主义”视角出发,去探索在参与认罪认罚从宽协

---

① 甘文超、程周明:《认罪认罚案件中的律师参与机制》,胡卫列、董桂文、韩大元等编:《认罪认罚从宽制度的理论与实践——第十三届国家高级检察官论坛论文集》,中国检察出版社 2017 年版,第588 页。

② 参见严存生:《法律的人性基础》,中国法制出版社 2016 年版,第 474 页。

商的过程中，值班律师如何合理而高效地实现“博爱”的作用与价值，或许是一种更富于实用的制度设计理念。

边沁曾有一首颇具禅意的小诗，或许能够为值班律师制度完善的人性基础作一注解：“强烈经久确定，迅速丰裕纯粹——无论大苦大乐，总有此番特征。倘若图谋私利，便应追求此乐；倘若旨在公益，泽广即是美德。凡被视为苦者，避之竭尽全力；要是苦必降临，须防殃及众人。”①

第五节　完善认罪认罚从宽制度与值班律师制度衔接的具体建议

一、调整值班律师报酬体系

“法治概念的最高层次是一种信念，相信一切法律的基础，应该是对于人的价值的尊重。”②对于法律援助值班律师的尊重，反映在制度层面上，最直观的表现就是建立科学合理的报酬体系。这种报酬体系内在地包含精神和物质两个层面。

从物质层面上来说，有必要进一步完善值班律师乃至整个法律援助律师群体的津贴、补助制度。首先应当坚决反对的是，将值班律师调查取证和会见当事人等过程中产生的交通费、打印费等合理办案费用支出一概包括在法律援助补贴中的行为。这不仅使得值班律师尽职办案的积极性大打折扣，也变相削弱了值班律师在诉讼中的独立作用和预期功能，最终利益受损、为此埋单的仍然是受援助对象。其次，法律援助补贴作为政府的公益性支出，将其作为律师的征税收入并不符合财政学和税法上的可税性原理，应当确立相应的法律规范，将法律援助补贴作为不征税收入进行明确。

除了上调值班律师津贴、增加办案补助等经济手段，在精神层面上设置对优秀值班律师或法律援助律师的表彰奖励也是一种可行路径。优秀的值班律师或法律援助律师，往往业务水平过硬，道德素质较高，如果司法行政部门建立一套完整的表彰、宣传机制，受表彰律师一方面可以得到更多的社会认可，提升其职业自豪感；另一方面，司法行政部门对其业务水平和职业道德的肯定形成了一种较有公信力的背书，有利于受表彰律师开拓案源，增加收入。

“商业交换中的公益，是现代法律的精神基础，自然也是律师特别是刑辩律

① ［英］边沁：《道德与立法原理导论》，时殷弘译，商务印书馆2000年版，第86页。

② 陈弘毅：《浅谈法治的概念》，《民主与科学》2007年第3期。

师公益行为的最广泛、最坚实的基础。”[①]事实上，对于很多业务水平较高的律师，自觉投入和参与公益事业和志愿服务并不少见，在单纯经济层面上比之法律援助付出更多、回报更少，这对制度构建者给出了一个提示：并非是律师群体缺乏承担社会责任的自觉性，而是制度构建上缺乏与律师的换位思考和职业尊重。

二、在明确律师权责的基础上建立值班律师转化为辩护人制度

正如前文所述，目前来看，绝大多数学者和实务界人士并不认为值班律师享有辩护权，更不能等同于委托辩护律师。但是值班律师作为受司法机关指派为犯罪嫌疑人（被告人）提供专业法律意见的专门工作人员，几乎必然是最先介入到案件中的辩护人人选，如果如个别司法行政部门的规定，一概不能接受犯罪嫌疑人（被告人）的委托担任其辩护人，也是不现实的。

事实上，最高人民法院在其认罪认罚从宽制度试点工作报告中也提及了这一问题：“对于符合条件的犯罪嫌疑人、被告人，依法通知法律援助机构指派律师为其提供辩护。探索值班律师转任辩护人机制，北京、广州、杭州、福州等地法院对可能判处三年有期徒刑以上刑罚的认罪认罚案件，协调指派值班律师出庭辩护，提高法律帮助质量。”[②]可见，北京、广州、杭州、福州等试点地区法院已经在实践中尝试进行了值班律师转任辩护人机制的构建。但需要指出的是：一方面，试点地区的尝试目前仅限于可能判处三年有期徒刑以上刑罚的认罪认罚案件，对于可能判处刑罚低于这一标准的案件并未涉及；另一方面，“协调指派值班律师出庭辩护”，并不意味着提供会见咨询的值班律师可以作为辩护人直接出庭辩护。这其中的一些细节性问题，仍然需要根据目前的司法实践情况进行细致规定，以明确值班律师究竟在满足何种条件的前提之下能够转任为辩护人，以及在转任为辩护人之前值班律师对应何种权利与责任。

三、尽快建立和完善刑事无效辩护制度

无效辩护原则源于美国，由美国最高联邦法院对“鲍威尔案”裁断正式确立。具体来说，有学者将无效辩护区分为两类：国家侵权型无效辩护与辩护律师不称职型无效辩护[③]，分别对应由外部司法环境造成的无效辩护和辩护律师

---

① 谢晖：《刑事辩护的商业性与公益性》，《岳麓法学评论》第 9 卷，中国检察出版社 2015 年版，第 338 页。

② 周强：《关于在部分地区开展刑事案件认罪认罚从宽制度试点工作情况的中期报告》，《人民法院报》2017 年 12 月 24 日第 1 版。

③ 参见吴纪奎：《对抗式刑事诉讼改革与有效辩护》，《中国刑事法杂志》2011 年第 5 期。

失职导致的无效辩护。无效辩护的核心原则是，如二审法院认定在一审诉讼过程中，由于种种原因被告人并未充分而有效地行使辩护权，二审法院有权以违反正当程序原则为由，撤销一审判决，发回重审。近年来，无效辩护制度受到了国内许多律师和学者的认同，以陈瑞华教授等为代表的一些学者对无效辩护制度的构建已作了大量探讨①，此处不再赘述。

将无效辩护制度作为认罪认罚从宽司法改革配套措施，可以在制度保障层面上进一步维护犯罪嫌疑人（被告人）的诉讼权利。一方面，无效辩护制度的建立可以在一定程度上防止司法机关工作人员片面追求刑事诉讼效率，滥用速裁程序，把值班律师当作签署认罪认罚从宽具结书的“橡皮图章”；另一方面，无效辩护制度的建立也可以将值班律师的法律建议和咨询意见正式纳入刑事诉讼法的管辖范围内，使值班律师的执业行为受到更为严格的规范和监督，对值班律师因为并未建立委托代理关系而对当事人的合法诉求敷衍了事的情况，可以进行有效的事后救济，从而减少值班律师由于自身能力不足或工作态度不端所导致的消极影响，更好地保障犯罪嫌疑人（被告人）的诉讼权益。

① 参见陈瑞华：《有效辩护问题的再思考》，《当代法学》2017年第6期。

第七章　认罪认罚从宽制度中人权均衡保障理念的贯彻

认罪认罚从宽制度的司法适用，是我国刑事诉讼司法体制改革的重要一步，亦有学者把其称为刑事诉讼的"第四范式"。[①] 美国的赫伯特·帕克（Herbert Packer）教授曾提出"正当程序"与"犯罪控制"两个模式的理论[②]，之后，美国学者格里菲斯（John Griffiths）提出"争斗模式"与"家庭模式"的理论。[③] 我国的陈瑞华教授曾在上述理论的基础上提出过"对抗性司法"与"合作性司法"的刑事诉讼模式理论。[④] 新的诉讼模式理论的提出与二战后兴起的人权保障潮流相契合，目前的国际和区域性人权组织正在推动建立适用于"放弃审判制度"的人权保障框架[⑤]，并希望通过判例法制度来逐渐明确保障人权的标准[⑥]，这也和我国认罪认罚从宽制度的推行初衷不谋而合且"同频共振"。在《国家人权行动计划（2016—2020）》中，提出了要保障公正审判的权利，其中包括"完善刑事诉讼中认罪认罚从宽制度，明确被告人自愿认罪、自愿接受处罚、积极退赃退赔案

---

① 对于刑事诉讼方式的变革，有学者分为四个阶段的范式：第一范式是指弹劾式的诉讼模式，第二范式是指纠问式的诉讼模式，第三范式包括以法国、德国为代表的审问式诉讼模式和以英国、美国为代表的对抗式诉讼模式，而第四范式的典型模式则是放弃审判制度。（详见熊秋红：《比较法视野下的认罪认罚从宽制度——兼论刑事诉讼"第四范式"》，《比较法研究》2019 年第 5 期）

② Herbert Packer ,"Two Models of the Criminal Process," *University of Pennsylvania Law Review*, Volume 113, Issue 1, 1964, pp. 1-68.

③ John Griffiths,"Ideology in Criminal Procedure," *79 Yale Law Journal*, 359(1970).

④ 参见陈瑞华：《刑事诉讼的中国模式》，法律出版社 2018 年版，第 68～69 页。

⑤ 放弃审判制度是指被追诉人通过答辩有罪而放弃了正式审判，法律制度则通过降低指控、减轻量刑等鼓励被追诉人放弃完整的审判权的制度。

⑥ 熊秋红：《比较法视野下的认罪认罚从宽制度——兼论刑事诉讼"第四范式"》，《比较法研究》2019 年第 5 期。

件的诉讼程序、处罚标准和处理方式”,从而强调了人权保障理念在认罪认罚从宽制度中所占有的重要地位。2019《认罪认罚从宽指导意见》开宗明义地指出:“适用认罪认罚从宽制度,对准确及时惩罚犯罪、强化人权司法保障、推动刑事案件繁简分流、节约司法资源、化解社会矛盾、推动国家治理体系和治理能力现代化,具有重要意义。”

尊崇人权保障和强调人权的司法保障,有助于增加认罪认罚从宽制度司法适用的有效性和公正性。人权保障的理念在认罪认罚从宽制度的诞生伊始,便根植其中,在制度运行的各个环节都有所体现,当然,也存在制度上的不足,需要在积累经验的基础上,不断完善。为此,需站在人权保障的视域,完善认罪认罚从宽制度及司法适用,从而实现人权保障理念由精神指导到制度与实践的全方面指引。

第一节　人权均衡保障是认罪认罚从宽制度及其实践的重要课题

“法治概念的最高层次是一种信念,相信一切法律的基础,应该是对人的价值的尊敬。”[①]而对人的价值的尊敬,概言之,就是人权保障理念的推崇和适用。认罪认罚从宽制度的设立初衷包括四个方面:一是及时有效地惩治犯罪以维护社会稳定;二是更好地落实宽严相济政策以促进司法公正;三是强化人权司法促进社会和谐;四是优化司法资源配置、完善刑事法律制度。[②] 再结合 2019《认罪认罚从宽制度指导意见》的相关内容,综合来看,认罪认罚从宽制度的精神内核和人权保障理念具有耦合性的关系。

一、人权保障理念蕴含保护被追诉人合法权利的明确态度

从程序法的角度考量,认罪认罚是一种法律行为,是被追诉人的一项诉讼权利,可引起特定刑事诉讼程序的发生、改变和终结。[③] 人“只有在一个规范性秩序中,才存在人格体和主体”[④]。当事人主体在认罪认罚从宽的程序中处于与程序中其他主体的交往关系中,行为人的主体性的张扬,不仅体现在单个个体

① 陈光中:《刑事诉讼法修正实务全书》,中国检察出版社 1997 年版,第 617 页。

② 参见胡云腾主编:《认罪认罚从宽制度的理解与适用》,人民法院出版社 2018 年版,第 75～77 页。

③ 参见孙长永、曾军、师亮亮:《认罪案件办理机制研究》,《西南政法大学学报》2010 年第 2 期。

④ [德]京特·雅各布斯:《规范·人格体·社会:法哲学前思》,冯军译,法律出版社 2001 年版,第 31 页。

以及个案本身的自主性上，并且在所有纠纷当事人和程序主体的共同意识之中[①]，即“权利仅仅存在于共同体中，而且仅仅存在于那些具有有效的权利—规范的共同体中”[②]，在认罪认罚从宽制度中，被告人主体性的张扬，集中体现在对于自身合法权利的维护，这同时也是人权保障理念的应有之义。

人权保障理念蕴含着被追诉人的平等程序参与权。“在刑事案件日益多样化、复杂化的今天……各国纷纷建立多层次的诉讼程序体系。与此同时，让当事人充分地参与刑事诉讼，是现代刑事司法的一种趋势。”[③]在刑事诉讼中落实人权保障理念的措施之一，就是能够保障被告人在诉讼程序中能够处于平等的地位参与到诉讼中来。在一般意义上的刑事诉讼程序过程中，由于司法机关占据了主导地位，导致其在整体的审判程序中产生了一种“绝对的把控”，这种“绝对的把控”对被告人形成了隐形的压迫，由其主导的刑事诉讼程序有可能为了单方面的利益而牺牲被告人的权利。在认罪认罚从宽制度适用中，担心出现隐形的压迫，司法机关存在单方面为了刑事审判效率的提升而罔顾被告人的人权，这种担心也有一定的道理。的确，司法效率的提升可以极大地改善被告人的程序对自身消耗的感觉，这也是人权保障的一个方面，但是，如果由司法机关单方面主导认罪认罚从宽程序，则存在着侵犯人权的巨大隐患，如被告人的权利被限缩为消极的否定或者肯定的表态等。因此，秉持人权保障理念，缩小认罪认罚从宽制度中可能出现的程序主体间不平等的鸿沟，是有必要的。

人权保障的理念要求对适用认罪认罚从宽制度的被告人进行自愿性审查。“任何刑事诉讼模式在进行程序设置和制度建构时都应当以人为目的，尊重诉讼当事人的人格尊严和主体地位，充分保障当事人的主体性，以自由意志发布的命令为导引不断强化自我选择和自我决定的能力，在持续的选择中不断地进行自我完善。”[④]

认罪认罚从宽制度的前提和核心要件是“认罪”与“认罚”，虽然该制度的目的是激励被告人对于所犯罪行进行承认，用刑罚的减轻来换取司法效率的提升，核心的“认”是指“被告人对于已经发生的犯罪事实进行无外界意志强迫的

---

① 参见欧丹：《当事人主义诉讼模式的权利属性：程序主体权》，《人权研究》2018 年第 2 期。

② ［美］贝思·J. 辛格：《实用主义、权利和民主》，王守昌等译，上海译文出版社 2001 年版，第 74 页。

③ 樊崇义：《认罪认罚从宽协商程序的独立地位与保障机制》，《国家检察官学院学报》2018 年第 1 期。

④ 刘军、潘丙永：《认罪认罚从宽主体性协商的制度构建》，《山东大学学报》2020 年第 2 期。

承认。”[①]但这并不意味着任何被告人都要适用该制度，对于在一开始就明确拒绝适用的被告人，应该尊重其选择。对于自愿性审查的保障，应该构建多位一体的审查制度，除了体现司法的公平公正，同时也是体现人权保障的理念。对于自愿性审查不能仅仅由检察部门或者侦查部门主导，考虑到被告人在刑事诉讼的过程中处于被追诉的对象，在与公权力机关进行对抗时长期以来处于弱势地位，很容易因为司法机关的诱惑或者威胁而作出有损自身合法权利的供述，因此，有必要引入值班律师来缓解可能存在的困境。值班律师作为独立第三方，能够弥补被告人在和法院及检察院进行交涉中所处的弱势地位，有效缓解被告人客体化的困境，使其能自由表达意志、自由阐述案件事实、自由认罪认罚。值班律师的首要职责就是保障被告人的认罪自愿性以及权利减损的合法性。在认罪认罚从宽制度实践这一背景下，提倡值班律师参与到被告人的自愿性审查程序中，恰逢其时。除此以外，在值班律师对于被告人自愿性审查进行帮助时，要谨防值班律师和检察官、法官形成所谓的“司法共同体”。[②] 如果出现这一局面，不仅人权保障的理念难以为继，司法公正的初衷亦会受到影响。

尊重并保障被告人合法的撤回权。即使是在认罪认罚从宽制度中，被告人在业已认罪的前提下，对于某些具体细节或者案件罪名的反驳和疑惑从而进行辩解，或者对于已经认罪的内容进行否认或者行使撤回权，都应视为被告人的基本权利。在日本的刑事诉讼法中，提出了“自我负罪拒绝权”，意指不得强迫任何人作出不利于自己的供述。[③] 切换到认罪认罚从宽制度的视角，即使是行为人出于从宽的目的先前供述了自己罪行，也可以在裁决未形成前提出撤回，当然随之而来的从宽效应也自动消除。综合起来看，保障被告人的撤回权，可以避免对认罪认罚从宽制度的推行过分倾向于功利主义，防止司法机关为了效率的提升而罔顾人权保障，从扩大的角度来看，此处的撤回权实际上正是被告人程序选择权的重要组成部分。“人之所以为人，并不是因为他是一种有肉体和精神的生物，而是因为根据法律规则的观点，人展现了一种自我目的。”[④]赋予被告人以诉讼地位和相应的程序选择权利，可以保障被告人的自主感和尊严

① 卢君、谭中平：《论审判环节被告人认罪认罚“自愿性”审查机制的构建》，《法律适用》2017 年第 5 期。

② 参见吴睿佳：《认罪认罚从宽改革中的值班律师参与及其完善》，《成都理工大学学报(社会科学版)》2019 年第 5 期。

③ 参见[日]谷口安平：《程序正义与诉讼》，王亚新、荣军译，中国政法大学出版社 2002 年版，第 104 页。

④ [德]G. 拉德布鲁赫：《法哲学》，王朴译，法律出版社 2005 年版，第 134 页。

感，调动其参与程序的积极性，从而赋予认罪认罚从宽程序以生命力。[①]

二、被害人的权利不能被忽视

近代以来，人类将如何对待犯罪人被视作社会文明程度的一个标志。被告人或罪犯的权利和需要若不能得到基本满足，则上升为宪法层面的人权问题，于是在整个刑事司法过程中呈现出保护犯罪嫌疑人、被告人的特征。尽管建立刑事司法系统的初衷是为了维护社会秩序、保护被害人的利益，然而在强调满足被追诉人权利和需要的同时，被害人的需要和权利反遭旁落，长达数百年刑事被害人被漠视的状况开始引起了人们的反思，刑事被害人的群体得到关注，刑事被害人学的兴起及相关的研究，逐步形成一种共识：人权既及于犯罪人，也应平等地及于被害人，加之各国兴起的被害人权益保护运动，作为一股雄厚有力的力量，为犯罪被害人的保护营造了颇为有利的政治气氛。反映到刑事法领域，自20世纪60年代起到80年代中期，被害人在许多国家刑事法律中的地位日益受到重视，"恢复被害人权利"的活动迅速得到发展。各国纷纷颁布法律，采取不同的方式实践对被害人权利的保护和救济。近年来，我国刑事和解制度的建立和有的地方开展的刑事被害人国家补偿工作，表明刑事法理念的人本主义特点得到张扬，也预示着被害人的权利和地位得到实质性的加强。

作为犯罪的被害方，受害人的权利应该得到保障，国际社会非常重视这一问题，1985年联合国通过了《犯罪被害人人权宣言》。根据该宣言的规定，犯罪被害人的权利可分为四大类：取得公理和平等待遇的权利；获得赔偿的权利；取得补偿的权利；获得援助的权利。根据联合国《犯罪被害人人权宣言》以及相关的国际文件以及各国关于犯罪被害人权力与救济的法律规定，犯罪被害人的权利可以归纳为被害人知情权、刑事程序上的权利、求得被害恢复的权利以及接受社会支援的权利等。[②] 被害人的权利在实体法和程序法上均有体现。

在刑事诉讼中，加害人常常是社会所痛恨的对象，他们大多被关押，人身自由受相当程度的限制，因此其权利极易受侵害，为此，现代刑事司法构建了罪刑法定、无罪推定、非法证据排除、辩护制度等，以保护犯罪嫌疑人、被告人的合法权利，维护司法公正。然而，犯罪被害方的权利同样需要法律的保护。"被害人作为刑事案件的受害方，由于国家的出现将追诉权让渡给国家，但并不代表国家可以完全理解和代表被害人的利益。我们为了防止国家在刑事诉讼程序中

---

① 参见龙宗智、潘君贵：《我国实行辩诉交易的依据和限度》，《四川大学学报（哲学社会科学版）》2003年第1期。

② 参见田思源：《犯罪被害人的权利与救济》，法律出版社2008年版，第29～35页。

对被告人的恣意妄为而设置了正当程序来保障被告人的利益，同样，也应该为了防止追诉机关对被害人诉求的忽视而设置一定的程序来保障被害人正当权利的实现。使其在国家审判权之下，与国家追诉机关、被告人享有对话权利，实现对国家权力的有效制约，防止国家权利的恣意妄为。”[①]刑事被害人与加害人的权利，是一对矛盾统一体，在刑事诉讼程序中，一方面权利的增加与削减往往直接影响对方的利益。因此，现代刑事司法面临的课题之一就是如何保持刑事被害人之间权利保护的平衡。当代各国对刑事案件的追诉，均以国家追诉即公诉为主，为了应对刑事被害人和加害人权利关系的这一敏感的问题，多数国家是积极地通过构建刑事被害人国家补偿制度和社会救助体系的方式，以加强对被害人的保护，来平衡刑事被害人与加害人权利保护之间的关系。

我国现有的刑事政策，总体上重视对整体的社会秩序的维护，对被害人利益的保护缺乏全局性和系统性。近年来，刑事和解制度的建立、实践中开展的刑事被害人国家补偿，对被害人的权利保护的重视程度大大提高。然而，在刑事和解制度实施六年多的时间里，《刑事诉讼法》又增设了认罪认罚从宽制度，认罪认罚从宽是国家与被告人之间的商谈和解，那么，在刑事和解和认罪认罚从宽制度两项制度并存的情况下，如何实现刑事被害人与加害人权利保护之间的平衡，就是绕不过去的必须协调解决的问题。

三、人权保障理念和宽严相济的刑事政策相吻合

认罪认罚从宽制度的施行，是我国多年以来坚持宽严相济刑事政策的体现，在我国的司法实践中，宽严相济的刑事政策从实体法层面和程序法层面“塑造”和“影响”认罪认罚从宽制度。在实体法层面，刑事政策的发展趋势从注重报应到重视预防进行转换，衍生出宽严相济的刑事政策，影响着认罪认罚从宽制度的运行过程并贯穿始终。在程序法层面，程序分流、程序简化，都是宽严相济刑事政策精神的体现，宽严相济的刑事政策是认罪认罚从宽制度的引导性政策。

转换到人权保障的视角，宽严相济的刑事政策指导着认罪认罚从宽制度的司法适用，同时也和人权保障的理念不谋而合。一方面，宽严相济的刑事政策的精神内核有人权保障理念的指引，具体到制度的施行，认罪认罚从宽制度中的程序分流、程序简化机制表面上是宽严相济整体的具体化，但是其实质是希望依据这一制度在保障司法效率的同时最大限度地保障被告人的尊严，对于罪行并非特别严重的被告人不必施以严苛的刑罚。另一方面，人权保障理念也离

---

① 陈卫东:《中国刑事诉讼权能的变革与发展》，中国人民大学出版社 2018 年版，第 475 页。

不开宽严相济政策的推动实施。在最高人民法院2010年发布的《关于贯彻宽严相济刑事政策的若干意见》中提出："宽严相济刑事政策是我国的基本刑事政策，贯穿于刑事立法、刑事司法和刑罚执行的全过程，是惩办与宽大相结合政策在新时期的继承、发展和完善，是司法机关惩罚犯罪，预防犯罪，保护人民，保障人权，正确实施国家法律的指南。"可见，宽严相济的刑事政策，要做到惩罚犯罪和保障人权并重。由此可以看出人权保障理念深深隐藏在宽严相济的刑事政策中，并且影响认罪认罚从宽制度的司法适用。

四、人权保障理念为教育和矫正的方针提供指引

关于刑罚的根据即国家为什么能够惩罚罪犯和如何惩罚罪犯的问题，古今中外的哲学家、政治学家、法学家给出了各种解说，报应论、一般预防论与个别预防论，从不同的视角给出了不同的解说和论证。现代刑事政策的奠基人，德国刑法学家弗兰茨·冯·李斯特基于他对犯罪的认识，即任何一个具体犯罪的产生均由两个方面的因素共同作用，一个是犯罪人的个人因素，另一个是犯罪人的外界的、社会的尤其是经济的因素。提出了新的特殊预防理论和刑事政策要求的体系。李斯特的刑事政策的的基本思想，在其1882年著名的马堡计划"刑法的目的思想"中得到集中的反映。他的构想是"与无教育效果的、对被判刑人有不利影响的短期自由刑作必要的斗争，并致力于改善刑罚执行"[①]。新社会防卫论代表人物法国刑法学家安赛尔主张，对犯罪者，不能简单地处罚了事，更应当考虑他的未来，使他作为一名合格的社会成员复归社会。[②] 刑罚在本质上是对过去犯罪的谴责，但惩罚不是刑罚正当化的唯一的根据，要看到刑罚的社会目的，即通过刑罚惩罚，让犯罪人从中接受教育，养成规范意识，遵纪守法，重新回归社会，做自食其力的公民。我国何秉松教授在他的《人权防卫论》一书中是这样回答刑罚目的这一哲学难题的，刑罚（国家适用刑罚权）的唯一目的是防卫基本人权，"国家统治权以及作为其组成部分的刑罚权只有在'平等地维护所有公民的人权'时才是正义的"[③]，并主张刑法对犯罪的预防，是通过善良人性的复归和完善实现的。"人权防卫论的理念反对把刑罚作为威胁或恫吓他人、预防犯罪的手段。……刑罚对罪犯的惩罚，不是为了威胁或恫吓他人，而是通过以善惩恶，划清善恶的界限，强化人性中的正义感并树立以善胜恶的信心，使

---

① [德]汉斯·梅因里希·耶赛克、托马斯·魏根特：《德国刑法教科书》（上），徐久生译，中国法制出版社2017年版，第104页。

② 参见[法]安塞尔：《新刑法理论》，卢建平译，香港天地图书有限公司1989年版，第30～31页。

③ 何秉松：《人权防卫论——对传统刑罚理论的反思与超越》，群众出版社2012年版，序言第1页。

人们进一步分清善恶，扬善惩恶。在这种情况下，人们不仅不会实施犯罪，而且还会积极支持和参与打击犯罪。预防犯罪，这是善良人性进一步完善的必然结果。”①

对于认罪认罚从宽制度司法适用进行分析，在从宽的量刑选择上，教育和矫正刑理念得以显现。以北京地区的某些检察院量刑建议被否决的案例为研究视角，其中崔某某案中由有期徒刑改为拘役，孙某某案中由有期徒刑改为拘役，并且适用缓刑。② 在这两个案例中，将一般意义上的自由刑惩罚转换成包含教育和矫正的刑罚种类和社区刑罚执行的方式，虽然在刑期上的变更不大，但是适用拘役和缓刑，更能体现对犯罪嫌疑人进行教育，促进其今早回归社会的理念。对于认罪认罚从宽制度，其设立的初衷之一就是通过鼓励被告人进行认罪和认罚行为来换取刑罚的减轻。“法律的功能不是要使正义受挫，而是促进正义，法律既不会要求也不会指望公设辩护人会努力使有罪的人获得无罪释放，同样也不应指望检察官认定无辜的人有罪，他应当确保有罪者得到公正的惩罚，而不是过度惩罚。”③对于适用认罪认罚从宽制度的被告人，其在作出了悔过和补偿的举动之后，倾向于适用教育和矫正刑似乎是认罪认罚从宽制度的应有之义。

还原到教育和矫正刑本身，在以拘役、管制、缓刑为典型的教育和矫正刑中，其精神内核则蕴含着人权保障的“光辉”，拘役刑刑期短，在执行过程中进行劳动还酌情予以报酬，有利于鼓励犯罪人悔过自新，刑期短，也可以减少与其他犯罪人“交叉感染”的概率，而管制刑和缓刑在其相应的期间内，都要进行社区矫正，这本身就是矫正和教育理念的直观体现，并且蕴含着尊重与保障人权的理念。通过认罪认罚从宽制度的实施，让认罪认罚的被告人获得从宽惩罚，等于司法机关兑现之前的“承诺”，在量刑上予以从宽，而被告人也有权享受其应有的尊严和信赖。正如耶塞克所言：“刑法只是社会控制的一种方式，它的适用，必然会导致对当事人的自由、尊严和财产的重大侵犯和由此导致的其他社会不利后果，因此，它必须在最大可能限制的范围内适用。”④有鉴于此，对于刑

① 何秉松：《人权防卫论——对传统刑罚理论的反思与超越》，群众出版社 2012 年版，序言第 4 页。当然，何秉松教授不同意将不犯罪或不再犯罪，作为刑罚的目的，认为“所谓不犯罪或不再犯罪，只不过是回复罪犯人性的善的必然结果，并非刑罚刻意追求的目的。这是刑罚理论对罪犯的立场和态度的根本性改变，具有非常重要的意义”（何秉松：《人权防卫论——对传统刑罚理论的反思与超越》，群众出版社 2012 年版，序言第 4～5 页）。

② 参见（2017）京 0115 刑初 1555 号、（2018）京 0115 刑初 211 号。

③ [美]乔治・费希尔：《辩诉交易的胜利——美国辩诉交易史》，郭志媛译，中国政法大学出版社 2012 年版，第 194 页。

④ 梁根林：《刑事政策：立场与范畴》，法律出版社 2005 年版，第 118 页。

法的适用应该尽可能地保持谦抑性，并且注意减小其对于被告人产生的不利影响，在可能适用较为缓和的刑罚从而减小对被告人正常社会权的干扰的前提下，要尽可能优先适用缓和的刑罚，从而彰显对人权保障理念的坚持。

第二节 认罪认罚从宽中对被追诉人权利的保障

一、认罪环节被追诉人权利的保障

认罪认罚从宽制度的初始程序便是认罪程序。对于认罪的法律意义及可能获得的从宽对待，不仅在传统的刑罚的正当化根据“并合主义”中有理论支撑，在新兴的恢复性司法理念中也得到有力支持。在传统的刑罚正当化根据中获得的理论支撑，主要是来自于预防刑的理论：当被告人认罪以后，其认识到了自己的错误并且悔过自新，其再犯可能性降低，人身危险性也随之降低。在恢复性司法理念中得到的支持在于，恢复性司法要求使被害人与犯罪人积极参与一种旨在让被害人得到修复，犯罪人得到改造的程序，进而处理和修复犯罪行为造成的后果，从而使各方主体的利益都得到了满足和修复。对被害人来说，物质损失得以弥补且对受犯罪行为侵害的心灵创伤亦得以修复，兼顾财产利益和精神利益；对被告人而言，向被害人、社会承认过错并承担责任，在确保社会安全价值的前提下交出不当利益从而恢复过去的平衡；对社会而言，受到破坏的社会关系得到了被害人与被告人的共同修复，从而恢复了社会关系的稳定与平衡。① 这种恢复性司法理念所秉持的“全面平衡”的理念，对认罪认罚从宽制度的适用提供了理论启发。

（一）实体法层面人权保障理念的贯彻

“从逻辑上来讲，实体问题先决定人们想通过刑事诉讼程序对付什么类型的行为，然后决定为处理这类型的行为最好设计什么类型的程序。”②实体法层面的人权保障是认罪程序中人权保障的基础，而认罪则是认罪认罚从宽程序的基础，两者相叠加更体现了在实体法层面凸显人权保障理念的价值。根据《刑法》从实体法层面的规定，认罪的形态包括自首、坦白以及当庭认罪，其内涵主要是指被告人能够“如实供述自己的罪行”，在司法程序中的价值在于体现了被告人实施犯罪行为之后对于该行为的认识和态度，细节的把控，彰显的却是人

① 参见[英]詹姆斯·迪南：《解读被害人与恢复性司法》，刘仁文等译，中国人民公安大学出版社2009年版，第109页。

② [美]哈伯特 ·L.帕克：《刑事制裁的界限》，梁根林等译，法律出版社2008年版，第152页。

权理念的贯彻程度。

1.认定事实应该坚持细节区分和客观陈述

认罪中的认定事实，要求对于自身犯罪的实行行为进行客观的陈述。首先，对于案件事实的描述，从保障犯罪嫌疑人人权的角度出发，对于细节之处的要求应该予以区别对待，在被告人进行犯罪行为时，大概率是处于紧张、激动的环境之下，即使是早有预谋的犯罪，在实际实施的过程中也可能会突发各种情况，此时如果仍旧苛求被告人对案件的情节都进行详细的描述，一方面空置司法资源，与认罪认罚从宽制度所秉持的效率优先原则背道而驰，另一方面也有加重被告人责任的嫌疑，有侵犯被告人合理人权的风险。有鉴于此，对于涉及案件事实关键节点的陈述，仍然应该要求被告人作出详细的陈述并保证无误，否则亦会陷入侵犯受害人合理权利的"怪圈"，而对于并非案件关键性、判断性的细节描述，则应该允许犯罪嫌疑人在陈述中产生错误和纰漏，即将案件的事实陈述限定在"合理的范围"，做到对被告人和被害人人权保护的平衡，在实践中司法机关推行的实施细则里也有力印证了这一观点。[①]

其次，对于案件事实的陈述，应该注意让被告人在陈述时保持客观，并且在适当时候支持值班律师的介入，帮助被告人在认定事实时秉持客观理性的态度，现阶段对于值班律师在认罪认罚从宽制度的整体适用中存在着定位不明的缺陷，在新修改的《刑事诉讼法》中规定值班律师"为犯罪嫌疑人、被告人提供法律咨询、程序选择的建议"。比较而言，值班律师参与到认定事实的过程中，能够为被告人提供法律服务，在一定程度上纠偏控辩之间的不对等状态，这中间即暗合人权保障的理念。

最后，对于被告人认定事实进行客观陈述的保障，除了制度层面的保障和值班律师的外部助力，将人权保障的理念内化于被告人的客观陈述事实过程中，也尤为重要，对于犯罪嫌疑人的人权保障不能仅仅存留于程序和纸面上的说辞，从实际的角度出发，认罪是被告人的一种"同意"，有学者以刑事案卷笔录的证据能力为例，将被告人在刑事诉讼程序中的"同意"界定为"通过放弃责问权而赋予证据能力的行为"。有鉴于此，在行为人在进行"作出"和"理解"这两个事关认定事实的要件时，都应该能够坚持人权保障理念，"同意"的内涵必须有人权保障作为理论基础。在涉及认定事实的具体细节方面，根据陈兴良的行

① 典型的有山东省高级人民法院联合其他部委发布的《关于在济南、青岛地区开展刑事案件认罪认罚从宽制度试点工作的实施细则》(鲁高法〔2017〕61号)，其中第4条规定"犯罪嫌疑人、被告人承认指控的主要犯罪事实，仅对个别细节提出异议，但不影响定罪量刑的，不影响认罪认罚从宽制度的适用"，类似的条款亦出现在南京市法院、天津市法院、广州市法院等颁布施行的实施细则中。

为构造理论，犯罪行为可以解构为“体素”和“心素”，体素的界定集中在客观层面上行为举止性的考察，心素的界定则从主观层面侧重行为的有意性的考察。[①]而无论是体素或心素，都必须在人权保障理念的光环下运行，若脱离了这一范畴，则犯罪行为本身的认定就可能出现偏差。

2. 认定性质的要求不宜过分严苛

在实体法层面上的认罪程序，我们认为，包含了认定事实和认定性质，其中对于认定性质的把握和判断在实践层面则更难予以把握，区别于认定事实可以通过相对为准确的标准进行参照，在涉及认定性质的判断和解读上则显得更为抽象，对于司法机关工作人员的要求也更高。从被告人的人权保障的角度出发，对于认定性质要求不宜过分严苛，尤其是对于性质的辩解不应该影响其认罪本身的成立。这一观点在最高人民法院颁布的司法解释中，也能够找到支持，即最高人民法院《关于被告人对行为性质的辩解是否影响自首成立问题的批复》(法释〔2004〕2 号)中规定的“根据《刑法》第六十七条第一款和最高人民法院《关于处理自首和立功具体应用法律若干问题的解释》第一条的规定，犯罪以后自动投案，如实供述自己的罪行的，是自首。被告人对行为性质的辩解不影响自首的成立”。有学者也持赞成观点，进而将这一批复进行类推延伸“对性质的辩解”当然“适用于自愿认罪情节的认定”[②]。另一方面，有法官在司法实践中的判决书中阐明：“对行为性质不应该影响对于被告人坦白情节的认定，可以从轻处罚，并根据其坦白的阶段、程度及实际意义决定对其从宽的幅度。”[③]实践中也得到了一些司法机关文件的支持，如沈阳市司法机关联合发布的《关于刑事案件认罪认罚从宽制度试点工作的实施意见(试行)》(沈中法〔2017〕52 号)，其中第 1 条规定了“认定如何供述自己的罪行，可以依据自首、坦白的有关规定把握”。

(二)程序法层面的人权保障理念的贯彻

实体法层面贯彻人权保障理念是认罪程序司法适用的理论基石之一，而延展到程序法层面，在实际操作中对人权保障理念的坚持，亦是整个认罪程序高效运行的前提和保障。

---

① 参见陈兴良：《教义刑法学》，中国人民大学出版社 2017 年版，第 97～101 页。

② 李正文：《拒绝签字且辩解不构成犯罪的亦可认定为坦白》，《人民法院报》2018 年 5 月 3 日第 6 版。

③ 参见(2018)津 0116 刑初 80031 号。

1.坚持适当性原则

适当性原则在认罪程序中，是指对于认罪程序选择的手段要适当，不能出现类似于刑讯逼供、诱导翻供等情形，尤其是在适用强制措施对被告人的自由予以剥夺和限制时，应该结合被告人的人身危险性作出恰当选择。应该坚持必要性原则，在具体认罪程序的选择上，应该适用对被告人的人身权利损害最小的方式，在认罪中应该告知被告人可以申请值班律师以提供帮助，告知其认罪的好处并规劝其认罪，并且在量刑时予以充分的体现，以实现程序效率的整体提升。此外应该坚持"人的尊严的不可侵犯性"，在认罪程序中的各个阶段都应该保障被告人的人格尊严，从而使被告人成为认罪程序中的积极主体，增添诉讼活动中的当事人主义色彩，体现认罪认罚从宽制度从"国家独断型"向"协商决定型"的改进思路。①

2.在自愿性审查程序中贯彻人权保障理念

对于认罪的具体程序上贯彻人权保障理念，最为突出的就是在庭审中的自愿性审查程序中坚持人权保障理念，确保认罪程序没有侵害被告人的人权，促使检察机关不能为了认罪程序的顺利推进而强迫被告人认罪。自愿性审查在西方的辩诉交易中较为常见，其更多地被称为"自白任意性原则"，威格莫尔曾说："此处必须强调，'自愿性'一词在法律意义上，是一个试图以概括形式揭示具有多重法律意义要素的简明表述。这些要素包括为现代口供法律所考量并力图最大限度实现的各种各样的或者说一系列的相关价值。"②在这一背景下，自愿性审查制度在我国的认罪认罚从宽程序中被引入，本身就体现了司法改革进程中对于被告人人权保障的重视，具体到条文本身，在新修改的《刑事诉讼法》中将自愿性审查的程序权利交给了审判机关，在庭审中要求审判长审核被告人认罪认罚的真实性，具体包括：告知诉讼权利，充分告知、释明认罪认罚的条件、程序和法律后果，以及合适被告人自愿认罪认罚的真实性。这种程序上的制约，更加保障了自愿性审查程序的顺利推进，从而在实质上保障被告人人权，将被告人所进行的认罪内容进行二次核对，通过溯及至认罪认罚程序的开端来保障被告人的人权，强制要求检察机关在启动认罪程序时要充分尊重被告人的人格意志，而自愿性审查所秉持的"最严格证明原则"③，也能够倒推保障认

① 参见胡云腾：《正确把握认罪认罚从宽保证严格公正高效司法》，《人民法院报》2019年10月24日第5版。

② 转引自施珠妹：《认罪"自愿性"的审查模式及其证明责任承担》，《社会科学动态》2017年第4期。

③ 最严格责任原则体现在认罪认罚从宽案件中，人民法院对自愿性审查的证明须达到"排除一切合理怀疑"的程度，只要有证据证明存在欺诈、胁迫、认识错误、程序违法等侵害自愿性的要素，就可推定为非自愿。

罪程序的自愿性和合法性。

（三）证据采集和运用过程中人权保障理念的贯彻

在认罪程序的适用过程中，强调人权保障的理念，对于认罪程序的推进具有紧迫的现实意义。具体而言，被告人进行的“自愿如实供述自己的行为”需要提供一份完整的口供，且必须包含证明力和证据能力，其对刑事诉讼程序的运行有重要作用，并且直接影响后续的定罪和量刑。证据资源是有限的，所以尽可能地促使被告人自身提供证据，有助于推动认罪程序的进行，此时被告人的口供就显得尤为重要，而被告人口供的制作，则关系到人权保障的相关理念。

首先，这里所提供的口供必须是被告人自愿提供的，是其在了解了认罪认罚从宽的相关政策后自发地作出的举止，绝不能出现刑讯逼供、暴力威胁、疲劳审讯等方式，上述方式得出的口供，不仅不具有证据效力，更和人权保障的理念背道而驰。

其次，证据裁判原则要求在司法证明的过程中坚持“依据证据认定事实的原则”，证据本身的质量必须得到合理且严格的审查，在这一背景下展开的证据采纳和衡量工作要求司法机关从人权保障的角度出发来仔细核查证据，并且防止出现因为合法权益受到损害而对证据的提供产生抵触心理的反向举证行为，保障取证工作的高效有序进行。①

最后，证据法层面认罪工作的展开离不开合理的证据衡量标准的构建，考虑到证明标准的阶段化思路在中国的司法环境中并不可行②，即使是美国的辩诉交易所采用的证明标准也非放之四海而皆准，所以构建相应的衡量标准成了燃眉之急。衡量标准的构建离不开合理的预期和实践的归纳，而这一切都要求以人为本，将人权保障的理念内化于标准之中，才能真正做到保障人权和注重效率并举。在新修的《刑事诉讼法》中，对于具体的衡量标准仍然属于缺位的状态，有学者认为这种付诸阙如的做法体现了国家立法机关在适用认罪认罚从宽案件中有关证明标准选取上的为难③，因而以概括性的词汇来形容具体的衡量标准④。我们赞同证据标准适当降低说的观点，并且坚持应该从人权保障的角

① 参见吕瑶、王永强、陈成：《认罪认罚从宽制度证据问题研究》，《犯罪研究》2017 年第 5 期。

② 证明标准的阶段化思路是结合我国刑事诉讼线性的诉讼模式，侦查、起诉和审判三阶段所承担的任务有所不同，因而对证据的把握也各有所异，故侦查、起诉、审判三阶段应当坚持由低到高的证明标准。

③ 对于证据衡量标准的争议主要分为证明标准降低说和证明标准同等说，证明标准降低说认为由于程序的简化导致其无法支撑较高的证明标准，证明标准同等说认为应该坚持“事实清楚、证据确实充分”的标准。

④ 参见肖沛权：《论认罪认罚案件的证明标准》，《法学杂志》2019 年第 10 期。

度出发来“软化”证据证明过程中双方的对抗性，从保障被告人人权的角度出发，认罪程序的启动就是建立在其改过自新、反躬自省的基础之上的，被告人的认罪模式多为自首、坦白，人身危害性和对抗性显著降低，有鉴于此，对于证明标准应该予以相应的降低，尤其是一些对于案件推动起次要作用的证据可以不作要求①，从而节约司法资源。

二、认罚环节被追诉人权利的保障

认罪认罚从宽的实践中，被告人在有认罪悔罪的举动之后积极接受惩罚，也理应得到充分的人权保障。具体到认罚的内涵，虽然学界对具体的定义尚存争议，但是在其核心的概念上则已经达成共识：认罚的必备要素是同意检察机关的量刑建议，量刑建议背后考量的因素包括积极退赃退赔、赔偿被害人损失等。

对于被告人而言，一方面，认罚的内涵既把握住了重要的方面，即“同意量刑建议”，从而推动程序的下一步进行，提高了司法效率，同时也没有将认罚的范畴无限扩充，如果对于被告人过于苛责其进行认罚的行为，将上述的认罚方面林林总总地都予以涵盖，反而会失去认罪认罚制度的设立宗旨，将人权保障的理念置于“空中楼阁”。另一方面，对于认罚理念的有张有弛形成了阶梯式的幅度，对于被告人而言，“同意量刑建议”成为不可逾越的“红线”，也是认罚的基础，任何被告人都应该清楚地意识到这一点。但是，对于选择性要素，则是被告人自由意愿的体现，被告人提出更多的赔偿和补偿并不必然意味着被告人获得更轻的减刑，但是有助于被告人更好地体现其对“降低自身对社会的风险”的努力。被告人在拥有了“弹性”的选择范围之后，自然能够拥有更多的选择，而这种特殊的“选择权”也理应被人权理念涵盖在内。参考美国的辩诉交易，其动力机制在于控辩双方都面临审判结果不确定的风险，双方都有规避这一风险的愿望，交易结案被双方认为是有利的，但是在中国的司法环境下，认罪认罚从宽并非一种“交易”，在罪名定性等方面都不可以进行“商榷”，其更多的是通过程序上的简化来使被害人、被告人、司法机关三方受益，而这其中被告人的受益，则主要体现在通过认罪和认罚获取的刑罚的从宽，其中从宽则建立在人身危险性降低的基础上，对人身危险性降低的判断则依托于认罪与认罚的行为举止，而阶梯式的认罚理念则更有利于司法机关进行衡量，可以有效地避免概括式的认罚体系对被告人形成的不合理“压迫”。

人权保障理念对于被告人认罚环节的指引的另一个体现是律师角色在认罚过程中的助力。根据新修改的《刑事诉讼法》，其中第 173、174 条明文规定了

---

① 参见汪海燕：《认罪认罚从宽案件证明标准研究》，《比较法研究》2018 年第 5 期。

被告人在认罚的过程中，事关检方的量刑建议部分，要求检方听取犯罪嫌疑人及其辩护律师或者值班律师的意见，犯罪嫌疑人在签署认罪认罚具结书时要求有辩护人或者值班律师在场，这一条文的加入明显地体现了对被告人认罚的自愿性、明知性和真实性的保障，与人权保障的基本理念不谋而合。具体到认罚程序的本身，无论是有关认罚的量刑建议的协商部分加入律师的角色助力，还是最后被告人签署具结书时要求有律师在场，都体现了对被告人基本人权的重视，区别于被告人在整个认罚过程中可能存在的情绪不稳定性，律师能够提供更为专业的量刑建议，提供第三方专业的视角，而这亦会推动案件程序的整体运转。

关于认罪认罚从宽案件中被告人上诉权的保障，我国有学者进行了比较研究："英美法对认罪的被告人就定罪问题的上诉权进行了极其严格的限制，但对其不服量刑的上诉权仍然给予保障；大陆法系的意大利、德国以及我国台湾地区也分别通过立法或者实践对认罪协商案件中的上诉权进行了限制。我国认罪认罚从宽制度的运行条件与域外不同，现阶段不宜对认罪认罚案件的上诉权进行限制。但从发展方向看，对认罪认罚被告人的上诉权进行一定的限制，乃是完善刑事诉讼中认罪认罚从宽制度的内在要求，也符合以审判为中心的刑事诉讼制度改革的趋势和刑事司法规律。"①我们认为，被告人上诉权的保障，也是认罚程序中被告人人权保障的亮点。我国《刑事诉讼法》对于认罚一般要求被告人接受法院最终判处的刑罚，但是对被告人对量刑结果进行上诉则并无限制，这也是人权司法理念结合中国司法环境的实际而作出的应然之举。

三、"从宽"司法适用中被追诉人权利的保障

在整个认罪认罚从宽制度的司法适用过程中，如果说人权保障理念是整个程序运行的价值指引，那么"从宽"则是整个程序中人权保障理念的最终落脚点。被告人的认罪和认罚的举止和表现，其最终导向都是期冀获得从宽的结果，这也是正常人的心理诉求，不宜苛责。实际上，在刑事诉讼程序中发现真实与保障人权永远是刑事诉讼活动中共存的价值目标，刑事诉讼活动要寻求在发现真实和人权保障两者之间的平衡。认罪认罚从宽制度中的"从宽"，包括程序从宽和实体从宽，这两个维度都体现着来践行人权保障理念的行动和效果。

（一）程序从简给被追诉人带来的积极利益

程序从简，主要集中为对追诉人权利的保障，对于被害人而言，被告人适用速裁程序、简易程序还是普通程序并无直接的影响，相较而言其更关心审判的最终结果以及所遭受损失的赔偿，但是对于被告人而言，适用不同的程序对应

---

① 孙长永：《比较法视野下认罪认罚案件被告人的上诉权》，《比较法研究》2019 年第 3 期。

的心理预期和程序适用过程中的心理压力则大为不同。

当然，如前面分析的，程序从简是否为从宽，体现在程序选择权的适用上，当被告人作出了认罪认罚的选择后，从宽的内容之一包括有权在适用的程序上进行选择。具体到程序选择权从宽的实践领域，第一是赋予被告人选择自身适用的程序的权利，“每个人都有按照自己所愿意的方式运用自己的力量保全自己的本性（即保全自己的生命）的自由，这种自由就是用他自己判断和理性认为最合适的手段去做任何事情的自由”①。质言之，对被告人的人权保障在这里就是选择权的保障，即使被告人选择适用普通程序进行审理，司法机关也应该尊重其选择。第二是要求司法机关在被告人选择程序时给予相应的建议，并且应该允许被告人咨询律师以得出合理的选择，不可否认的是简易程序和速裁程序从整体上来看时间被大大缩短，前者应该在20日内审结而后者则应该在10日和15日内审结，在高强度的司法审判环境下对于被告人的身心造成了极大的压力，出于保障人权的角度出发，应该尽可能地规劝被告人选择适用简易程序和速裁程序，但是应该杜绝强迫和诱使被告人进行程序选择的情形。办案期限上体现从宽，其适用的逻辑基础也是对被告人人格尊严的重视，相较于普通程序，如果被告人选择适用简易程序和速裁程序，可以大大地缩短办案时间，从而可以避免被告人陷入无休止的诉讼的烦恼，同时也避免羁押期间不同类型被告人直接的“交叉感染”，除此以外，即使是选择适用普通程序，但是一方面被告人认罪认罚简化了证据找寻和案件事实整理的程序，另一方面被告人选择认罪认罚体现了其反悔的态度，出于保护被告人人格尊严的考虑，尽可能地缩短办案期限，也是尊重被告人合理的权利、鼓励被告人认罪认罚的应然之举。

除了在程序选择权上从宽，还包括在强制措施的适用上体现从宽、在办案期限上体现从宽，从而对案件进行合理分流。程序选择权的背后隐含着被告人的人格尊严的问题。“人的尊严的不可分性以及在法权视域内人与非人之间区分的不可后退性（Unhintergehbarkrit）是同一块奖牌不可分割的两面，人的尊严实际上是区分人与非人之间的直接体现。”②以强制措施的适用为例，在认罪认罚从宽案件中，对认罪认罚态度较好的犯罪嫌疑人，可以适用监视居住、取保候审等措施，给予其更多的人格尊严，同时也可以方便其更好地对被害人的损失进行补偿。从认罪认罚从宽司法改革至今的强制措施的适用情况来看，这方面仍有很大的提升空间。

---

① ［英］霍布斯：《利维坦》，黎思复、蔡廷弼译，商务印书馆2017年版，第97页。

② ［德］瓦尔特·施瓦德勒：《论人的尊严——人格的本源与生命的文化》，贺念译，人民出版社2017年版，第136页。

围绕强制措施的适用，我们对某市的K区司法机关2012～2016年5年适用羁押措施的情况进行了调研和统计，从相关数据的统计分析，可以看出基层案件多以轻刑犯罪居多，重刑案件所占比例较小，但是羁押率却高居不下，非羁押率适用率较低。

1. 非羁押措施适用较少，羁押措施适用普遍

2012～2016年，K区提请逮捕的1125件1537人中，批准逮捕1151人，不捕386人，逮捕率为75%，非羁押措施适用比例约占全部受理案件的25%。从办理案件的实际情况来看，审查逮捕阶段的办案人员构罪即捕的思维方式相对比较固化，对犯罪嫌疑人适用羁押措施的比例较高，适用非羁押措施的人数较少。见表7-1。

表7-1　　2012～2016年审查逮捕案件基本情况数据表

	受理数	批捕数	不捕数
2012	217件/293人	180件/228人	37件/65人
2013	230件/343人	186件/260人	44件/83人
2014	222件/299人	172件/224人	50件/75人
2015	248件/329人	186件/236人	62件/93人
2016	208件/273人	163件/203人	45件70人

非羁押性强制措施的适用率较低，但是适用过程中变更的几率更低。犯罪嫌疑人自逮捕直至判决宣告的整个羁押过程，变更强制措施的可能性非常小，所谓“一捕到底”“一押到底”的现象在刑事诉讼中成为常态。2012～2016年，K区院公诉部门受理的873件1133人捕后案件，只有13人变更强制措施，占案件比率的1%。见表7-2。

表7-2　　2012～2016年捕后变更措施基本情况数据表

	捕后移诉案件	检察机关变更强制措施数(人数)	
		当事人申请	自行变更
2012	177件/218人	2	1
2013	186件/275人	3	2
2014	169件/224人	2	1
2015	185件/218人	1	0
2016	156件/198人	1	0

2. 捕后判轻刑比例较高

2012～2016 年，K 区检察院院批准逮捕刑事案件已经判决的有 969 人，其中被判处有期徒刑 3 年以下(不含 3 年)、拘役、缓刑、单处附加刑的被告人共计 639 人，占捕后已判决全部案件人数的 66%。审查起诉案件中已经判决的案件人数有 2253 人，其中被判处有期徒刑 3 年以下(不含 3 年)、拘役、缓刑、单处附加刑的有 1915 人，约占全部判决案件的 85%。由此可以看出，K 区院办理的羁押案件和非羁押案件中，属于轻刑案件的居多，判处相对较重刑罚的案件较少。见表 7-3。

表 7-3　　2012～2016 年捕后判刑情况表

	逮捕后已判决人数	判 3 年以上刑罚人数及比率	拘役人数及比率	缓刑人数及比率	判有期徒刑 3 年以下徒刑人数及比率
2012	183	62(34%)	5(2%)	55(30%)	60(33%)
2013	220	73(33%)	7(3%)	77(35%)	61(28%)
2014	218	78(36%)	7(3%)	61(28%)	70(32%)
2015	196	71(36%)	8(4%)	31(16%)	86(44%)
2016	152	46(30%)	0	26(17%)	80(53%)

当然，上述统计的年份中，该区尚未实行认罪认罚从宽制度，但可以预期，随着认罪认罚从宽理念的深入和制度的落实，比较轻的刑事案件的审前非羁押强制措施的扩大适用，有很大的空间。这一点可以从 2020 年最高人民检察院的工作报告中看到这样的一种发展趋势。2020 年《最高人民检察院工作报告》中有一组总结数据："对不构成犯罪或证据不足的决定不批捕 191290 人、不起诉 41409 人，较 5 年前分别上升 62.8%和 74.6%。对侦查、审判中不需要继续羁押的，建议取保候审 75457 人，较 5 年前上升 279%。"尽管"建议取保候审的人数，较 5 年前上升了 279%"这个数字，不仅仅是认罪认罚案件，但是跟认罪认罚从宽司法改革和制度实施，相信有很大程度的关联性。认罪认罚从宽，程序推进的表现之一，便是非羁押措施适用数量的增多。

(二)实体从宽给被追诉人带来的利益

对于被告人而言，实体结果上的从宽即刑罚裁量上的从宽等，不仅是其认罪认罚的合理期待，甚至可以夸张为其认罪认罚一系列举动的精神支柱，我国的实体从宽内涵包括刑罚裁量时的从宽、相对不起诉、附条件不起诉以及特殊情形下经最高人民检察院核准后决定撤销案件和不起诉。这些"从宽"措施会给被追诉人带来尽早回归社会、回归正常生活方方面面的利益。

当然，我国的认罪认罚从宽，并非是基于简单的等价交换，目前，相关规定将认罚限定为"认刑罚"，而将对被害人的赔偿等置于另一阶层考量的因素，可以有效地避免被害人"狮子大开口"而漫天要价情况的出现，换言之，将被害人谅解、损害补偿等因素在从宽结果的考虑要素中权重应该适当减轻，这也是对被告人权利的合法保障。

第三节　认罪认罚从宽中被害人权利的保障

一、犯罪观与被害人权利的保障

赋予刑事被害人以权利，要了解被害人的需求。犯罪心理学表明，被害人有三大需求：一是被告人获得公正的量刑；二是赔偿的欲望；三是得到尊重。①日本学者棚濑孝雄将被害人的损害救济分为三种，分别是现金救济方法、物的损害恢复以及通过程序参与的恢复精神性损害。② 从我国刑事诉讼的经验和实际情况来看，在刑事诉讼中，被害人的诉讼关注点主要包括以下几个方面：一是对被告人的定罪量刑问题；二是民事赔偿问题；三是知情、程序参与和表达自己的诉求。被害人这几个方面的诉求，通过近年来刑事和解制度的适用，收到了良好的效果。然而，认罪认罚从宽的制度和实践，如果控制在犯罪嫌疑人、被告人与司法机关双方之间，根据犯罪嫌疑人、被告人审查起诉和庭审环节的认罪认罚的表现，裁量从宽并快速结案，那么被害人就有被旁落边缘化的危险。认罪认罚从宽司法改革，各地都在制度的运行的探索之中，清醒地认识到在认罪认罚从宽程序运作中要关注被害人的诉求，保护被害人的权益，是均衡保障人权的要求。换言之，刑事诉讼活动，既要保障犯罪嫌疑人、被告人的合法权益，也不能忽略被害方的诉求的合法权益的维护。这个已经从历史经验教训中总结出来并已取得共识的理念，同样应该在认罪认罚从宽司法改革制度的构建和实践中得以贯彻。正如陈瑞华教授所说："根据我国刑事司法的基本经验，仅仅重视被告人的自愿认罪和宽大处理，而无视被害人的诉讼请求和实体权益，这

---

① 参见刘东红：《刑事诉讼中被害人权利保护研究——以认罪认罚从宽制度为视角》，《中国人权评论》2018 年第 1 期。

② 参见[日]棚濑孝雄：《纠纷的解决与审判制度》，王亚新译，中国政法大学出版社 2004 年版，第 80 页。

是根本行不通的。"[①]

认罪认罚从宽案件中被害人权利的保护，重要的是让其参与到程序运行中来，被害人参与刑事诉讼的运行，涉及诉讼地位、知情、意见表达与采纳等多方面。近年来，我国刑事和解和实践，对于实现对被害人利益和诉求的关怀，保护被害人的权益，取得了现实的效果。但认罪认罚不同于刑事和解，认罪认罚从宽是建立在国家和被告人的和解基础之上的，刑事和解是建立在犯罪人与被害人和解基础之上的，二者背后的"犯罪观"和"刑罚观"有着明显的不同，允许加害方与被害人之间进行刑事和解，就不仅是将犯罪看作是对整个国家和社会秩序的侵犯，也同时是对被害个体权益的侵犯。

犯罪观，代表着人类对犯罪的认知和看法，犯罪观的演变直接决定对犯罪现象的解决机制的演变。在原始社会，今天意义上的犯罪被看作是部落、氏族之间的矛盾和冲突，于是就由当事人的全体即氏族或者部落来解决，或者由各个氏族相互解决，当氏族或者部落无法解决时，就诉诸暴力复仇方式来解决，复仇方式主要有血亲复仇和血族复仇两种。随着社会生产力的发展和交换的频繁，氏族的纽带逐渐松弛，某一成员受到的侵害不再被视为是对其他成员或者氏族的侵害，复仇仅仅被视为被害人自己及其亲属的责任。血亲复仇被"以命偿命、以牙还牙"的同态复仇所代替。在生产力进一步发展，特别是货币出现后，同态复仇又被赎罪所代替。在这一社会形态下，血亲复仇和血族复仇以及后来代替这两种方式的同态复仇和赎罪，都是由被害者、被害者的近亲属直接实施或由被害者所属氏族实施的。此时，被害人扮演着惩罚者的角色，依靠私力救济来作为对抗和遏制侵害行为的必要手段，加害人的命运与被害人的意愿密切相关，赔偿在此阶段是一种主要的刑罚。此种情形一直延续到奴隶社会初期国家与法律产生之后。

被害人掌握犯罪人的生杀予夺大权的历史现实是由当时的犯罪观所决定的，即今天我们所讲的侵犯个人法益的犯罪如杀人、盗窃个人财物等行为在人类步入文明社会之初并不被认为是犯罪行为，而是作为侵权行为处理。这一历史时期的犯罪观及解决机制，反映了当时国家概念的空缺和薄弱。侵害个人法益的行为具体在什么时候不再被认为是不法行为，而是由国家来行使惩罚权的犯罪行为，至今没有一个明确的答案。但通常认为，随着封建制的发展，阶级的进一步分化和对立，统治阶级为了有效地镇压被统治阶级的反抗，巩固自己的统治，完全取决于被害人个人意志的原告控告式程式已经不适应统治阶级统治

---

① 陈瑞华：《"认罪认罚从宽"改革的理论反思——基于刑事速裁程序运行经验的考察》，《当代法学》2016年第4期。

的需要，于是国家逐渐垄断对犯罪的刑事实体处分权。程序上，对犯罪尤其是侵害国家利益的犯罪是否起诉，已经不完全取决于被害人的意志，国家开始主动追究犯罪。当然，其间仍有过渡，即并非完全排除被害人作为犯罪起诉者的诉讼地位，大多数侵犯公民人身和权益的犯罪依然由被害人起诉。随着社会的发展和国家权力的发达，刑罚权成为国家主权的一部分，犯罪被认为是侵害了国家和社会利益的行为，被害人不再行使刑罚执行权，特别是到了近代，国家公诉制度与专设公诉人制度建立以后，被害人对重大犯罪的起诉权也丧失了。对侵害个人利益的犯罪自此由私力救济阶段进入公力救济阶段。① E. A. 霍贝尔教授深刻、精辟地评价了社会冲突解决方式由私力救济向国家作为第三者介入这一转变的过程和意义。他指出："在原始法的发展过程中，真正重大的转变，并不是在人与人之间的关系中实体法上的从身份到契约——尽管它是欧洲法在其后来发展过程中的一个显著特征——而是在程序法上所发生的重心的中大转移，维护法律规范的责任和权利，从个人及其亲属团体的手中，转由作为一个社会整体的政治机构的代表所掌管。"②历史发展和选择的结果是国家介入刑事纠纷的解决并成为其中的主导力量，自此，刑事法律关系变成了国家和犯罪嫌疑人、被告人之间的关系。犯罪被害人进入"衰退时代"。在刑事诉讼中，犯罪人和国家成了诉讼的被告和原告，被害人不再是诉讼的直接当事人。

当然，人类的不全面的认知和选择会不断地被自我修正。被害人权利长期被漠视的现象引起了人们的反思，第二次世界大战600万犹太人惨遭杀害，"国家社会主义者的暴力犯罪给数百万刑事被害人造成了无法计算的深重灾难，导致了犯罪学理论中许多观点的转变"③。其中包括对起诉、惩罚犯罪由国家完全垄断、国家的秩序利益高于被害人的赔偿或利益等无视被害人所遭受的痛苦、将被害人置于被忽视、被遗忘的角落的现状的反思。二战后，许多国家政治动荡，社会治安恶化，人人深藏着成为"潜在被害人"的危机意识，大多数人担心遭受犯罪侵害远远甚于担心遭受不公正逮捕和监禁。为了避免因犯罪被害而利益受损，人们一方面要求加强社会治安，保护自身安全；另一方面要求加强犯罪被害人保护立法，具体实施犯罪被害人保护制度，并组织被害人保护团体，对犯罪被害人提供各种服务，从而切实推动了被害人权利保护运动的发展。④ 加之，

① 参见左卫民、周长军：《刑事诉讼的理念》，北京大学出版社2014年版，第3～13页；狄小华：《从"私力救济"到"公力救济"——刑事诉讼中的权力与权利关系分析》，《江苏社会科学》2004年第2期。

② [美]E. A. 霍贝尔：《初民的法律》，周勇译，中国社会科学出版社1993年版，第369页。

③ [德]汉斯·约阿希姆·施奈德：《国际范围内的被害人》，许章润等译，中国人民公安大学出版社1992年版，第1页。

④ 参见刘东根：《刑事损害赔偿研究》，中国法制出版社2005年版，第80页。

各国被害人权益保护运动的开展，形成一股雄厚有力的压迫力量，为犯罪被害人的保护营造了颇为有利的政治气氛。反映到刑事法领域，自20世纪60年代起到80年代中期，被害人在许多国家刑事法律中的地位日益受到重视，被称为“恢复被害人权利”的活动迅速得到发展。国际社会非常重视这一问题，1973～1994年，共召开了八届国际被害人学研讨会，并在第三届会议上成立了世界被害人学学会，极大地推动了被害人学的发展和被害人的权利保护。可以说，以国家和犯罪人为中心、刑事司法就是对罪犯的公正的传统司法自20世纪60年代起发生了变化。被害人在刑事司法中的地位在经历长期的被漠视的时期之后，又重新受到了重视，刑事司法不再只是对犯罪人的公正，而是兼顾犯罪被害人的权益，让被害人在公正司法中也有发出正义呼声的机会，保护犯罪被害人，已经成为当今国际趋势之主流。最明显的有两种制度和实践的推进：一是刑事被害人的国家救济补偿；二是允许并引导加害人与被害人的刑事和解，并将刑事和解结果纳入司法裁决认可的范畴。我国开展了对刑事被害人的国家补偿实践，尽管制度尚未构建，但刑事和解被写入我国的《刑事诉讼法》，成为我国的一项正式的制度和程序。

人类的犯罪观直接影响刑事政策的变迁，从而影响刑事司法制度和实践的演变、理念和制度的调整，包括宏观和微观的调整。认罪认罚从宽司法改革，与犯罪观存在不可分割的关系，对犯罪的认识和对犯罪现象刑事政策的调整和取向，是驱动和引领认罪认罚从宽制度构建和运行的深层次理念与政策。我国的认罪认罚从宽制度尽管是“控辩协商”制度，但是在该制度具备自身独立性的前提下，与其他制度之间有着不同程度的关联，这是由刑事司法中存在着的多元的利益主体决定的，刑事诉讼中会涉及犯罪人、被害人、国家的利益，多元利益应均衡保护，不能顾此失彼。既要保护被告人和国家的利益，也要保护好被害人的利益。被害人的利益在进入刑事诉讼之前，就已经受到损害，如果不注意保护，可能导致其权利再次受到侵害。

二、认罪认罚从宽中被害人权利保障的内容

（一）刑事被害人权利保障的内容

根据我国法律及相关文件涉及的被害人权利的规定，刑事被害人的权利包括：

1. 提起民事赔偿的权利

《刑事诉讼法》第101条规定，因被告人的犯罪行为而遭受物质损失的，被害人有权在刑事诉讼过程中提起附带民事诉讼。这一规定为被害人对其物质损失提起诉讼提供了法律依据，同时提高了诉讼效率，避免了司法资源的浪费。

对于被害人提起的附带民事诉讼，若在诉讼过程中被害人与被告人达成和解，则可以适用刑事和解制度。[①]

2. 监督立案等司法活动的权利

《刑事诉讼法》对被害人在立案、侦查和审判等司法过程中的监督权利进行了规定。《刑事诉讼法》第113条规定了被害人具有监督立案的权利，对于公安机关应当立案侦查而未立案的案件可以向人民检察院提出申诉，人民检察院应对公安机关不予立案的理由进行审查并作出是否应该立案的通知。同时，该法第117条规定了当事人在侦查阶段对于司法机关及其工作人员的不当行为监督的权利："当事人和辩护人、诉讼代理人、利害关系人对于司法机关及其工作人员有下列行为之一的，有权向该机关申诉或者控告：(一)采取强制措施法定期限届满，不予以释放、解除或者变更的；(二)应当退还取保候审保证金不退还的；(三)对与案件无关的财物采取查封、扣押、冻结措施的；(四)应当解除查封、扣押、冻结不解除的；(五)贪污、挪用、私分、调换、违反规定使用查封、扣押、冻结的财物的。"根据这条规定，当事人和辩护人、诉讼代理人、利害关系人对司法机关及其工作人员的五种行为可以进行申诉或控告。当然，这几种行为主要是对犯罪嫌疑人、被告人人身及财产采取强制措施的不当行为，并不涉及被害人的有关权利，因而对被害人的相关保护存在欠缺。另外，《刑事诉讼法》第252条规定，当事人及其法定代理人和近亲属，对于已经发生效力的判决和裁定，可以向人民法院或者人民检察院提出申诉，行使审判监督的权利。

3. 陈述、发问的权利

《刑事诉讼法》第191条规定，在公诉人宣读起诉书后，被害人可以就起诉书指控的犯罪进行陈述，另外经过审判长许可后，被害人可以向被告人发问，与此同时，被害人陈述也是《刑事诉讼法》明确规定的可以用于证明案件事实的证据种类之一。因此，使被害人具有当事人和证人双重诉讼参与人的性质，导致存在被害人诉讼角色分配紧张的问题。[②] 这一矛盾不利于被害人陈述、发问权利的有效行使，有待于进一步完善。

4. 自主决定是否进行刑事和解的权利

2012年《刑事诉讼法》增加了"当事人和解的公诉案件诉讼程序"。这一特别程序明确规定："犯罪嫌疑人、被告人真诚悔罪，通过向被害人赔偿损失、赔礼道歉等方式获得被害人谅解，被害人自愿和解的，双方当事人可以和解。"对于

---

① 被害人还享有申请回避权、自诉权等其他权利，因与讨论主题关系较小，在此不赘述。

② 参见赵珊珊：《被害人陈述法庭质证程序反思——以完善对质制度为视角的分析》，《中国政法大学学报》2017年第4期。

双方达成和解协议的案件，公安机关可以向人民检察院提出从宽处罚的建议，人民检察院可以向人民法院提出从宽处罚的建议。

犯罪嫌疑人、被告人获得被害人谅解，是适用刑事和解程序的必要条件，在此基础上特定案件的被追诉人可以获得从宽处理。被害人对于是否和解拥有完全的自主权，可以根据犯罪嫌疑人、被告人对被害人物质和精神方面的赔偿情况决定是否对其予以谅解。

5. 提出量刑意见的权利和参与辩论的权利

2010《规范量刑程序意见》第 4 条规定："在诉讼过程中，当事人和辩护人、诉讼代理人可以提出量刑意见，并说明理由。"另外，该《意见》在第 14 条明确规定，在公诉人、自诉人及其代理人发表量刑建议或意见后，被害人（或者附带民事诉讼原告人）及其诉讼代理人可以发表量刑建议。上述规定从程序上赋予被害人具有提出量刑意见、参与量刑的权利，为被害人参与量刑辩论、提出量刑建议提供了依据。《刑事诉讼法》第 198 条规定："法庭审理过程中，对与定罪、量刑有关的事实、证据都应当进行调查、辩论。经审判长许可，公诉人、当事人和辩护人、诉讼代理人可以对证据和案件情况发表意见并且可以互相辩论。"依据上述规定，作为诉讼当事人的被害人可以通过提出量刑意见的方式参与量刑程序，由量刑参与者转变为量刑意见提出者。在参与量刑的过程中，被害人不仅可以发表意见，还可以与其他当事人或者诉讼参与人互相辩论。

（二）认罪认罚从宽制度中强化被害人权利保障的建议

1. 合理正视被害人的地位

"法律是弱者的一项发明，旨在剥夺优秀者对其优势的合理运用，处罚错误比受错误折磨更好。"[①]在刑事诉讼程序中，被害人相对处于弱势的地位，理应受到法律的保护，以保障社会公正，在认罚程序中重视对被害人人权的保障，要合理正视被害人的地位，并且予以其在认罚程序中申诉自身意见的渠道，在申诉自身意见的渠道构建中，有学者提出认罪认罚从宽制度中对当事人的诉讼权利只能提供有限的保护，如果保护的程度和普通程序类似则损害了诉讼效率。[②]本书对这一观点持肯定态度，但是此处的"有限的保护"，则是应该建立在人权保障和效率优先的综合基础之上的，充分尊重被害人所处的弱势地位，而检察机关则应该从中予以帮助，而不是处在"横亘在被告人与被害人之间，近乎公式

① [英]约翰·阿克顿：《自由史论》，胡传胜等译，译林出版社 2018 年版，第 23 页。

② 参见何静：《认罪认罚从宽制度实施中被害人的权利保护——基于价值权衡视域的解读》，《南昌大学学报（人文社会科学版）》2018 年第 1 期。

化的诉讼程序、疾恶如仇的检察官、铁面无私的法官以及咄咄逼人的律师，使得被害人对于案件的处理没有任何置喙之地”[①]的境地。

实际上，在认罪认罚从宽制度中，被害人一直处于矛盾的地位，不同于刑事和解制度，一方面，在程序上听取被害人的意见成为程序适用的必经之路，“办理认罪认罚案件，应当听取被害人及其代理人的意见”，以及“是否与被害人达成和解协议或者赔偿被害人损失，取得被害人谅解作为量刑的重要考虑因素”[②]；另一方面，“在认罪认罚从宽制度中，公安司法机关从宽处理的决定不受被害人意见的约束”[③]。因而在认罪认罚从宽案件中，被害人的地位既被重视又被大大限制。有鉴于此，在认罚程序中对被害人人权的保障，首先就是要正视被害人的地位，与其将被害人排除出整个认罪认罚程序之外，或者只给予其被限制的地位只会加剧某些情况下被害人的不满，激化被害人与被告人的矛盾，甚至有将矛盾风险转化到司法机关的风险，莫不如构建“被害人—加害人—司法机关”三方商谈机制，将其纳入到认罚制度之中，对被害人的意见进行收集。至于可能担心对于被害人加入会影响案件办理的效率问题，缺乏实践依据。实际上，让被害人加入到认罪认罚从宽程序中来，不仅不会破坏认罚程序的稳定性，反而会加快认罚程序的整体效率。

2.设立被害人意见听取及附卷制度

在厘清了被害人在认罚程序中的地位之后，检察机关应该规范被害人意见提出的保障工作，对于被害人意见的提出，要进行收录和整理，并且作为认罪认罚从宽适用的相关资料进行呈送，做到对被害人意见的重视。如学者所言，对于被害人在程序中所发表的自身意见的重视，不仅不会降低司法工作效率，相反，会降低被害人因为自身合理权利被漠视而产生敌对情绪的可能性，防止被害人采取缠诉、上访等极端做法，防止增加人为的诉讼不和谐因素。[④] 我国2010《规范量刑程序意见》第4条，对被害人参与量刑作出了规定，然而无论是在此前的刑事诉讼制度中，还是在认罪认罚从宽制度中，对于被害人如何行使量刑意见权以及司法机关对于被害人量刑意见的具体效果的认定问题，均未明确。根据《刑事诉讼法》第176条第2款、第173条第2款和第201条的规定，认罪认罚从宽制度中有关提出量刑建议的法律流程是：犯罪嫌疑人认罪认罚后，检察机关在听取各方当事人与认罪认罚从宽有关事项的意见后，向人民法院提

---

① 吴丹红：《实现正义的另一种进程——恢复性司法初探》，《诉讼法论丛》2004年第1卷。

② 《全国人民代表大会常务委员会关于授权最高人民法院、最高人民检察院在部分地区开展刑事案件认罪认罚从宽制度试点工作的决定》第7条。

③ 陈光中、马康：《认罪认罚从宽制度若干重要问题探讨》，《法学》2016年第8期。

④ 参见陈卫东：《认罪认罚从宽制度试点中的几个问题》，《国家检察官学院学报》2017年第1期。

出具体的量刑建议,人民法院在案件审理的过程中需要结合案件的整体情况进行判决,除了人民法院或被告人认为量刑建议确有不当,可以向检察机关提出异议,对量刑建议进行修改等特殊情况,人民法院一般情况下应当采纳检察机关的量刑建议。由此可见,在现行的认罪认罚从宽制度的量刑体系中,被害人所起的作用是向人民检察院提出有关定罪量刑事项的意见,不享有独立提出量刑意见的权利,也不具有对人民检察院量刑建议提出异议的权利,在量刑过程中处于次要地位。实践中,检察机关量刑建议的主要内容包括对被告人罪名的认定,与从重或从宽处罚有关的量刑情节及应判处的刑罚等。这样运行的结果,长期以往可能导致被害人在认罪认罚从宽制度的量刑实践过程中"失声",致使其不能以向检察机关发表意见的方式,切实维护自身的合法权益。

当然,基于当代的犯罪观,犯罪毕竟不同于民事侵权行为,犯罪既侵犯具体被害人的法益,也是对整个社会秩序的危害,在以公诉为主导的诉讼启动和求刑制度背景下,对于被害人的量刑建议应该予以相应的限制,要注意其建议和意见的合理性,注重实质听取而非形式听取,在认罚程序的适用过程中,对于被害人提出的意见,可以建立要求检察机关给出回应的程序,特别是对于不予采纳的原因予以述明。对于提出的意见内容本身,应该予以附卷以方便核查。与被害人意见听取制度的构建相关话题,韩铁教授提出构建"被害人量刑建议权"制度的设想,认为"与量刑意见相比,被害人量刑建议根源于被害人的量刑建议权,其效力具有权利属性保障,具有发挥刚性效力的可行性。在笔者看来,被害人量刑建议是与公诉方量刑建议双轨并行的量刑参与方式,被害人量刑建议权则是介于公诉案件公诉求刑权与自诉案件私诉求刑权之间的辅助求刑权。这是被害人参与量刑其他形式的表述所无法达到的效果。此外,与被告人具有消极防御意味的量刑辩护权不同,量刑建议权是一种主动性的量刑参与权。因此,量刑建议是量刑意见的升华,是量刑参与的保障,是私诉求刑权的刚性表达。……在自诉案件中,被害人量刑建议权从属于被害人诉权(自诉权)中的求刑权,可以在诉讼程序中实现。但在公诉案件中,求刑权乃至被害人的所有诉权在理论上均由公诉方行使,造成这些权利在理论上'被公诉权吸收后形同乌有'"①。对于这一观点,我们持怀疑的态度,至少要持慎重的态度。在认罚程序中被害人人权的保障虽然十分必要,但是在认罪认罚制度刚刚建立的今天,贸然将被害人的意见上升为"被害人量刑建议权",会导致整个认罪认罚从宽制度司法适用的混乱。时至今日,作为基础求刑权的检方的"量刑建议权"如

① 韩铁:《论被害人量刑建议权的实现》,《法学评论》2017年第1期。

何适用尚且需要研究，又引入被害人量刑建议权，只会大大降低认罪认罚从宽的效率，同时等于对认罪认罚从宽程序再施加压力，会使得认罪认罚从宽制度不堪重负。对于被害人的意见，设立意见听取制度是应然之举，允许被害人对检察机关的量刑建议享有知情权，并给予被害方当庭对量刑建议发表意见的机会，法庭在充分听取被害方量刑意见的基础上，形成最终的刑罚裁决。

3. 构建合理的被害人意见采纳标准

在认罚程序中对被害人人权的保障，并非是无限制的保障，实际上在设立了被害人意见听取及附卷制度之后，对于被害人意见的采纳与否也是需要设立一定的衡量标准的，即构建合理的拒绝机制。一方面，“人们至少有理由期望，在做出关系他们的判决之前，法院听取其意见，即他们拥有发言权”[①]，因此被害人应该有建议权的期待；另一方面，实际上“被害人参与认罪认罚从宽协商过程时，其量刑意见以及赔偿要求等，与控辩双方可能‘达成的协议’相距甚远”[②]。对于这样一种看似“不可调和”的矛盾，构建合理的被害人意见采纳标准，可以使被害人意见的拥有合理的采纳及拒绝机制，可以有效地化解这一矛盾。

对于被害人意见采纳标准的构建，一是需要考察意见是否合理，尤其是作为事关认罚背后考虑的因素之一的物质赔偿的数额与支付赔偿的形式、时间等，司法机关应该依据当地的收入水平、犯罪损害后果，加害方的实际赔偿能力、赔偿的努力程度等，进行综合判断；二是对于认罚过程中被害人提出的意见，要允许存在和被告人认罚所同意的结果之间存在一定的偏差，如果被告人认罪态度积极、努力赔偿损失，主动争取被害人的谅解，最终采纳的意见可以与被害人提出的原始意见不完全相同，进行一定的调整；三是也是很重要的一点，就是对于被害人意见的拒绝，应该给出合理的解释。沟通是解决纠纷的重要方法，是对当事者的尊重，因此，拒绝被害方的意见，要进行必要的解释和说明。当然，最终的处理决定还是应该由司法机关主导，司法机关对认罪认罚程序起的实质推动作用不可替代，最终量刑建议也罢，刑罚裁量的最终结论也罢，不应该受被害人意见的束缚，但要做好解释和说明工作。质言之，应该尊重被害人的参与和建议，又不能被其左右。

---

① [美]迈克尔·D.贝勒斯：《法律的原则——一个规范的分析》，张文显等译，中国大百科全书出版社1996年版，第35页。

② 王敏远：《认罪认罚从宽制度疑难问题研究》，《中国法学》2017年第1期。

第四节 刑事和解作为认罪认罚从宽“控辩协商”的补充

在认罪认罚从宽制度的适用中，如何打通控辩之间、犯罪人与被害人之间这两组法律关系之间的通道，实现刑法惩罚犯罪、保护人民的立法宗旨，在尊重被控诉人主体地位的同时，关注被害一方的需求和利益，是必须面对和解决的问题。

一、刑事和解作为认罪认罚从宽“控辩协商”补充的必要性

改革是社会发展的动力，改革就是要与时俱进，为不断出现的社会问题提供解决问题的智慧、策略和方法。当然，任何改革，不论是宏观的还是微观的，是整体的还是具体的，是某个领域或者某项制度的改革，都是机遇和风险共存的，需要在改革中不断总结、调整和完善，使改革朝着科学、合理的方向发展。刑事和解作为一项改革实践也不例外。美国多年致力于刑事和解研究的马克·乌姆雷特(Mark S. Umbreit)教授认为，“任何社会改革都意味着面临挑战和潜在的风险。当然改革也同样包含许多创新性的机会”[①]。被害人与加害人原本是对立的双方，由于国家的介入，变成了国家与被告人的对抗，变现为国家对被告人犯罪行为的追诉与惩罚。然而，近年来，人们逐渐认识到刑事诉讼程序不一定都是对抗的程序，也不应以对抗作为最终目的，应该想办法解决纠纷，恢复被损害的社会关系，恢复社会秩序，通过和解和恢复性的司法活动，让被害人的诉求得到伸张，让被告人获得被害人的谅解，以助其早日回归社会。发端于北美，之后被欧洲、亚洲等国家所引入的刑事和解，其彰显的即是重在修复的司法理念，换言之，刑事和解背后的支撑理念是恢复性正义理念。恢复性正义理念及其引领下的恢复性司法，其兴起绝非偶然，其中重要的思考之一就是对被害人利益的关注。西方传统的刑事司法体系是以犯罪人为本位的，犯罪被认为是侵害国家而非侵害个人的行为，犯罪被定义为违反法律，应受处罚的行为，对犯罪行为要进行谴责并让犯罪者感受惩罚带来的痛苦，从而使正义得到伸张。这种理论采犯罪人取向(offender-driven)，将关注的核心定位于犯罪与刑罚的因果关系，其基本实践模式即是解决“违反了什么法律”“谁违反了法律”“违法者应处以何种刑罚”等问题。在这种主张下，被害人被置于一边，“被害人被忽略，被害人处于充当证人的角色，他们的精神感受和物质需求都变得

① Mark S. Umbreit, “The Development and Impact of Victim-Offender Mediation in the United States,” *Mediation Quarterly*. vol. 12, no. 3, Spring 1995, p. 273.

苍白无力，很容易受到侵犯”①。

二战中，数百万的犹太人惨遭德国纳粹杀害的事实引发了社会各界对犯罪被害人的关注，这种关注在20世纪中叶得到了犯罪学家的理论推动。德国犯罪学家汉斯·冯·亨蒂希于1941年发表的《论作案者与受害者之间的相互影响》一文中率先提出被害人在犯罪学研究中的地位，他随后出版了《犯罪人与被害人》一书，由此掀起了国际范围内被害人学研究的浪潮。到了20世纪六七十年代，西方国家的被害人学蓬勃发展，出现了“被害者导向”的刑事政策思潮。伴随对被害人地位的关注度和重视度的提高，不同于传统刑事司法报应性正义的恢复性正义为学者所提出，并得到越来越多的学者和事务工作者的认同，成为刑事和解的核心理论基础。

在美国，霍华德·泽尔(Howard Zehr)被认为是“恢复性正义理论之父”。霍华德·泽尔在他的《转变视角》(*Changing Lenses*)一书中提出创新的观点并运用隐喻的手法提出与传统的报应性正义完全不同的犯罪观和司法正义观。在该书中，霍华德·泽尔提出：我们今天所说的恢复性正义开始于20世纪70年代晚期，因于在一系列侵犯财产案件中，人们提出由犯罪人与被害人分别进行了会面，通过会面他们了解到自己的行为给被害人造成的损失与不便，并通过交付赔偿金的方式了结案件。这种被害人与犯罪人之间的和解程序被视为恢复性司法的起源，刑事和解概念也同时产生。②“恢复性正义是一种向前看的理论，关注未来而不是仅盯着过去才是真正的正义，关注未来即将关注的焦点集中于什么是需要治愈的，什么是需要修复的，从犯罪中吸取什么教训，为了类似事件不再发生我们需要做些什么。”③

恢复性正义理论首先把犯罪看作是侵犯社区中个人利益的行为，在不否认国家在制止和解决犯罪冲突中的作用的同时，恢复性正义提出由遭受犯罪直接影响的被害方、所在社区和加害人有机会直接解决犯罪争议，由加害方承担责任，给予被害方以精神、情感、物质上的帮助，构建平和、安全的社区。恢复性正义所关注的问题是：谁受到了伤害？他们需要什么？是谁的责任？恢复性正义站在人本主义的立场，有些恢复性正义的支持者甚至直接将刑事和解称为“人本主义的和解”(Humanistic mediation)。“人本主义的和解是一种对话模式的

---

① Mary Ellen Reimund, “Mediation in Criminal Justice: A Restorative Appoach”, *46-MAY Advocate* (*Idaho*)22.(2003).

② James Coben, Penelope Harley, “International Conversations about Restorative Justice ,Mediation and the Practice of Law”, *Hamline Journal of Public Law and Policy*, Spring 2004, p.243.

③ James Coben, Penelope Harley, “International Conversations about Restorative Justice ,Mediation and the Practice of Law”, *Hamline Journal of Public Law and Policy*, Spring 2004, p.245.

和解，注重人际关系，奠基于被害利益恢复和平和关系的建立基础上。这种模式强调双方的权利选择和相互的对话与沟通，这与传统的纠纷解决型模式不同……恢复性正义看到的不仅仅是犯罪行为对法律的侵犯，而是注重犯罪对被害者、对民众、对社区的侵犯以及犯罪者、被害者和社区之间的关系。”①在刑事和解中，“那些犯了罪的人能够出于自己人性的特点讲述他们的经历，描述与他们人性特征相关的感受，真诚地承认自己的错误，然后形成修复协议”②。

恢复性正义认为，对正义的评价标准不是有罪必罚，而是被破坏的社会关系是否得到恢复，对伤害，包括对物质和精神伤害的修复要比纯粹的惩罚有价值得多。恢复性正义认为，在报应性正义的结果即刑罚那里，被害人与社会所看到的只是犯罪人的不当利益被剥夺，而实际偿还给被害人与社会的则极为有限。报应性正义指导下的传统刑事司法程序夺走了受害人遭受侵害后寻求修复和补偿的权利，而使得被害人背上了社会、精神和经济损失的额外负担。恢复性正义认为，刑罚是一种抽象的刑事责任，这种责任承担方式并没能真正解决由犯罪所造成的问题，犯罪人受惩罚后，被害人与犯罪人的矛盾并没解决，相反可能加深。恢复性正义认为，报应性正义所实现的是一种“有害的正义”，报应性正义追求的是在被害人、加害人与社会利益同等减损情况下实现的司法平衡，这种平衡仅是量的平衡，是一种残缺的平衡。与这种有限平衡不同，恢复性正义所追求的利益平衡是一种质的平衡，全面的平衡，即：对被害人而言，修复物质的损害、治疗受到创伤的心理，使财产利益和精神利益恢复旧有的平衡；对加害人而言，向被害人、社会承认过错并承担责任，在确保社会安全价值的前提下交出不当利益从而恢复过去的平衡；对社会而言，受到破坏的社会关系得到了被害人与加害人的共同修复，从而恢复了社会关系的稳定与平和。

为了弥补犯罪造成的伤害，恢复性正义理论认为，应当让所有受犯罪影响的人都有机会参与到对犯罪的反应中来，包括被害人、犯罪人和社区。必须充分关心被害人及犯罪社区的实际需要，让犯罪人意识到他的行为给被害人和社区造成了怎样的伤害，并积极承担起修复伤害的责任，通过被害人、犯罪人和社区三方的共同努力重塑一个平和、安全的社区。具体而言：其一，被害人有机会直接参与争议的解决，甚至决定着犯罪人的刑事责任，被害人取得真正当事人的地位。恢复性正义就是要让被害人把自己从受害者的状态下解脱出来，不再

---

① Mary Ellen Reimund, Mediation in Criminal Justice: A Restorative Approach, 46-MAY Advocate (Idaho)22.(2003).

② Mark S. Umbreit, “The Development and Impact of Victim-Offender Mediation in the United States”, *Mediation Quarterly*, vol. 12, no. 3, Spring 1995, p. 263.

心怀怨言，死抱住创伤不放，从而开拓出崭新的人际关系。其二，恢复性正义提倡，通过犯罪人与被害人面对面的交流，使犯罪人切实感受到自己的行为给他人和家庭及自己的家庭所带来的影响，从而产生悔罪情绪，自愿承担起责任。同时，面对面的交流也给了被害人及社区一个了解犯罪人的机会，为犯罪人的最终回归社会创造了有利条件。其三，恢复性正义认为，犯罪伤害直接被害人的同时，也破坏了犯罪社区正常的社会关系，社区成员一般都会因犯罪行为而产生某种程度的不安全感，因而其心理和情绪都需要恢复正常。恢复性正义主张，应当赋予犯罪社区参与犯罪反应的权利，使社区成员通过参与犯罪反应，了解犯罪人犯罪时的心理和动机，明白犯罪人并不是个十恶不赦、不可救药的人，从而理性地去评价犯罪人，也为自己找回安全感，并重新整合社区关系，这样一来，也给犯罪人最终回归社会创造了有利的宽容环境。

从国外刑事和解模式的翻译、引介到大量有关学术论文的发表，在我国仅几年的时间。当然，刑事和解在我国本土的出现和迅速发展，并不单纯是法学家倡导的产物，背后的直接原因是我国刑事附带民事赔偿判决执行率低，赔偿兑现困难，一起刑事案件判决后，有时候非但没有化解矛盾，反而产生了新的不满，于是各地公安机关、检察机关、法院开始尝试进行本土的实践探索。一方面，作为冲突双方的加害人和被害人有达成和解特别是物质赔偿的意愿，这样，由于和解能够使双方减少利益的损失，并获得相应的收益，利益上的契合能够促使他们从对立走向和解；另一方面，刑事司法活动的主导者即公安机关、检察院、法院，有寻找新的办法解决纠纷的动力，即对那些与被害方达成和解，愿意想方设法进行赔偿被害人损失的被告人，放缓对其刑事处理方式和处理结果。“传统的刑事司法模式固然可以保证司法机关成功地追究加害人的刑事责任，实现国家的定罪权和刑罚权，但却造成被告人终生‘犯罪前科’并使其学业、职业前途和个人社会生活受到永久的消极影响，被害人既无法使加害人受到更为严厉的刑事处罚，也无法得到较为理想的经济赔偿。相反，刑事和解程序的适用却给了加害方和被害方选择诉讼结局的机会，使加害方与被害方原本冲突的利益出现契合一致的可能性。”[①]正是有双赢互利的结合点，加上刑事司法活动的主导者的认可，刑事和解得到迅速发展，在经历过实践尝试后，至2013年《刑事诉讼法》将其制度化，刑事和解在我国的推进速度之快，有目共睹。刑事和解给被害人表达需求、实现权利保护提供了制度保障。刑事和解制度实施后，在被害人权利保障方面，取得了良好的效果。

认罪认罚从宽制度被写入《刑事诉讼法》后，我国有了两种“和解”：一种是

---

① 陈瑞华：《刑事诉讼的中国模式》，法律出版社2018年版，第45页。

司法机关作为公权力一方与犯罪嫌疑人、被告人之间的认罪协商"和解";另一种是加害人与被害人之间的"和解"。刑事法律关系是国家和被告人、被告人即加害人与被害人三方之间的关系,刑事法律关系在刑事诉讼程序中再次被分为控辩之间、犯罪人与被害人之间的三方主体组成的伴有主体交叉的双重关系。认罪认罚与刑事和解作为独立存在的两项制度,出现了不和谐、不衔接的矛盾样态,因为刑事和解是加害方与被害人的和解,而在认罪认罚案件中,是司法机关与犯罪嫌疑人、被告人的协商,被害人难以直接参与到认罪认罚案件的协商中来。两种所谓的"协商""和解",背后的理念是不同的,认罪认罚体现的是合作性司法理念,刑事和解体现的是恢复性司法理念,二者各自代表的"犯罪观"和"刑罚观"是不同的,认罪认罚从宽是建立在国家和被告人的"和解"基础之上的,刑事和解是建立在犯罪人与被害人和解基础之上的。尽管学界和实务界尽可能地将二者结合在一起,并试图将两种犯罪观融合在一起,如"胡云腾从国家治理体系和治理能力现代化的角度,将认罪认罚从宽制度的价值蕴含总结为五组关系:两个和解,即被告人和国家的和解、被害人和被告人的和解,体现和谐司法、恢复性司法……"[①]但是,毕竟不像将代表国家的检察官、被告人和被害人叫到一起,进行协商和讨价还价那么简单。"刑事和解"制度和实践是被害人和被告人之间的和解,认罪认罚从宽是国家和被告人之间的和解,这两个和解可否实现融合,如何实现?2017 年 12 月 23 日,最高人民法院、最高人民检察院在《关于在部分地区开展刑事案件认罪认罚从宽制度试点工作情况的中期报告》中指出,试点单位的下一步重点工作就是"正确处理赔偿和解与从宽处罚的关系,坚持具体问题具体分析,避免将赔偿与从宽完全等同起来",看来,最高司法机关早已关注到这一难题。然而 2018 年 10 月修订的《刑事诉讼法》,经历了三次审议,却始终没有正面回应认罪认罚与和解程序衔接适用的难题。[②]

中国刑事诉讼的主体是指公安机关(含国家安全机关)、人民检察院、人民法院以及自诉人、被告人、附带民事诉讼的原告人和被告人,就刑事案件裁判结果最直接的利益相关人来说,主要是犯罪嫌疑人、被告人和受害人一方。认罪认罚从宽直接参与的主体不包括受害人一方,而刑事和解参与者是犯罪嫌疑人、被告人和被害人。两项制度的参与主体存在交叉但并不完全重合,因此,就产生了这两项制度之间的张力,于是就有必要解决二者之间的衔接问题。认罪

① 丁国锋:《刑事诉讼将重大改革——王立科、刘旸、夏道虎、刘华、樊崇义、胡云腾齐聚探讨认罪认罚从宽制度试点》,《法制日报》2019 年 5 月 9 日第 6 版。

② 令人欣慰的是,学界开始关注这一问题,并从理论上探讨刑事和解和认罪认罚从宽制度之间的张力关系。详见张恒:《认罪认罚与刑事和解的衔接适用研究》,《环球法律评论》2019 年第 3 期;李卫红:《对被告人认罪认罚与刑事和解后的从宽处罚研究》,《山东警察学院学报》2018 年第 3 期。

认罚从宽制度，最终是要解决“罚”的问题，刑事和解首先是要看犯罪嫌疑人、被告人能否获得被害人谅解，双方当事人能否达成和解协议。其次是“和解协议”对“罚”是否构成影响的问题。我国《刑事诉讼法》第 290 条规定：“对于达成和解协议的案件，公安机关可以向人民检察院提出从宽处理的建议。人民检察院可以向人民法院提出从宽处罚的建议；对于犯罪情节轻微，不需要判处刑罚的，可以作出不起诉的决定。人民法院可以依法对被告人从宽处罚。”从两项制度最终结果来看，最终是要决定对案件被告人是否“从宽”处理。为此，我们认为，认罪认罚从宽和刑事和解的融合与衔接，要讲究逻辑层次，建议将刑事和解作为认罪认罚从宽“控辩协商”的补充，即将对被害方的赔偿、获得被害人谅解等作为决定“罚”的考量因素，作为奖励从宽量刑的积极因素。同时，不赔偿被害方、未获得被害人谅解，不必然构成适用认罪认罚从宽制度的否定条件或者减分条件；换句话说，被害人是否同意和解，不应成为认罪认罚程序的前置条件，被追诉人只需要如实供述、承认犯罪事实并愿意接受处罚，这是由认罪认罚从宽制度的独立性和适用条件所决定的。

这样的分析和结论的得出，是有依据的。《认罪认罚从宽制度试点办法》第 7 条规定了办理认罪认罚案件要听取被害人及其代理人的意见。第 17 条规定了不适用速裁程序的条件：“具有下列情形之一的，不适用速裁程序审理：……（四）被告人与被害人或者其代理人没有就附带民事赔偿等事项达成调解或者和解协议的……”此外，《认罪认罚从宽制度试点办法》第 11 条规定：“人民检察院向人民法院提起公诉的，应当在起诉书中写明被告人认罪认罚情况，提出量刑建议……量刑建议一般应包括主刑、附加刑，并明确刑罚执行方式。可以提出相对明确的量刑幅度，也可以根据案件具体情况，提出确定刑期的量刑建议。建议判处财产刑的，一般应当提出确定的数额。”2019《认罪认罚从宽指导意见》第 7 条就“认罚”作出了指导性规定：“认罪认罚从宽制度中的‘认罚’，是指犯罪嫌疑人、被告人真诚悔罪，愿意接受处罚。‘认罚’，在侦查阶段表现为表示愿意接受处罚；在审查起诉阶段表现为接受人民检察院拟作出的起诉或不起诉决定，认可人民检察院的量刑建议，签署认罪认罚具结书；在审判阶段表现为当庭确认自愿签署具结书，愿意接受刑罚处罚。”并同时规定：“‘认罚’考察的重点是犯罪嫌疑人、被告人的悔罪态度和悔罪表现，应当结合退赃退赔、赔偿损失、赔礼道歉等因素来考量。犯罪嫌疑人、被告人虽然表示‘认罚’，却暗中串供、干扰证人作证、毁灭、伪造证据或者隐匿、转移财产，有赔偿能力而不赔偿损失，则不能适用认罪认罚从宽制度。”

从上述相关文件的规定中可以看出，“认罚”作为认罪认罚从宽适用的条件之一，主要是看犯罪嫌疑人、被告人的悔罪态度和悔罪表现，最终是看其是否承认“罚”的内容，至于“没有就附带民事赔偿等事项达成调解或者和解协议”，只是阻止适用速裁程序的条件，犯罪嫌疑人、被告人享有程序选择权，不同意适用速裁程序、简易程序的，还可以适用普通程序，因此，加害人和被害人之间和解与否，不构成适用认罪认罚从宽制度和程序的否定条件。

将刑事和解融入认罪认罚从宽制度和实践，作为对“控辩协商”的修正和补充，具体做法是：(1)在有被害人的案件中，尽量促使被告方与被害方达成刑事和解，努力解决被害人的民事赔偿问题，并取得对被告人的谅解之意。(2)允许被害人对检察机关的量刑建议享有知情权，并给予被害方当庭对量刑建议发表意见的机会，法庭在充分听取被害方量刑意见的基础上，形成最终的量刑裁决。“有一项在刑事司法中适用 ADR 的建议，可以作为对当前辩诉交易和审判的常规替代，或者说是对辩诉交易进行修正。这个建议规定必须参加调解会，旨在少数情况下最终采用庭审。”①刑事和解作为认罪认罚从宽“控辩协商”的补充，能够将被害人的诉求同时纳入刑事案件的处理过程，值得尝试。

二、“罚”的内涵和外延的进一步解读

刑事和解作为“控辩协商”的补充，值得进一步讨论的问题之一仍然是“罚”的内涵和外延问题。在本书的第一章，就认罪认罚从宽中的“罚”进行了探讨，这里是想就被告人对被害人的赔偿可否作为刑罚种类之一，进行一下分析和理论上的探讨。国外已有学者开始探讨“赔偿”可否作为刑罚的问题。如罗克辛教授在他的《德国刑法学总论》一书中就有过讨论：“根据本书所代表的方案，赔偿已经不再是一个纯粹的民法问题，因为它在本质上是有利于实现刑罚目的的。它具有重新社会化的功能。它的确强制着行为人，在对自己行为的后果进行深入分析后与被害人达成协议，并且认识被害人的合法权益。行为人能够将它——经常比刑罚还有效——作为必要的和应得的经历，并能够由此增进自己对法律规范的认识。最后，赔偿能够导致行为人和被害人之间的和解，从而使本来应当受刑事惩罚的人重新回归社会的工作，从根本上得以减轻。另外，赔偿对于一体化的预防是非常有用的，因此它对法和平的重建具有意义重大的好处，因为只有在损害得到赔偿之后，被害人和一般公众——经常甚至不取决于惩罚——才会承认由这个行为造成的社会紊乱已经得到消除。”②然而，理论讨论归讨论，付诸实践和制度化，还有商榷的过程，并且各国国情不同，我国有学者认为：“我国的认罪认罚从宽制度虽然包含控辩协商的内容，但它与美国的辩

① [美]彼得·德恩里科：《法的门前》，邓子滨译，北京大学出版社 2012 年版，第 369 页。

② [德]克劳斯·罗克辛：《德国刑法学总论》第 1 卷，王世洲译，法律出版社 2005 年版，第 55 页。

诉交易具有本质区别,总体上没有离开法律的框架。其中的特别从宽制度虽对原法律有所突破,但又以新的法律加以规制,将其纳入法治轨道。因此,在严格依法办案的前提下与犯罪嫌疑人、辩护人或者值班律师协商,是从我国实际出发借鉴辩诉交易的合理因素并使其存利祛弊的关键。……对有被害人的案件,要督促犯罪嫌疑人向被害人赔礼道歉、赔偿损失,以取得被害人的谅解,进而争取达成和解,从而为从宽处理创造更有利的条件。检察机关在提出量刑建议时,要把犯罪嫌疑人向被害人赔礼道歉、赔偿损失以及被害人谅解、和解等情况作为重要情节加以考虑,但不以被害人谅解、和解为从宽处理的必要条件。在与辩方协商的同时,还要听取并充分考虑被害人及其诉讼代理人的意见。”①

关于赔偿可否像保安处分作为刑罚的第二条道路因而成为刑法的第三条道路这一问题,德国学者有一定的思考,但未取得实质性的突破,原因在于惩罚制度中尚没有将赔偿纳入其中,“就像保安处分作为‘第二条道路’代替或者补充刑罚时,由于罪责原则的缘故,保安处分从特殊预防的必要性方面考虑是不恰当或者仅仅具有有限的恰当那样,在将赔偿作为‘第三条道路’来减轻刑罚或代替刑罚时,赔偿与未减轻的刑罚目的相比,却能够使刑罚目的和被害人的需求得到同样的或者更好的实现和满足。当然,目前这些都还是项目多于现实:一种(代替今日二元的)三元的刑法,只有在立法者以完全不同于今天的方式,在惩罚制度中考虑赔偿时,才有可能加以讨论”②。

将赔偿作为刑罚还是传统意义上的民事赔偿,与一个国家的诉讼制度和实践有关,如果采取刑民分立的诉讼制度和程序的国家,那么,其刑事司法的功能就是指控犯罪,维护社会的整体利益。如同美国鲍威尔(Powell)法官所指出的,“刑事司法体系的运营不是为了实现被害人的利益,而主要是为了实现社会整体的利益”③。

判断是刑罚还是民事赔偿,主要应看是为了实现社会整体的利益还是被害人的利益。当赔偿是为了实现社会整体的利益时,就要看赔偿是否也能够实现报应和预防的目的。目前,我国刑事附带的赔偿仍然是民事赔偿的属性,刑事和解中的“赔偿”,有的超出实际损失赔偿的额度,换来刑罚处罚的从宽,带有置换的成分,但是在制度层面未予以确认之前,自然不能认为赔偿就是认罪认罚中的“罚”。

---

① 朱孝清:《检察机关在认罪认罚从宽制度中的地位和作用》,《检察日报》2019 年 5 月 13 日第 3 版。

② [德]克劳斯·罗克辛:《德国刑法学总论》第 1 卷,王世洲译,法律出版社 2005 年版,第 55 页。

③ [日]佐伯仁志:《制裁论》,丁胜明译,北京大学出版社 2018 年版,第 168 页。

当然，有学者对“损害赔偿成为刑罚的可能性”展开了研究，日本的佐伯仁志教授在他的《制裁论》中以相当的篇幅研究这一问题：“在刑事诉讼法中采取职权主义的德国、法国和第二次世界大战前的我国，设置了附带民事诉讼制度，而采取了当事人主义的美国和英国则设置了损害赔偿恢复命令制度，这表明两者之间或许有一定的亲缘关系。关于这一点，虽然还要进一步深入研究，但无论如何，我们恐怕都有必要摆脱严格区别民事和刑事这种教条的局限，研究采取损害赔偿令制度的可能性。”[①]

如果将损害赔偿作为刑罚，接下来的问题是，是否同样受责任主义的限制？是否与自由刑、其他财产刑放在一起，综合接受罪刑均衡原则的制约？同样，不作为刑罚，就不受罪刑均衡原则的制约吗？这些都值得研究。就目前我国的立法和现实来说，认罪认罚从宽中的“罚”，毕竟不能字面解释为包括“赔偿”在内，因为在我国目前的制度设计中，对刑事案件被害人的赔偿，仍然是民事性质的赔偿损失的性质，有的尽管越来越多地有超越民事赔偿额度的“赔偿”，但将其解释为认罪认罚从宽中的“罚”是缺乏法律依据的，除非，“赔偿”变成“刑法上的第二条道路”或者“刑法上的第三条道路”。

---

① ［日］佐伯仁志：《制裁论》，丁胜明译，北京大学出版社 2018 年版，第 178 页。

第八章　未成年人适用认罪认罚从宽制度的可行性与差异化

认罪认罚从宽，自试点、制度构建到推广适用以来，围绕认罪认罚从宽制度立法目的、价值取向、理念支撑等宏观问题以及具体的如“认罪”“认罚”“从宽”等语词的解读和适用，学术会议、著作、论文关注度很高。未成年人犯罪是否适用认罪认罚从宽制度，由于《刑事诉讼法》第223条以及其他关于认罪认罚相关规定中规定，被告人是未成年人的，不适用速裁程序办理，于是关于未成年人犯罪是否适用认罪认罚从宽制度，就引起了一定的争议。《刑事诉讼法》具体条款中出现“未成年人”一词有16处，直接涉及“认罪认罚从宽”的有两处规定：一处是第223条规定的，被告人是未成年人的，不适用速裁程序；另一处是第174条规定的犯罪嫌疑人签署认罪认罚具结书的例外情况，即未成年犯罪嫌疑人的法定代理人、辩护人对未成年人认罪认罚有异议的，不需要签署认罪认罚具结书。

依照《刑事诉讼法》的上述规定，未成年人犯罪，不是不能适用认罪认罚从宽制度，而是不能适用速裁程序。另外，当未成年犯罪嫌疑人的法定代理人、辩护人对未成年人认罪认罚有异议的情况下，不需要签署认罪认罚具结书。由此判断，认罪认罚从宽制度不排除适用于未成年人犯罪案件，只是制度的设计和适用有其特殊性。

第一节　未成年人适用认罪认罚从宽制度的可行性

对于未成年人犯罪适用认罪认罚从宽制度的争议，主要有：一是未成年人的思维是否能够清楚地认知认罪认罚从宽制度的含义；二是未成年人犯罪适用认罪认罚从宽制度是否应该特殊对待；三是适用认罪认罚从宽制度重视对裁判效率的追求，是否会有可能损害未成年犯罪嫌疑人的权益；四是如何处理好认罪认罚从宽制度与其他未成年人审判保护制度之间的衔接关系；五是对未成年犯罪量刑的一贯从轻是否构成对被害人权益的损害。

一、未成年人理解认罪认罚从宽制度的“二律背反”

传统刑事政策和刑法理论，对于未成年人采用较轻刑罚主要有两个方面的考虑：一是出于刑罚目的角度。刑罚的目的是预防犯罪，包括一般预防和特殊预防。从特殊预防的角度来说，惩罚犯罪的未成年人，相较成年人更应该注意教育和矫正，刑罚宜轻不宜重。二是未成年人的心智发展不健全，因而尚不需要对自己犯罪人格形成过程承担全部责任，加之考虑到通常情况下，罪错未成年人易于教育矫正，所以世界各国在对于未成年犯的刑罚上普遍采用了从轻的刑事政策，这已经成为对未成年人实施刑罚的主流趋势①，因此，我国对于未成年人犯罪一向采用“教育、感化、挽救”的方针，并在量刑上予以从轻的趋向②。质言之，对于未成年犯罪采用较轻刑罚，理论依据在于未成年人并不具备认知自己犯罪行为的能力，对于刑罚所具备的威慑力也没有恰当的认知，在这一背景下，对未成年人施行正常程度的刑罚只是突出了刑罚的惩罚效力，而教育和矫正的功效则无从发挥。

对于未成年人犯罪适用轻刑的观点虽然正确，但是其存在的理论基础却同时也构成了对未成年犯罪适用认罪认罚从宽制度的质疑来源，未成年人轻刑和未成年人适用认罪认罚从宽制度在这里形成了“二律背反”。③ 质言之，既然承认未成年人的思维意识不够成熟，对规范性文件内容和其中规定的刑罚理解不全面，那么为何就能认为未成年人能够充分意识认罪认罚从宽制度的含义和内容。认罪认罚从宽制度要求被告人认罪悔罪，包括有自愿如实供述自己罪行、承认自己的犯罪事实、自愿接受刑罚后果等行为表现，这三种行为是循序渐进的，都对行为人的思维意识能力提出了较高的要求，在这一背景下，有学者质疑对未成年人适用认罪认罚从宽，未成年人是否真的能够理解到认罪认罚从宽制

① 即使是在有对未成年人犯罪实施“恶意补足年龄”传统的英美法系国家，该制度也在逐步趋于消亡，而趋向于对未成年人犯罪适用从宽的刑罚。“恶意补足年龄”制度经过萌芽—兴起—衰亡—回归，已经逐步趋于消亡。英国于 1922 年的“毁车盗窃案”中将该制度实际予以取消，并于 1998 年颁布法案彻底取消。参见张颖鸿、李振林：《恶意补足年龄规则本土化适用论》，《中国青年研究》2018 年第 10 期。

② 参见樊崇义：《刑事诉讼法》(第四版)，法律出版社 2016 年版，第 351 页。

③ 二律背反定律由德国哲学家康德提出。(参见[德]康德：《纯粹理性的批判》，邓晓芒译，人民出版社 2017 年版，第 117 页。)这里指未成年人适用轻刑和未成年人适用认罪认罚从宽制度两者的理论基础都是未成年人心智不健全，而承认前者则会导致与后者构成理论上的矛盾。

度，进而延申至对未成年人犯罪适用认罪认罚从宽制度的质疑。①

二、肯定未成年人理解认罪认罚从宽制度的理论依据

如上所述，对于未成年人犯罪适用认罪认罚从宽制度的争议之一是未成年人的思维是否能够清楚地认知认罪认罚从宽制度的含义。对此问题过多的担忧是没有必要的。

刑事责任能力是行为人承担刑事责任的必要要素，各国刑事立法、刑法理论与实务都普遍接受了行为人必须具备责任能力，才能对自己的行为负刑事责任："必须具备责任能力，才可能对产生行为决意的法律意识欠缺进行非难。只有达到一定的年龄，且没有患重度的心理障碍者，才具备法秩序要求其在刑法上的责任这一最低限度的自我决定能力。"②区别于精神病人等犯罪领域不确定的责任主体，未成年人犯罪多集中在盗窃、抢劫、故意伤害等激情犯罪③，相较而言，这些犯罪对于犯罪情节的规划能力和准备程度要求较低，属于冲动型犯罪，这也符合未成年人犯罪对自身行为的意识不足的特征。有鉴于此，可以认为未成年犯罪的原因很大程度上是源于时间紧迫和思考不足导致的思索匮乏，在实施犯罪行为时并非完全是未成年人自身认知能力的不足。在被捕后，其在司法机关的协助下，行为人会处于一种较为冷静的思考环境，并且有充足的时间进行思考，结合我国司法机关对于认罪认罚从宽制度实施工作的重视，且未成年犯罪案件本身在多数情况下并不复杂，司法机关工作人员可以协助未成年人对认罪认罚从宽制度的运行和含义进行理解，在司法资源倾斜于未成年人矫正和保护的帮助下，能够提升未成年人具有理解认罪认罚从宽制度的可能性。

如果仅仅因为认罪认罚从宽制度不容易为未成年人所理解，便将未成年人排除在认罪认罚从宽制度之外，这无疑是和未成年人保护以及认罪认罚从宽制度的设立初衷背道而驰的。虽然《认罪认罚从宽制度试点办法》第2条第2款规定了"未成年犯罪嫌疑人、被告人的法定代理人、辩护人对未成年人认罪认罚有异议的"不适用认罪认罚从宽制度，但这并不代表对于未成年人犯罪不适用

① 参见余丽：《对未成年犯适用认罪认罚从宽制度的必要性和可行性论证》，《预防青少年犯罪研究》2017年第6期。

② [德]汉斯·海因里希·耶赛克、托马斯·魏根特：《德国刑法教科书》，徐久生译，中国法制出版社2017年版，第578～579页。

③ 福建省尤溪县的数据显示，在从2014年到2017年3月的刑事案件数据中，未成年人犯罪共计31件43人，其中盗窃17件、故意伤害5件、抢劫3件，占到总数的81%，由此可见未成年人犯罪类型大多是激情犯罪。参见贾成宝：《审判阶段未成年犯适用认罪认罚从宽制度的司法考量——以潜在风险点的检法协作防控路径为着眼点》，最高人民检察院法律政策研究室编：《第二届全国检察官阅读征文活动获奖文选》，2018年。

认罪认罚从宽制度，而恰恰是对未成年人能够充分认识到认罪认罚从宽制度的含义的肯定，对未成年人合法权益的重视和保护，未成年人对适用认罪认罚从宽制度有异议的前提正是其能够清楚地认知何为认罪认罚从宽制度。

有鉴于此，即使未成年人在犯罪行为中可能存在心智不健全、思维模式欠缺等问题，但是在刨除了外界因素的刺激之后，在给予充足思考时间和司法资源帮助的前提下，应该能够相信未成年犯罪嫌疑人能够对认罪认罚从宽制度有着清晰的认知和考量，其所作出的决策也是真实意愿的表示。

此外，我国无论是《刑法》《刑事诉讼法》，还是《未成年人保护法》，均无一例外地体现了对未成年人的特殊保护，从罪名、刑种、刑期等方面对未成年犯罪人采取宽缓的刑事政策，体现教育改造的目的。如《刑事诉讼法》第 282 条规定："对于未成年人涉嫌刑法分则第四章、第五章、第六章规定的犯罪，可能判处一年有期徒刑以下刑罚，符合起诉条件，但有悔罪表现的，人民检察院可以作出附条件不起诉的决定……"由此可见，犯罪嫌疑人、被告人为未成年人，虽符合起诉条件，但有悔改表现的，检察机关可以对其适用附一定条件的不予起诉制度。刑事诉讼法规定中的"悔罪"具体表现为未成年犯罪人认识到自己犯罪行为的社会危害性，真诚认罪、悔过，自愿接受惩罚，即"认罪认罚"，检察机关在经过考察后作出的附条件不起诉的决定本身就是一种从宽处理，从这个意义上来说，认罪认罚从宽制度是对未成年人附条件不起诉程序的升华。认罪认罚从宽制度与我国处理未成年人案件的特殊程序理念、刑事政策，在价值层面相契合，因此，在客观地承认未成年人对认罪认罚从宽制度有认知能力的前提下，未成年犯罪人适用认罪认罚从宽制度是有其正当根据的。

三、对未成年人适用认罪认罚从宽不会损害被害人权益

对于未成年人适用认罪认罚从宽制度可能构成对被害人权益的损害，进而质疑对未成年犯罪嫌疑人适用认罪认罚从宽制度，此观点值得商榷。

（一）适用认罪认罚从宽本身不构成重复减刑

现阶段对于未成年犯罪嫌疑人量刑从宽的依据是最高院颁发的 2017《关于常见犯罪的量刑指导意见》，其中规定："已满十四周岁不满十六周岁的未成年人犯罪，减少基准刑的 30％～60％，已满十六周岁不满十八周岁的未成年人犯罪，减少基准刑的 10％～50％。"这便是未成年人犯罪降低刑罚的依据。对于适用认罪认罚从宽制度导致的刑罚宽缓的结果，其通常情况下适用的降低刑罚的标准是"3—2—1"阶梯式标准，其差距的划分依据是认罪认罚的时间阶段而非个体差异，即在侦查阶段认罪认罚且如实供述自己的罪行，双方在协商后签写认罪认罚具结书且不反悔，最高的降幅可以达到 30％，在审查起诉阶段则最高

的幅度可达20%,而在案件移送至法院且在开庭前则减少幅度不能超过10%,这便是未成年犯罪嫌疑人适用认罪认罚从宽制度的制度基础。可以看出此处未成年犯罪嫌疑人并未受到"特殊优待",而是和一般主体一样适用认罪认罚从宽制度。[①] 而适用该制度的理论基础也是和一般的犯罪嫌疑人一样,在于未成年犯罪嫌疑人认罪认罚、悔过自新并且能够补偿被害人的损失、提早供述自身罪行、节约司法资源。

对比起来看,对未成年犯罪嫌疑人适用认罪认罚从宽制度和一般量刑上的从轻,并不构成重复"减刑":一是两者的制度基础各不相同且没有相互冲突,都是依据同一位阶的规范性文件选择适用;二是两者的理论基础各不相同,前者是依据认罪认罚的行径和节约司法资源作出的,而后者是依据未成年犯罪嫌疑人犯罪行为本身作出的,因而即便是两种相互独立的从宽事由,都可以对未成年犯罪嫌疑人进行适用。但是值得注意的是,对于此处两种从宽制度的叠加适用,有可能在极端情形下构成"60%+30%"累计90%的叠加减刑幅度,尤其是某些学者提出参照英国《认罪量刑减轻指南》形成"量刑剪刀差"[②],有可能将认罪认罚从宽的"减刑"最高幅度提升至40%,那么由此带来的最高减刑幅度达到"60%+40%",累计100%的减刑幅度构成了对未成年人适用刑罚的实质挑战,解决这一问题的办法,需要回到责任主义的原理上来,先报应刑,后预防刑,实现最终刑罚裁量的合法与合理。

(二)认罪认罚从宽和被害人权益保护不构成二元对立

对未成年犯罪嫌疑人适用多种量刑从宽制度,的确是体现了对未成年犯罪嫌疑人所秉持的教育和救济的态度,但是并不能认为这构成了与被害人权益保护的二元对立。首先,从实际适用效果来看,未成年犯罪嫌疑人的思维和心智都不够成熟,而其犯罪行为造成的社会危害性相较于其他犯罪一般较小,并且有熟人作案的趋势倾向,在这一犯罪背景下,对未成年犯罪嫌疑人适用认罪认罚从宽制度和一般量刑从宽制度,会促进案件的加速解决,防止案件的附随影响发酵对被害人造成二次伤害,帮助被害人心理状态的恢复,不能认为单纯地对未成年犯罪嫌疑人刑罚加重就能使得被害人获得心理上的愉悦,某些情形下犯罪嫌疑人的真诚道歉可能具有更佳的效果。

---

① 参见赵恒:《论量刑从宽——围绕认罪认罚从宽制度的分析》,《中国刑事法杂志》2018年第4期。

② "量刑剪刀差"是指认罪答辩与接受审判的量刑之间必然会存在一定的差距,但是如果这种差距过大,将会给被追诉人的选择自愿性施加不当压力,影响认罪答辩程序适用的正当性,所以应该从减刑的正当性角度入手,合理地限定认罪量刑与非认罪量刑之间的差距,禁止过大的量刑差距,服务于保障被追诉人作出认罪答辩的自愿性,从而实现刑罚目的,防止量刑失衡。(参见高通:《德国刑事协商制度的新发展及其启示》,《环球法律评论》2017年第3期)

其次，对未成年犯罪嫌疑人重叠适用认罪认罚从宽制度和其他从宽制度，并不必然造成被害人权益的损害，对立冲突的观点是建立在对认罪认罚从宽制度错误理解的基础上的。未成年犯罪嫌疑人之所以适用从宽制度是为了体现宽宥和改造作用。其结果的构成可以分为两个部分：第一部分是其认罪认罚对司法资源的节约，并且体现了其认罪悔过的态度，从而构成了相应的“从宽”；第二部分是其悔过、认罪的态度得到了被害人的一定认可，认罪认罚制度本身便会强迫犯罪嫌疑人对自身犯罪行为认罪，这可以视为变相的“道歉”，而且在“罚”上包括了精神和物质补偿，对于被害人的权益是一种更好的维护。

最后，对被害人权益的保障不能建立侵害未成年犯罪嫌疑人的基础上，诉讼程序的公正不仅仅是出于正确解决案件的目的，对被害人的公正也不仅仅局限在解决争端和惩罚犯罪，被害人在诉讼过程中权利的保障自然是诉讼公正所追求的目标，与程序结果产生利害关系的主体享有介入诉讼程序的权利，这是正当程序的价值导向。[①] 有鉴于此，对于被害人权益的保护不能从剥夺未成年犯罪嫌疑人的正当权益入手，而是重视保障被害人在犯罪嫌疑人减刑过程中的合理权利。有学者提出，“将被害人的同意视为认罪协商成立的必要条件，而受害人的同意又要求被害人必须愿意接受犯罪嫌疑人提出的精神和物质补偿为前提”[②]，我们认为这样会造成被害人权利的绝对扩张，必然有损于犯罪嫌疑人的正当权利并且有可能产生报应后果，有损司法公正，而是应该从其对从宽幅度的影响入手进行考量。

（三）认罪认罚从宽重视效率不会损害未成年犯罪嫌疑人的权益

认罪认罚从宽制度目的之一在于提高刑事审判效率，通过让检察机关提前介入认罪认罚程序的方式来有效缩短刑事案件诉讼程序的时限。根据山东省检察机关的试点数据显示，截至 2018 年底，济南、青岛两地适用认罪认罚从宽制度审结案件 11490 件、12280 人，其中办案期限在 20 天内的占到了 86.54%，大大提升了刑事诉讼的效率。[③] 在这一背景下，由效率提升引起的对刑事裁判公平性的质疑，尤其是在涉及未成年人的刑事案件中适用认罪认罚从宽制度，是否会出于提高效率的目的而损害未成年人的权益，我们对此持否定观点。

1. 制度本身的技术保障

认罪认罚从宽制度在设定伊始就努力在公正与效率之间寻求平衡，并且设

---

① 参见[日]谷口安平：《程序正义与诉讼》，王亚新、刘荣军译，中国政法大学出版社 2002 年版，第 11 页。

② 陈国庆：《试论构建中国式的认罪协商制度》，《环球法律评论》2006 年第 5 期。

③ 参见胡云腾：《认罪认罚从宽制度的理解与适用》，人民法院出版社 2018 年版，第 345～349 页。

立了相应的制度保障和技术支撑。从认罪认罚从宽制度的相关文件来看,认罪认罚从宽制度的推行是为了缓解当前司法资源紧缺的局面,但其仍应该遵守程序正义及诉讼效率等多元价值。在程序正义与诉讼效率兼顾的价值理念的推动下,对于认罪认罚从宽制度审判效率的提升重心被放在了配套实施的完善上,通过制定统一简化文书样式、研发信息化办案模块、制定类案化的量刑标准、开发人工智能辅助量刑系统等手段,对于审判效率的提高并不单纯地寄希望于"缩短庭审时间至3～5分钟",办案人员不应该出于对司法政绩的片面追求而强迫犯罪嫌疑人、被告人选择认罪认罚。除此以外,审判结果的公正性通过另一组数据也能得以体现,认罪认罚制度推行以来,试点法院检察机关抗诉率、附带民事诉讼原告人上诉率均不到0.1%,被告人上诉率仅为3.6%,侧面印证了认罪认罚从宽制度的推行本身就做到了在公正和效率之间的平衡。[①]

2.律师值班制度的保障

值班律师制度的介入使得对于未成年人犯罪案件中未成年犯罪嫌疑人的权益保障更加全面,并且结合未成年人心智的实际,其在律师介入的帮助下对于自身行为应该具有认识和判断能力。根据实际调研报告的结果显示,值班律师介入制度主要集中在检察官启动程序、与犯罪嫌疑人核实案情、参与商量量刑建议这三个阶段,个别情况下会追踪到案件的审判阶段。[②] 在上述的三个阶段中,值班律师对于未成年犯罪嫌疑人的权利保障主要来源于三个方面:首先,值班律师在检察官启动程序时介入案件,和检察机关一起就案件卷宗进行审核,发掘其中关系到未成年犯罪嫌疑人权益之处,准备好为未成年犯罪嫌疑人提供法律援助。其次,值班律师会参与到和犯罪嫌疑人核实案情的过程中,在未成年人犯罪案件中,律师主要就未成年犯罪嫌疑人是否实施了被指控的行为、是否受到刑讯逼供、是否受到司法机关诱使认罪等进行询问,在律师的帮助之下,未成年犯罪嫌疑人即使因为心智不成熟在司法机关的诱使下认罪也能够在后续的行为中予以补救,不会因为胁迫、诱骗等原因而虚假认罪。最后,值班律师作为未成年犯罪嫌疑人的代表,在参与量刑建议阶段也会最大限度地保障其利益,在涉及关键的量刑建议的方面上能够真实、准确地表达未成年犯罪嫌疑人的主张,防止其因为心智不健全等原因在对量刑建议未形成充分认识的前提下就贸然应允,造成自身权益损失。

---

① 参见李宁:《周强就开展认罪认罚从宽制度试点工作作报告》,http://www.court.gov.cn/zixun-xiangqing-75122.html,2019年12月5日访问。

② 参见顾永忠、肖沛权:《"完善认罪认罚从宽制度"的亲历观察与思考、建议——基于福清市等地刑事速裁程序中认罪认罚从宽制度的调研》,《法治研究》2017年第1期。

值得注意的是，虽然值班律师制度的介入相较以往有利于保障未成年犯罪嫌疑人的权益，但是仍然在两个方面存在对其权益保护的漏失而亟需改进：一方面，在最后的法庭审判阶段，值班律师的缺失导致在最终审判过程中缺失了律师的保驾护航，在没有律师介入加以保障的前提下，对于未成年犯罪嫌疑人的权益有损害的潜在可能性，虽然多数情况下案件的最终宣判环节耗时较短，但是仍不应该放松对未成年犯罪嫌疑人权益的保障，否则就有“审判程序前置”的嫌疑。另一方面，对于未成年犯罪嫌疑人权益的保护不能全部依赖于值班律师的介入，而是整个司法审判机关的协调配合，而且其中值班律师的工作质量也有待加强，对于未成年人犯罪案件，由于未成年人的生理和心理特性，应该适用对于未成年人刑事案件有经验的律师介入保护，其更容易发现未成年犯罪嫌疑人的犯罪心理和认罪态度，在保障其权益的同时防止其出现“认罪换刑”的情形，并且及时反馈可能存在的诱供情形，从而实现保障司法公正与保障未成年犯罪嫌疑人的合法权益的双赢。

第二节　未成年人适用认罪认罚从宽制度应差异化对待

通过对有关未成年人犯罪适用认罪认罚从宽制度的争议性问题的分析，可以确知对未成年犯罪嫌疑人适用认罪认罚从宽制度的必要性和正当性。有实务工作者从与宽严相济理念的契合、刑法上的价值取向相一致、制度未来发展目标趋于同向这三个角度论证了未成年犯罪嫌疑人适用认罪认罚从宽制度是保障公正和效率统一的应然之举。① 但是不可忽视的是，对于未成年犯罪嫌疑人适用认罪认罚从宽制度虽然已经在理论上论证得当，但是在实际的司法适用过程中，由于未成年人的特殊性和现有制度的冲突整合，因而在未成年人适用认罪认罚从宽制度上应该予以差别化的建构。

一、未成年人适用认罪认罚从宽制度差异化的必要性

就我国学界和实务界对认罪认罚从宽制度的研究和争论来说，对于不同的适用主体之间的差异性，包括未成年人这一特殊的主体在适用认罪认罚从宽制度的特殊性方面，未给予充分的重视和研究。根据1996～2017年的统计数据显示，我国未成年人犯罪占刑事犯罪比重从6%上升到约25%。② 而在未成年

① 参见高强、张洋：《未成年人刑事案件认罪认罚从宽制度的适用》，《人民检察》2018年第5期。

② 参见陈禹衡：《〈法国刑法典〉》对中国校园欺凌犯罪治理的镜鉴——基于54份校园欺凌案件刑事裁判的分析》，《预防青少年犯罪研究》2019年第3期。

人犯罪中，未成年人自身具有的思维不够成熟、心智不够健全等特点导致其适用认罪认罚从宽制度存在差异。根据美国神经科学的研究显示，多数未成年犯罪人并不能清楚地意识到自己的攻击行为所产生的后果、对多处环境控制力差、对法律条文的理解容易存在偏差。①

对于未成年人犯罪采用轻刑的传统自古有之，中西方法律对于未成年人犯罪在刑罚以及制度上都趋向于优待，但是在分析未成年人犯罪适用认罪认罚从宽制度的问题上，对于未成年人是否应该在本已属于特殊情况的认罪认罚从宽制度的基础上再次进行特殊对待成为问题争议的焦点。支持者们认为，在认罪认罚从宽制度上，所有的犯罪嫌疑人以及出于同一个刑罚的衡量标准上，因而在这一情境下出于未成年人犯罪“教育为主、惩罚为辅”的方针，采用从宽幅度大、认罪认罚标准低等特殊对待措施符合情理。反对者们则认为，在认罪认罚从宽制度中，对于未成年人不应该将其视为一种特殊的因素，而是按照认罪认罚从宽制度的规定，在未成年人符合认罪认罚从宽制度中“认罪认罚”的要求之后，直接采用从宽制度予以对待，未成年人的特殊性在这里不应该被视为被特殊对待的诱因，未成年犯罪嫌疑人认罪认罚从宽虽然与“特殊处遇”观念相契合，且其具有的普适性特征当然地将未成年人案件纳入到其制度范围内，但这绝对不是对未成年人降低认罪认罚从宽标准的借口。②

未成年人适用认罪认罚从宽制度应该采用特殊对待的标准，但是特殊对待所对应的范围应该有所限定，不能肆意地改动。对于未成年人犯罪适用认罪认罚从宽制度是否应该特殊对待的争论，在于支持者从未成年人权益保护的特点出发，注重未成年人的特性，延申出特殊对待的结论，而反对者则站在维护认罪认罚从宽制度公正性的基础上考虑，认为对未成年人犯罪适用认罪认罚从宽制度应该按照通行的标准予以对待。两方的出发点不同，导致了对于司法适用的态度的差异，而我们支持前者的原因有三：

第一，未成年人犯罪“认罪认罚”需要特殊对待，盖因认罪认罚从宽制度施行的本身便需要注意“认罪”和“认罚”的执行，即一方面需要通过与犯罪嫌疑人、被告人面对面实际接触，对于其是否“认罪”作出判断，另一方面可根据犯罪嫌疑人、被告人积极退赔赃物、赔偿被害人损失等方面对于其“认罚”强度作出考量，既要听其言也要观其行。而实际上无论是“认罪”抑或是“认罚”，都对行为人的认知和能力提出了极高的要求，即使如上文所述未成年人在司法力量的帮助下能够理解认罪认罚从宽制度的含义，但是对于诚心诚意地“认罪”需要更

① 参见姜雯：《神经科学对美国少年司法的影响及其启示》，《中国卫生法制》2017 年第 4 期。

② 参见张勇、李晓婷：《未成年犯认罪认罚从宽问题思考》，《青少年犯罪问题》2017 年第 1 期。

高的理解能力，对于力所能及的“认罚”需要更多的付出，所以对于其“认罪认罚”应该采用特殊的标准，即相较一般的“认罪认罚”标准应该较轻。在具体的司法判例中，未成年人认罪认罚的认定标准的确较低，一般情况下只要表示出悔罪的意愿并且支付医药费就能够认定构成认罪认罚并理应从宽。①

第二，对于未成年犯罪认罪认罚中的“从宽”需要和一般的情形予以区分：一方面，未成年人“从宽”幅度相较一般而言应该更大，虽然社会公众对于量刑规范和公正裁量颇具期待，但是未成年人犯罪具有特殊性，不能忽略未成年人的特性对于刑罚的耐受程度；另一方面，未成年人犯罪“从宽”对应的刑罚类型也应该随之改变，单纯地依靠国家强制措施对未成年人犯罪行为加以规制并不现实，应该结合“协商性司法”的理念，对于未成年人犯罪加以规制，即“从宽”导致的惩罚方式也应该变更，诸如采用赔礼道歉等方式和被害人进行直接沟通交流，使其意识到自身行为的严重后果，起到更好的矫正效果。协商性司法理念下的新的惩罚措施，诸如赔礼道歉、社区矫正等，不仅可以防止犯罪嫌疑人产生消极和抵触矫正的情绪，而且能够给被害人以心理安慰，有助于被害人的精神恢复。

第三，现行的规范性文件中对于未成年人犯罪适用认罪认罚从宽制度确实存在着特殊对待的情况，这也是现行司法实践的经验之举，典型的便是《认罪认罚从宽制度试点办法》中对于有异议的未成年人排除在适用认罪认罚从宽制度之外的规定，这充分地证明了除了“认罪”“认罚”“从宽”这三个主体组成部分之外，认罪认罚从宽制度其他方面也有和未成年人犯罪司法惩治工作的实际不相符合的地方，包括未成年人犯罪适用认罪认罚从宽制度的适用标准等，都可能需要在具体的环节加以修正，以更加契合未成年人犯罪的特征，这里的“特殊对待”是为了防止出现适用过程中的“水土不服”，以完善未成年人犯罪适用认罪认罚从宽制度。

二、未成年人适用认罪认罚从宽制度差异化的建议

针对未成年人犯罪的特点和我国的针对未成年人违法犯罪的刑事政策，一方面要做到现行有效的未成年人保护制度包括未成年人特殊的刑事诉讼程序的实施，另一方面要做好认罪认罚从宽制度与其他未成年人程序保护制度的衔接工作。

在我国，对未成年犯罪嫌疑人在刑事审判的过程中加以保护的制度一直以来就在不断构建，对于未成年犯罪嫌疑人从宽制度的构建不能仅仅局限在刑罚

① 参见(2015)新刑初字第55号、(2018)粤0882刑初315号、(2014)仪刑初字第0298号。

的从宽，而应该包括审判制度、刑种制度、刑罚消灭制度等全方位的从宽，从而体现宽严相济的刑事政策和对罪错未成年人的政策。除了认罪认罚从宽制度之外，各级司法机关之前也制定实施了其他有关未成年刑事审判的保护制度，例如最高院颁布的庭前社会调查制度、哈尔滨市动力区实施的“未成年人案件庭前公诉意见公示”制度、济南市推行的“未成年人审判特殊陪审制度”、上海市检察院推行的“未成年人刑事和解制度”等，取得了丰富的成效，但是伴随认罪认罚从宽制度的推行，其与未成年人犯罪案件中各种制度的衔接成为新的难题。

在新的《刑事诉讼法》中，第223条将未成年人排除在速裁程序之外①，所以未成年人认罪认罚从宽案件，只能通过简易程序和普通程序简化审理，这也是未成年人适用认罪认罚从宽程序的差异化构造的突出体现。除却这种明显的差别化建构，对于整个认罪认罚从宽的程序而言，理论上都应该区别于一般犯罪嫌疑人，从而真正保护未成年人的合法权益。未成年人犯罪案件的审判之所以受到重视，就是因为未成年人的心智发育不够成熟，而刑事诉讼在本质上是一种“解决社会冲突的机制”②。当这种冲突的一方是未成年人时，刑事诉讼的天秤会变得更加谨慎，并且在“教育矫正”的主旨下将“对未成年人的教育和矫正”视为继“解决社会冲突”之外的第二重要目标，从而在其程序的各个方面一以贯之，结合未成年人的实际情况作出差异化的构造，这无疑是一项“宏大而复杂”的工程。概言之，差异化的构造存在于方方面面，诸如在值班律师援助方面、在证据的选取方面等，都应该区别于一般犯罪嫌疑人，对于此类差异应该选择正视，并且根据未成年人适用认罪认罚从宽程序的司法实践不断地予以改进。

1. 对于未成年人适用值班律师全方位保护制度

值班律师制度的引进有助于未成年人权益的保护，但是现阶段我国的值班律师制度存在着形式化参与严重、功能定位模糊、实质效果欠缺等缺陷。因而在值班律师制度中赋予律师以更完善的会见、阅卷、调查取证等权利并且要求值班律师在全程进行全方位保护则显得尤为必要。一方面。正如上面提到的，

---

① 在《认罪认罚从宽试点办法》中，希望能够通过程序上的从宽尤其是优先适用非羁押措施、全程提速等措施切实保障未成年犯罪嫌疑人的合法权益，所以并未将未成年犯罪的认罪认罚案件排除在速裁程序之外。但是在《刑事诉讼法》中，考虑到速裁程序不进行法庭调查、法庭辩论等环节，且一般采用集中审理、集中宣判等形式，不利于对未成年犯罪嫌疑人进行关护帮教和法庭教育，有违“教育感化挽救”方针，所以在《刑事诉讼法》中将未成年人认罪认罚从宽案件排除在速裁程序之外。（参见胡云腾主编：《认罪认罚从宽制度的理解与适用》，人民法院出版社2018年版，第87～88页）

② 左卫民、周长军：《刑事诉讼的理念》，北京大学出版社2018年版，第222页。

最后的法庭审判阶段值班律师的缺失，导致在最终审判过程中缺失了律师的保驾护航，有可能构成对未成年人权益的潜在损害，因而在涉及未成年人的案件中，理应做到全程的保驾护航，包括在一开始认罪阶段的协助认罪、中间的认罚协商以及最终的法庭审判环节，值班律师都应该存在。另一方面，对于涉及未成年人的认罪认罚从宽的过程，相应地需要扩大值班律师的权利范围，除了一般意义上对会见、阅卷、调查取证等权利的完善，同时可以考虑值班律师参与到案件的背景调查过程中，通过对于涉案未成年人以及受害人的背景研究，给适用更好的矫正及处理方案提供建议。除此以外，对于涉及未成年人的值班律师的选取，理应选择相对而言更熟悉未成年人心理特征、经验丰富的律师，为相互之间的沟通创造良好的条件，以期更好的效果。

2. 对涉案证据的选取设立复核制度

对于未成年人认罪认罚从宽制度的认定，离不开证据的搜集和分析，有学者提出："在重罪案件中，如果没有严格的事后监督机制，当未成年人出于博弈减刑目的作出虚假认罪认罚供述的情况出现时，简单'从宽处罚'的处理结果反而会导致未成年人缺乏对法律的敬畏之心，产生侥幸心理，甚至更加肆无忌惮，在回归社会后犯下更严重的罪行。"①为了预防此类情形的发生，除了增加严格的事后监督程序，在涉及未成年人的案件中前置设立证据复核制度亦能起到防患于未然的效果。对于涉及未成年案件的证据的搜集，一是要避免主观因素的过分影响，需要结合未成年人的生活、学习环境进行综合考量，并且在有条件的情形下对被害人进行证据搜集，以期还原案件的事实环境。二是要防止在审讯过程中出现的利用未成年犯罪嫌疑人心理不够成熟等劣势进行诱供、精神压迫等行为，出现虚假证据。

概言之，对未成年人犯罪适用认罪认罚从宽制度的争议问题的辨析，是希望能够在差异化的程序构造之前，将理论上存在的问题进行厘清和分析，可以确定对未成年适用认罪认罚从宽制度的理论基础和政策指向，从而结合未成年人犯罪的实际情况制定适合对其教育矫正的认罪认罚从宽程序，再结合其他的未成年人保护措施，既要体现宽严相济的刑事政策，也要尽可能地对其进行教育感化，让认罪认罚从宽制度成为教育、矫正未成年犯罪嫌疑人的又一利器。

需要补充说明的是：第一，对未成年人审判制度的合理衔接适用。施行未成年人认罪认罚从宽制度并不当然地将其他有关未成年刑事审判的制度予以废止，而是将其进行筛选，对于和未成年人犯罪认罪认罚从宽制度不冲突的予以保留并整合。以哈尔滨市动力区的"未成年人案件庭前公示公诉意见"制度

① 参见颜柳：《未成年人重罪案件中认罪认罚从宽的适用》，《检察调研与指导》2018年第5期。

为例，在该制度中，是出于未成年犯罪嫌疑人心理素质的考量，在庭审前就将检察机关的公诉意见书，在和律师商量之后送交给未成年犯罪嫌疑人，这就意味着未成年犯罪嫌疑人能够提早得知自己的量刑结果，而在认罪认罚从宽制度中，未成年犯罪嫌疑人也会和有关检察机关就量刑意见进行协商，两者在本质上都给未成年犯罪嫌疑人一个合理的心理预期，从而促进审判的进行，对于此类制度应该将其融入到未成年人适用认罪认罚从宽制度的过程中去。对于两者间设立目的和内容冲突或者重合的制度的衔接，则加以整合或废止，应该以最大限度地保障未成年犯罪嫌疑人的合法权益作为最终取舍的标准。

第二，制度整合过程中应该防止人为扩充适用范围。对于可能存在的未成年人审判制度间的冲突，要意识到各个制度的适用范围在存在交叉的同时也有明显的适用"鸿沟"，不能在整合过程中出现适用范围的杂糅而人为扩充某些制度的适用范围。以未成年人刑事和解制度为例，该制度已经推行了较长时间并且在各地试点进行，但是其一般适用于轻罪案件，甚至有仅适用于基层法院的倾向，某法院甚至在其内部的《关于未成年人刑事案件和解制度的规定》中明文规定"可能被判处三年有期徒刑以下刑罚的轻微未成年刑事案件可以适用刑事和解工作"，而其中多数刑事和解案件也仅仅局限在基层法院，占比甚至达到了100％。[①] 造成这一局面的原因既有刑事和解制度减刑幅度过大导致的被害人认可度降低，也有从实际出发对于未成年犯罪嫌疑人矫正的目的考虑，因而多适用于轻罪案件。但是认罪认罚从宽制度的颁布和施行是建立在《刑事诉讼法》的基础之上的，有学者认为认罪认罚从宽制度是未成年人附条件不起诉程序的升华[②]，从而点明了未成年犯罪嫌疑人适用认罪认罚从宽制度的本质，这种全方位的保护导致了其适用范围相较以往的未成年人刑事审判制度的保护范围是扩张的，在出现冲突的情形下，应该注意在整合过程中避免其余制度的范围扩张，保障刑法的公平公正。

① 参见李志芳：《未成年人刑事和解制度之完善——以法院审判阶段为视角》，《福建法学》2014年第3期。

② 参见魏东、李红：《认罪认罚从宽制度的检讨与完善》，《法治研究》2017年第1期。

第九章　从宽理念的延伸与我国刑罚附随性制裁的改进与完善

任何制度的存在都不是孤立的。刑罚附随性制裁与犯罪前科消灭制度是在预防犯罪和犯罪人回归社会的理念和目标上密切关联的制度。刑罚附随性制裁的改进、完善与犯罪前科消灭制度的建立，是我国现代社会治理体系的重要组成部分。两个制度确立和完善的核心问题是对“人身危险性”及“再犯可能性”的判断，我国有必要继续深化对“人身危险性”和“再犯可能性”评估的研究。联想到当下，我国正在进行认罪认罚司法改革工作，彰显了国家和社会对认罪悔改犯罪人员的宽容和接纳的理念，那么，这一宽容和接纳的理念和政策可否延伸至服刑期间和刑满释放后人员的制度和实践中来，以实现国家在管控违法犯罪上的理念、政策和制度设置的一致性，就值得研究。

第一节　对认罪认罚从宽理念进行延伸性研究的意义

对认罪认罚从宽制度进行延伸性研究，既是强化和推进体系性思考的内在要求，也是促进我国刑事政策一以贯之的行动内容，问题的思考只有纳入到体系性思考之中，才能够获得稳定的、相对久远的、衡平的问题解决方案。“发现个别法规范、规整之间，及其与法秩序主导原则间的意义脉络，并以得以概观的方式，质言之，以体系的形式将之表现出来，乃是法学最重要的任务之一。”[①]“认罪认罚从宽制度在目前的刑事法治领域已不再是具有相对灵活性的政策，而是一项具有高度确定性的、成文的法律制度。而在对成文的制定法规范进行解释论或教义学的研究时，不能只专注于其自身的内在含义与实质逻辑，而是应侧

① ［德］卡尔·拉伦茨：《法学方法论》，陈爱娥译，商务印书馆 2004 年版，第 345 页。

重于运用体系性思维与形式逻辑，厘清其与法律体系中其他法律规范之间的关系以及其与整体法秩序、法体系之间的关系，以期作出逻辑自洽、功能自足的解释。这样才能在该法律规范的具体司法适用过程中避免其与其他规范之间发生冲突，继而维护法秩序的安定性，提升民众对法律体系的信赖。"[①]事实上，不仅制度与制度之间要融合，政策与政策之间、政策与制度相互之间，也要尽量减少矛盾和冲突，才能够从整体上提升制度构建的质量，使得作为制度和政策背后支撑的理念更好地得到落实。

一、要强化体系性思考

多年来，我国刑法领域问题的解决和研究，权宜之计的问题解决和就事论事的研究习惯，较为明显，不仅解决问题的成本大，并且刑事政策的理念难以实现在各个诉讼环节、刑事案件的审结、刑罚执行及执行后阶段的融惯性。刑事法中的疑难问题很多，对"问题"的思考和解决至关重要，但是问题思考不能就事论事，严肃的刑法、刑事诉讼法等刑事法领域的问题要想得到合理、公正的解决，就要通过体系性思考来完成。

以我国改革开放以来的刑法学研究为例。应该说我国刑法学在改革开放后 40 年得到了很好的发展，但是与西方刑法学发展的经验相比，我们在问题意识、对问题的体系性思考等方面存在明显的差距和不足。理论研究需要系统性思维，需要对问题进行体系性思考，实务具体问题的解决同样如此。

近年来，伴随社会转型期新型问题的凸显，司法实务中"实践先行"的做法不在少数，如前几年多地兴起的刑事和解、有的地方开展的刑事被害人救助、有的地方法院开展的量刑规范化改革的尝试。这其中，有些改革措施是针对新型问题的出现出台的，有的则有"作秀"和树政绩的嫌疑。以量刑规范化改革为例，有的法院在不了解量刑本质、规律和特点的前提下，开发、使用了所谓的"电脑量刑系统"；有的基层法院在未懂得何为基准刑的情况下，简单地将法定刑的"中间线"作为量刑基准，或者随意设计量刑基准，制定了规范量刑的意见。这些名曰"司法改革的探索"，使得刑法理论研究的成果贬值，判案标准自行其是，司法正义的标准变得模糊和不确定。

权宜之计的解决问题的习惯和做法在我国司法实务中长期存在，司法人员兼裁判者和消防队员的角色，哪里有矛盾、有冲突，当事人和群众意见大，就先解决哪里，前后问题解决的思路和做法没有共同规律可循，司法人员不断地挖掘自己的智慧和潜能，为解决具体问题挖尽脑汁，倍感疲惫，但费力不讨好。当

---

① 王志祥、融昊：《认罪认罚从宽制度的体系性反思与建构》，《法学杂志》2020 年第 5 期。

然实务中权宜之计的问题解决的做法，有迫于工作的压力、避免职业风险等方面的原因，实务人员不得不盯住眼前问题，慢慢地，目光变得短浅、裁判的尺度和底线一再被打破。

认罪认罚从宽司法改革，聚焦于刑事案件结案前的诉讼流程，如北京海淀区试点开展的认罪认罚从宽司法改革。为了开展刑事案件速裁程序试点工作，海淀区总结“轻型快审”经验，变“审判分流”为“全程分流”，实现普遍法律帮助，强化实质化庭审，规范认罪从宽标准，加强信息化支撑，努力构建全流程刑事案件速裁程序。[①] 认罪认罚从宽司法改革贯彻繁简分流、简化审查起诉步骤、送达环节、庭审程序、法律文书、社会调查评估等诉讼程序，推动全面提速。认罪认罚从宽司法改革突出“速”字，追求案件结案的效率。事实上，认罪认罚从宽，本身也包含着“从宽”实体激励机制：对于犯罪后认罪悔罪的，依据刑罚根据理论，其认识到自己的罪行和错误，特殊预防必要性减小，可以“从宽”量刑；对于“认罪认罚”的，不仅可以能够获得快速结案的奖励，同时获得刑罚裁量时从宽的对待。程序在一定意义上即是惩罚。认罪认罚从宽从试点到写入《刑事诉讼法》，“从宽”体现在刑事案件审结前的各个诉讼环节，在刑罚执行期间我国有减刑、假释等制度，鼓励服刑人员积极改造。但刑罚结束后对有前科之人的名目繁多的各种排斥、限制性的制度与实践做法，却没有体现出对服刑人员的从宽，而是呈现出越来越多的限制的趋势。为鼓励刑满释放人员顺利回归社会，国家首先需要在刑事政策、社会政策的理念上一以贯之，其次在制度层面实现体系性和科学化，最后在实际行动上和具体做法上予以贯彻和落实。

二、刑事政策理念应一以贯之

认罪认罚从宽制度彰显了国家和社会对认罪悔改犯罪人员的宽容和接纳的态度，然而司法改革的注意力仅仅停留在案件的刑罚裁量环节前阶段是远远不够的，有必要实现理念层面的融惯性链接，即是说，将认罪认罚从宽的深层理念延伸至刑事案件及其相关联的整个链条之中。

目前，我国存在大量的包括“职业禁止”“资格限制”等在内的非刑罚性禁止或限制措施，散见于不同的制度层阶，内容分散，标准不一，依据不明确，前置条件与后果的逻辑关联性不强，加上对有刑罚经历的人员的个别价值评价性做法，使得受过刑罚处罚的人回归社会面临许多难题。刑罚附随性制裁制度合理存在的价值基础应该是：在必要的预防前提下，尽可能地接纳有刑罚经历的人

---

① 参见北京市海淀区人民法院课题组：《关于北京海淀全流程刑事案件速裁程序试点的调研——以认罪认罚为基础的资源配置模式》，《法律适用》2016 年第 4 期。

回归社会。为此，整个社会要担负起拯救犯罪者、改造犯罪者成为新人并复归社会的义务，且有必要在国家层面对刑罚附随性制裁予以缓和与松绑，整体提升刑罚附随性制裁制度设立层阶，体系性地构建刑罚附随后果制裁制度，改进和优化其具体内容，合理地控制禁止和排斥的范围，理性地给予有刑罚经历人员以出路，将国家的刑事政策理念一以贯之于整个刑事司法、刑罚执行乃至执行后的各个阶段和环节。

从刑罚执行的视角，可以找到认罪认罚从宽政策在案件裁判后阶段的延续。以减刑、假释制度为例，二者是我国的两种刑罚执行制度。《最高人民法院关于办理减刑、假释案件具体应用法律的规定》(2016 年 9 月 19 日最高人民法院审判委员会第 1693 次会议通过，自 2017 年 1 月 1 日起施行)第 1 条就开宗明义地指出，减刑、假释制度是贯彻宽严相济刑事政策的一种表现，设置该制度是为了激励罪犯改造。其中第 3 条明确规定了“确有悔改表现”的必备条件之一就是“认罪悔罪”。可见，即便是注重实效的刑罚执行制度，也都将悔罪的表现作为一个必要的条件。同时，在实际的司法操作过程中，犯罪后态度也经常会作为确定行为人悔罪的重要指标。

当“人身危险性”和“再犯可能性”成为刑罚裁定、被判刑人服刑、刑罚结束的时间节点中的关键词时，认罪认罚从宽与刑罚附随性制裁的合理化、规范化，在理念上相得益彰。即是说，对于认罪悔罪的人，应该体现从宽；对于认真改造，消除再犯可能性、人身危险性的人，应尽早解除对其人身的控制；对于刑满释放后之人，应松解其他排斥性、制约性的措施和做法；将从宽的理念贯通于刑法裁量、服刑期间乃至刑罚结束之后的各个阶段。

第二节　刑罚附随性制裁的语义及性质的争议

一、刑罚附随性制裁的语义辨析

“刑罚附随性制裁”一词，在不同的语境中有着不同的语义，相接近的还有“刑罚附随后果”或简称为“附随后果”等语词。耶赛克、魏根特的《德国刑法教科书》，将刑法典中刑罚和保安处分之外的其他不同的法律后果，称为“附随后果”：“除刑罚之外，刑法典还规定了其他不同的法律后果，此等法律后果很难被纳入刑罚的双轨制，所以，被以中性的概念表述为‘附随后果’。它一方面是指丧失公职资格、选举权和表决权(第 45 条至第 45 条 b)，另一方面是指分则中的具体构成要件规定的公开宣布判决的权限(第 103 条第 2 款、第 165 条、第 200 条)。"[①]罗克辛的《德国刑法学总论》第 2 卷中也出现了"附随后果"一词[②],但"附随后果"所指的究竟是什么,该书并未进行解释和说明。

在我国现有研究中,关注此问题的语词,有"刑罚附随后果""附随法律责任""刑罚体系外资格刑""犯罪附随后果"等。[③] 当然,这些语词的内涵和外延并不完全相同,仅仅是关注的问题方向大体一致。由刑罚产生和带来的否定和不利后果,范围广泛,需加以限定。考虑到我们写作的需要,这里尝试对刑罚附随性制裁进行分类,以有助于对我们接下来的思考进行适当的限定。

1. 刑罚附随性制裁有广义和狭义之分

广义的刑罚附随后果性制裁,包括现实存在和可能发生的因受过刑罚处罚所产生的所有抽象与具体可见的不利结果,如信誉的不被认同、人格的不被认可、职业和岗位选择的限制、户籍等的限制,几乎涉及有刑罚经历的人回归社会的全部,甚至牵涉其家庭成员的工作、生活等方方面面。而与犯罪人直接关联的,由于受过刑罚处罚而为其本人所带来的"剥夺"或"限制"性质的各种不利的后果,我们不妨称之为"狭义的刑罚附随性制裁"或"狭义的刑罚附随性后果"。

2. 刑罚附随性制裁可作"评价型"与"限制准入型"的划分

评价型刑罚附随性制裁,不直接设置禁止或限制性的内容,而是通过评价性"标签",对有刑罚经历人员的人格、信誉、人身危险性的评价,向周围的人释放否定评价的信号,隐性地、间接地迫使其疏远与熟人和原有社群的关系,剥夺和限制其参与社会成果分配的资格和机会,减损其社会权利。例如,2018 年 5 月7 日广东省揭阳市惠来县鳌江镇的 10 户家庭的围墙或大门处,被喷上了"涉毒家庭"的字样,以达到警示教育的效果。[④] 这一案例就是评价型刑罚附随性制裁的体现。禁止和限制准入型的刑罚附随后果性制裁,即直接通过法律、

---

① [德]汉斯·海因里希·耶赛克、托马斯·魏根特:《德国刑法教科书》(下),徐久生译,中国法制出版社 2017 年版,第 1062～1063 页。目前德国的主刑包括自由刑、罚金刑和财产刑,禁止驾驶是现行德国刑法典规定的唯一附加刑。

② [德]克劳斯·罗克辛:《德国刑法学总论》第 2 卷,王锴等译,法律出版社 2003 年版,第 656 页。

③ 详见付强:《论犯罪行为的刑罚附随后果》,《法学杂志》2015 年第 7 期;徐安住:《犯罪行为的附随法律责任初探》,《求索》2008 年第 1 期;李荣:《我国刑法体系外资格刑的整合》,《法学论坛》2007 年第 2 期;李正山:《我国犯罪附随后果职业限制的缺陷及因应》,《公民与法》2016 年第 5 期。

④ 据报道,被喷漆的 10 个家庭来自 5 个村,均为涉及较大制贩毒案件的家庭,10 户被喷漆村屋中大部分家庭的成员为在逃人员。同时,惠来县县委和禁毒办均表示,在喷漆前,已提前告知村民并已经得到了村民的同意,但在 5 月 8 日晚意识到喷漆行为不妥,并准备组织人手去除喷漆。(参见韩方航:《因成员或涉制贩毒案件,十户家庭被喷漆"涉毒家庭"》,http://www.qdaily.com/articles/53038.html,2018 年 6 月 3 日访问)

法规或其他制度载体，禁止获得特定行业职业资格、禁止或限制其从事某种职业、禁止户籍准入等等，相当于发布“禁止令”直接地排斥其获得或从事特定职业、参与特定社会活动、参与社会成果分配的资格和机会。

3.刑罚附随性制裁可划分为“制度性”与“非制度性”的制裁

前者有立法、行业等的专门的授权，体现的是国家权力、社会团体权利的应用，载体可以是法律、法规、团体规章等，关联问题主要是其合法与否。后者没有明确的授权，通常也见不到通常的“规范性”载体形式，如雇主内心不能接受有盗窃前科的人员从事与“钱”打交道的工作，从而拒绝聘用有盗窃前科的人员担任收银员，因其并无任何制度规范作为依据而区别于“制度性”刑罚附随后果性制裁，成为一种因人而异的内生性社会排斥，关联问题更多的是其是否合理。

本书将与犯罪人直接关联的，在刑罚之外基于受刑罚制裁经历所发生的排斥或限制就业、职业类型、落户积分等限制权利行使、减损社会评价或增加义务负担的负价值与不利益，称为“刑罚附随性制裁”。第一，它必须与“刑罚”有关；第二，这一后果是“附随”的，即伴随刑罚的实际执行，有受过刑罚处罚的事实；第三，“后果”是以消极的、无益的形式存在，是刑事违法者不愿看到，不想接受的，一般表现为剥夺其正常公民所应有的权利，禁止从事某种职业，限制获得某种资格、荣誉，简言之，它在一定程度上剥夺了通常情况下人之为人所应有的权益。

二、围绕刑罚附随性制裁性质的争议

关于刑罚附随性制裁的性质，我国主要有保安处分说、行政责任说和资格刑说几种。①

1.保安处分说。如将刑法中的“职业禁止”相当于保安处分的一项预防性措施。“《刑法修正案（九）》增设的职业禁止不是刑罚、行政处罚，而是从预防犯罪、保障社会公众安全和维护社会公众利益的角度所采取的一项预防性措施，其在实质上相当于保安处分。”②

保安处分由德国刑法学者克莱因首倡，强调在刑罚之外还需要对犯罪人的危险性进行评估，通过保安处分来加强社会的管控。当代，有的国家刑法中有

---

① 由于学界对刑罚附随后果的研究，有的仅侧重研究其中的职业禁止。关于职业禁止的法律性质，就有“刑罚”“刑罚的辅助性措施”“刑罚的附带处分”“保安处分”“非刑罚措施”“刑事制裁措施”等不同的观点。详见徐翁明：《也论刑法中职业禁止的法律性质》，《成都理工大学学报（社会科学版）》2017年第4期；刘志伟、宋久华：《论刑法中的职业禁止制度》，《江西社会科学》2016年第1期；于志刚：《从业禁止制度的定位与资格限制、剥夺制度的体系化》，《法学论坛》2016年第1期等。

② 刘夏：《保安处分视角下的职业禁止研究》，《政法论丛》2015年第6期。

保安处分，有的国家则没有。有保安处分的国家，各自的适用对象也有很大的差别，并且各国学者对保安处分的语义界定也存在不小的差别，因此，不适用保安处分说来解释刑罚附随性制裁的性质。

2. 行政处罚说。也有著述表达为“行政责任说”。例如，徐安住认为刑罚附随后果“从法律性质上分析，多数具有行政责任的性质，这其中行政许可占有一定的比例”[①]。他将刑罚附随后果具体区分为行政许可性质、行政确认性质、行政奖励性质、行政给付性质以及其他性质等五种。

应该说，刑罚附随后果中，有的确实属于行政责任的性质。如《行政许可法》第13条规定，下列事项可以设定行政许可：“（三）提供公众服务并且直接关系公共利益的职业、行业，需要确定具备特殊信誉、特殊条件或者特殊技能等资格、资质的事项……”从业资格的限制和禁止性规定，亦大多属于“行政许可”规定的范畴。但我们认为，刑罚附随性制裁并不限于“行政责任”，且远比之复杂得多。行政责任说将刑罚附随后果的设置主体局限于行政机关，但事实上有相当一部分对具有犯罪前科者的权利限制规定并非出自行政机关，而来自于一些非官方的企业、组织或个人的社会排斥。如珠海共享汽车企业拟设立信用体系，有违法犯罪记录者可能被禁租共享汽车。[②] 也正是基于这一事实，行政责任说无法很好地解释“非制度性”刑罚附随性制裁的存在及其成因。

3. 资格刑说。有学者认为，“相对于其他大陆法系国家刑法而言，我国刑罚体系中的资格刑种类较少，只有剥夺政治权利和驱逐出境两种。然而，与此互为因果的一个行政法（行业法）现象是，在刑罚体系之外又存在着大量的实质为资格刑的行政处罚。这些法律制裁以行政处罚之名而行资格刑之实，故可将其称为刑罚体系外资格刑”[③]。

上述观点均存在可商榷之处。资格刑，在刑法理论界习惯上与生命刑、自由刑、财产刑一道，被归类为刑罚种类。尽管从古至今各国资格刑的内容不同，但都离不开一个核心词汇“刑”字，只是在仅作为附加刑，还是既可以作为主刑也可以作为附加刑，抑或是有的资格刑可以作为主刑，有的只可以作为附加刑适用层面上的差别。尽管我国刑法典没有直接采用“资格刑”这一语词，但从尊重语词表达习惯的角度出发，不适合通过轻易改变一个已经为人们惯用语词的含义，硬将新的尚未形成共识的内容囊括其中。而刑罚附随性制裁，则是指除“刑罚”之外，仅仅是因为刑罚所引起的给有刑罚经历人所带来的被禁止、限制

---

① 徐安住：《犯罪行为的附随法律责任初探》，《求索》2008年第1期。

② 参见李京：《有违法犯罪记录者或被禁租共享汽车》，《南方都市报》2017年9月22日ZB02版。

③ 李荣：《我国刑罚体系外资格刑的整合》，《法学论坛》2007年第2期。

等排斥性的不利后果。二者的外延与内涵有很大的差别。

事实上，仅就目前我国制度层面的情况而言，刑罚附随性制裁的性质就很难确定，如果加上事实状态下的由刑罚产生的附随后果，比如由于长时间监禁环境和有别于常人的囚徒生活所导致的心理阴影和条件反射行为等，其性质就更加复杂得多。形成这种疑难的原因在于，我国在制度层面上对于受过刑罚处罚人员的资格和权利的限制与剥夺，不仅在体系和制度层阶上杂乱无章，刑罚附随性制裁的前置条件多样、附随后果的种类五花八门，而且在具体规定上缺乏针对性，前置条件与法律后果之间缺乏严谨的、合理的逻辑关联性，加上制度的不断扩张，导致刑罚附随后果的性质呈现“四不像”的状态。不论是保安处分说、资格刑说还是行政责任说，学术界的讨论都可自成一家之言，但从统揽全局来看，却又均有失妥当。

就目前我们所搜集的资料和所了解的情况来看，刑罚附随性制裁包括法律化的制裁和未被法律化的制裁。如果借鉴日本学者佐伯仁志的观点，刑罚附随性制裁同样可以分为“制度性制裁”和“社会性制裁”。首先，“制裁”一词中的“惩处”应不限于物理性状的惩治，应包括非物理性状的否定的不利后果。依现代汉语的含义，“制裁”是指“用强力管束并惩处”。[①] 对应的英文词汇为“sanction”，其在中国大陆法学译著中常被译为“惩罚”“惩戒”等。我国台湾地区和日本则多取“制裁”的译法。日本学者田中成明将制裁定义为“针对违反社会规范的行为，以否定或者促使行为人放弃此种行为为目的而启动的反作用，其内容是剥夺一定的价值、利益或者赋科一定的负价值或者不利益”[②]。根据这一定义，则不独法律法规，习惯、道德、宗教教义等社会规范皆可以作为制裁发动的依据和规范载体。在这一定义的基础之上，佐伯仁志在其著作《制裁论》中进一步提出：“制裁可以分为以国家为主体、作为法律制度被组织化的法律制裁和除此之外的社会性制裁。”[③] 而“刑罚附随性制裁”中，则既有法律制裁，也有社会性制裁。

当然，这是到目前本书写作中所得出的结论，要彻底搞清楚这一问题，应该捋清目前制度体系下刑罚附随后果的不同法源规定，进行分门别类的梳理归类和整理，提升和明确设定刑罚附随后果的法源位阶，为下一步从系统化制度构建作准备，使刑罚附随后果的定性问题得以有的放矢。

---

① 中国社会科学院语言研究所词典编辑室编：《现代汉语词典》，商务印书馆 2012 年版，第 1678 页。

② [日]田中成明：《法的空间：强制与合意的缝隙之间》，东京大学出版会 1993 年版，第 141 页。

③ [日]佐伯仁志：《制裁论》，丁胜明译，北京大学出版社 2018 年版，第 6 页。

第三节　我国刑罚附随性制裁的主要内容及特点

在我国，刑罚附随性制裁设置广泛，呈现出内容分散、标准不明确、体系化不足等一系列特征，与法治化的体系性思维不相契合。

一、我国刑罚附随性制裁的设置及主要内容

在我国，刑罚附随性制裁设置广泛，更确切地讲，除了《刑法》第 37 条之一之外，我国关于受过刑事处罚人员的从业禁止、其他资格限制等的内容，更多地分布于其他法律、行政法规、部门规章、行业规定、部门管理条例乃至各类招聘文件中。内容以职业禁止为主，但不限于职业禁止。

首先，有关职业禁止或限制的规定，构成刑罚附随性制裁的主要内容。根据我国目前的相关规定，刑罚附随性制裁中的职业禁止和限制行业大致如下①：

(1)担任公务员、警察、法官、检察官、驻外外交人员等公职人员，担任全国人大代表和各级地方人大代表等。

(2)企业破产管理人、商业银行的董事及其管理人员、证券交易所的负责人，证券公司的董事、监事、高级管理人员，公开募集基金的基金管理人的董事、监事、高级管理人员和其他从业人员，保险公司的董事、监事、高级管理人员，种子企业的法定代表人、高级管理人员，食品生产经营管理工作及食品生产经营企业食品安全管理人员等。

(3)教师、医生、律师、公证员、人民陪审员、导游、建筑师、会计师、拍卖师、测绘师、新闻记者、娱乐场所负责人等与社会利益紧密关联职业。

其次，除了职业禁止之外，各种资格的禁止或限制也占据刑罚附随后果的很大一部分。由于这方面的禁止性规定多，层阶复杂，一时难以进行全面的统计，因此，仅就我们目前搜集到的内容，归纳列举如下：

(1)承担特定的义务。如《刑法》第 100 条规定依法受过刑事处罚的人，在入伍、就业的时候，应当如实向有关单位报告自己曾受过刑事处罚，不得隐瞒。

(2)考试资质的禁止和限制。如《国家司法考试实施办法》规定，因故意犯

---

① 具体内容详见《公务员法》《法官法》《检察官法》《人民警察法》《教师法》《律师法》《公司法》《会计法》《证券法》《商业银行法》《注册会计师法》《注册医师法》《拍卖师法》《注册建筑师法》《执业医师法》《驻外外交人员法》《证券投资基金法》《企业破产法》《种子法》《安全生产法》《食品安全法》等法律。网上有律师统计，受过刑事处罚的人不能从事的职业有 21 种(参见叶庚清:《受过刑事处罚的人不能从事哪些职业?》,http://china.findlaw.cn/lawyers/article/d489134.html,2018 年 3 月 30 日访问)。事实上不止这 21 种。本书的统计也达不到全面。

罪受过刑事处罚的不得参加司法考试;《专利代理人资格考试实施办法》规定,因故意犯罪受过刑事处罚的不得参加专利代理人资格考试;《广播电视编辑记者、播音员主持人资格考试办法试行》规定,因故意犯罪受过刑事处罚,不能报名参加考试;《土地估价师资格考试管理办法》,规定因故意犯罪受刑事处罚,在服刑期间及自刑罚执行完毕之日起至报名之日止未满5年的,不能报名参加土地估价师资格考试,已经办理报名手续的,报名无效。

(3)户籍的限制。如体现广东省户籍加分政策的《广东省农民工积分制入户和融入城镇的通知》中规定:“曾受过刑事处罚,扣100分。”又如《湛江市异地务工人员积分指标分值表》中规定,近5年内曾受过刑事处罚的,扣100分,并注明是“省统一指标”。茂名市、潮州市、河源市、珠海市、汕头市、佛山市、肇庆市、深圳市人力资源和社会保障局、珠海市发展和改革局、珠海市公安局的“外来务工人员积分入户指标及分值表”中均有类似的规定。此外,有的规定对有犯罪前科人员的子女的入学资格也进行了限制。如《东莞市义务教育阶段新莞人子女积分制入学积分方案》规定:“近5年曾受过刑事处罚的,扣100分。”最近,北京、上海、广州和深圳积分落户条件放宽,但亦均将“无刑事犯罪记录”作为申请落户积分的必备条件。

(4)信誉和荣誉方面的限制。如《江苏省国家税务局纳税信誉等级评定管理暂行办法》第9条规定,纳税人在1年内(指国税机关开始评定纳税信誉等级之日起向前推算12个月)有因在经济上存在严重违法行为而受到刑事处罚的一律评定为C级纳税信誉等级。另如《黑龙江省劳动模范推荐评选和管理规定》第9条规定因犯罪受到刑事处罚的,不得评选为劳动模范。

(5)社会保障的排斥。《新乡市区别低保群体不同情况逐步提高低保标准的有关规定》第13条规定,因犯罪受刑事处罚人员,本人不享受最低生活保障政策。

(6)有关作业和民事行为的限制。如《民用爆炸物品安全管理条例》第6条规定,曾因犯罪受过刑事处罚的人,不得从事民用爆炸物品的生产、销售、购买、运输和爆破作业。《收养法》第12条规定,外国人可以在中华人民共和国收养子女,但必须出具有无受过刑事处罚等状况的证明材料。

(7)其他。如《护照法》第14条规定,因妨害国(边)境管理受到刑事处罚的,护照签发机关自其刑罚执行完毕或者被遣返回国之日起6个月至3年以内不予签发护照。《社会团体登记条例》第13条规定:“有下列情形之一的,登记管理机关不予批准筹备:发起人、拟任负责人正在或者曾经受到剥夺政治权利的刑事处罚……的。”

二、我国刑罚附随性制裁的主要特点

1. 数量多,呈扩张趋势

“刑罚附随性制裁”出现在我国的现有制度中,通常是以“受过刑事处罚”“受刑事处罚”“受到刑事处罚”“被判处刑罚”“被依法追究刑事责任”等表述为前置条件而设置的。为此,我们运用这些语词作为检索关键词①,通过北大法宝网的法律法规数据库对 2007 年、2012 年和 2017 年的相关规定进行检索,法律、行政法规、部门规章、行业规定等,均有关于基于刑事处罚而附随其他制裁后果的内容。

表 9-1　刑罚附随后果统计(2007)

	关键词	法律	行政法规	部门规章	行业规定	共计
2007 年	受过刑事处罚	13	6	93	3	115
	受刑事处罚	4	4	68	5	81
	受到刑事处罚	2	3	75	17	97
	被判处刑罚	7	8	31	1	47
	被依法追究刑事责任	3	2	29	4	38
共计		29	23	296	30	378

表 9-2　刑罚附随后果统计(2012)

	关键词	法律	行政法规	部门规章	行业规定	共计
2012 年	受过刑事处罚	14	7	123	8	152
	受刑事处罚	4	4	78	11	97
	受到刑事处罚	4	4	114	31	153
	被判处刑罚	8	10	51	6	75
	被依法追究刑事责任	5	3	48	7	63
共计		35	28	414	63	540

① 2008 年徐安住教授进行了类似的数据库检索。参见徐安住:《犯罪行为的附随法律责任初探》,《求索》2008 年第 1 期。

表 9-3　　刑罚附随后果统计(2017)

	关键词	法律	行政法规	部门规章	行业规定	共计
2017 年	受过刑事处罚	16	7	132	9	164
	受刑事处罚	6	3	65	14	88
	受到刑事处罚	4	5	130	51	190
	被判处刑罚	12	9	66	4	91
	被依法追究刑事责任	5	3	49	8	65
共计		43	27	442	86	598

将法律、行政法规、部门规章、行业规定统计在一起，2012 年与 2007 年相比，总数多出 162 个，2017 年与 2012 年相比，总数多出 58 个。可见，不仅相关规定数量多，并且随着时间的推移，数量呈现较为明显的增长趋势。

2. 多层级分布，内容分散，标准不明确，体系化不足

通过检索我们发现，不仅我国刑罚附随后果数量大，并且由于分布于不同层级的法律、行政法规、部门规章之中，特别是地方性法规、一些行业规定，更是有大量的对有刑罚经历人员从事某种活动的排除或限制性规定，内容分散、杂乱。除上述表格统计的位阶类型之外，还有地方性法律法规，如《山东省司法鉴定条例》第 11 条规定，法人或者其他组织的法定代表人或者负责人受过刑事处罚的，司法行政部门不予受理其设立司法鉴定机构的申请；地方政府规章《浙江省行政执法证件管理办法》第 8 条规定，曾因犯罪受过刑事处罚的，不得申领《浙江省行政执法证》。

这些规定不仅极少引起普遍质疑，而且实践中有效地运行，不仅一般社会主体很难清晰地观察其制度和运行的情况，就连对于刑罚附随后果进行体系化梳理都有相当大的障碍。①

大量的不同层级的排除或限制性规定，内容分散，设置标准不明确，反映出这方面制度设置上体系性思考的不足，由此产生的后果是相关规定不协调、不

① 由于立法的随意和简陋，各规定中的用语并不一致，给研究检索的过程带来很大不便，例如《兵役法》第 3 条规定，“依照法律被剥夺政治权利的人，不得……”；《全国人大常委会关于司法鉴定管理问题的决定》第 4 条规定，“因故意犯罪或者职务过失犯罪受过刑事处罚的，受过开除公职处分的，以及被撤销鉴定人登记的人员，不得……”；《公司法》第 146 条规定：“因贪污、贿赂、侵占财产、挪用财产或者破坏社会主义市场经济秩序，被判处刑罚，执行期满未逾五年，或者因犯罪被剥夺政治权利，执行期满未逾五年，不得……”。现行法律体系中对刑罚附随后果的规定，远不止以上所述。如果加上那些未纳入法律层面，然而事实上起作用的所谓“规定”更是数量庞杂。

一致，看不出其依据和出发点在哪里，具体表现为：

(1)是否区分故意和过失犯罪方面存在不同。《公务员法》不区分故意或过失，曾因犯罪受过刑事处罚的不得录用为公务员。《教师法》规定，受到剥夺政治权利或者故意犯罪受到有期徒刑以上刑事处罚的，不能取得教师资格。《拍卖法》将不得担任拍卖师的前置条件限定为“因故意犯罪受过刑事处罚”。

(2)是否限定于具体犯罪类型存在不同。公务员、法官、检察官等，不设犯罪类型的限制。有的限定了犯罪类型，如《公司法》第146条、《食品安全法》第135条、《种子法》第76条、《证券投资基金法》第15条等。

(3)是否有期限限制以及具体期限的设置存在不同。在这一问题上，往往看不出相关规定的设置规律。有的采用固定期限的设置方式，具体有2年、3年、5年、10年不等。如《医师法》第15条规定，因受刑事处罚，自刑罚执行完毕之日起至申请注册之日止不满2年的不予注册。[①]《中外合作办学条例》第58条规定：“……触犯刑律被依法追究刑事责任的，自刑罚执行期满之日起10年内不得从事中外合作办学活动。”有的采用规定幅度的方式，如《护照法》第14条规定：“申请人……的，护照签发机关自其刑罚执行完毕或者被遣返回国之日起6个月至3年以内不予签发护照。”有的不限定期限，即终身不得从事某种职业或者获得某种资格，如《公务员法》第24条的规定。

另外，由地方性法规规定刑罚附随后果，导致了不同地方的规定之间的不一致。上海市、贵州省、广东省、河南省对经纪人资格的限制如表9-4所示。

表9-4　“经纪人资格限制条件”统计

规范来源	经纪人资格限制条件
《上海市经纪人条例》第11条	刑事处罚执行完毕未满3年的，不予经纪执业注册，但过失犯罪的除外
《贵州省经纪人管理条例》第8条	因经济犯罪被判处刑罚，执行期满未逾3年的，不得取得经纪人资格
《广东省经纪人管理条例》第9条	因犯诈骗罪被判处刑罚，刑罚执行完毕后不足3年的，不得取得经纪人资格
《河南省经纪人条例》第9条	申请经纪人资格之前连续3年没有经济犯罪的

① 在限定期限的规定中，看不出期限设置的根据是什么。如《拍卖法》第15条规定，因故意犯罪受过刑事处罚的，不得担任拍卖师。《注册会计师法》第10条规定刑事违法人员自刑罚执行完毕之日起5年内，不得申请注册会计师。刑事违法人员利用拍卖师和注册会计师两种职业便利实施犯罪的可能性相当，对社会造成的危害性也不相上下，但法律却作出不一样的规定，依据是什么，不清楚。

可见，上述地方性法规，就经纪人资格与刑罚关联的条件的限定，是不同的。

3. 缺乏上位法的授权，随意设置职业排斥条件

如前面提到的各类考试资格的禁止和限制。再以最近两年各地农村信用社招聘公告为例。2017 年山西省农村信用社招聘公告中，将“未受过刑事处罚”作为招聘条件之一；2017 年石家庄农村信用社公开招聘公告将“被判过刑”作为除外条件；2017 年黑龙江省农村信用社招聘公告、2017 年吉林省农村信用社招聘公告、2018 年山东省农村商业银行高校毕业生招聘公告、2018 年安徽农村信用社招聘公告使用的是“无不良行为记录”的表述；2017 年湖北省农村信用社联合社招聘新员工启事，以“无违规违纪不良记录”作为招聘条件。我们查阅各地各类事业单位招聘公告，也有许多类似的内容。上述人员招聘中的禁止条件，其上位“法”依据是什么，不得而知。

4. 后果严厉，对其实际效果的评估有难度

严厉性是法律责任及其后果的本性，刑罚是最严厉的法律制裁手段。然而，刑罚的严厉是显性的，无论是生命刑、自由刑、财产刑抑或资格刑，都有明确的形式、内容和期限。裁判者可以根据个案的情况，运用自由裁量权，对犯罪分子判处与其犯罪行为、损害后果、目的动机、人身危险性等相适应的刑事惩罚，目前已经有比较成熟的评判标准和尺度。相反，刑罚附随性制裁，则达不到细致和逻辑上的规范，条件的设立宽泛、笼统，许多就是“受过刑事处罚的，不得……”或“曾因犯罪受过刑事处罚的，不得……”的模式。这种不加任何限定性的立法或制度设置，等于行为人只要犯了罪且受过刑事处罚，这些附随性制裁便发生效力。这类规定具有相当的数量，加之我国刑罚附随性制裁制度构建的体系性缺陷，因此在具体适用过程中，叠加适用情况的出现也在所难免。

不过分地讲，在现行的刑罚附随性制裁制度和实践做法下，刑事违法人员重新走向社会时将面临众多的职业限制，在普通民众眼中绝大多数有前途的、理想的、体面的从业资格都被剥夺了。加上一些隐形的对有刑法惩罚经历的亲属的从业限制和剥夺，刑罚附随性制裁的严厉性及后果的严重性可想而知，其影响是难以用量化的数字来衡量和评估的。

5. 关于前置条件的规定，看不出附随制裁与其前提之间的合理的逻辑关联性

刑罚附随性制裁的前置条件，有的进行了具体的限制，如前面提到的《刑法修正案（九）》《会计法》《食品安全法》等。有的限定要宽泛些，如《全国人大常委会关于司法鉴定管理问题的决定》和《公证法》将从事司法鉴定业务和公证员，限定为“因故意犯罪或者职务过失犯罪受过刑事处罚的”。有的非常宽泛，如前

面提到的《拍卖法》的规定。还有的则不进行具体条件的限制。总体来说，即便设置限制条件的，并不具有明显的针对性，前置条件中的犯罪性质、情节等，与剥夺资格、职业排斥等的后果之间，无明显的逻辑关联性。

第四节　刑罚附随性制裁的现实功效

中央社会治安综合治理委员会会同有关部门发布的《关于进一步做好刑满释放、解除劳教人员促进就业和社会保障工作的意见》(综治委〔2004〕4号)中指出："当前，我国就业压力较大，社会保障体系尚不完善，大多数刑释解教人员文化水平较低、缺乏专业技术；一些刑释解教人员好逸恶劳的恶习很深，加上社会上对他们存在一定程度的偏见和歧视，因此，刑释解教人员在就业和社会保障等方面仍然存在一些困难，使得他们中的一些人重新走上违法犯罪的道路，成为影响社会稳定的严重隐患。"为此提出，要"充分认识做好刑释解教人员促进就业和社会保障工作的特殊性和重要性，切实加强对这项工作的领导。要将这项工作作为一项长期的任务来抓，尽最大可能地化消极因素为积极因素，为社会主义现代化建设事业服务"。然而，刑满释放人员在就业和社会保障等问题的解决，需要理念的转变、具体制度的构建和行动上的落实。

刑罚附随性制裁在履行社会控制这一职能的过程中，是通过作用于一系列具体的社会治理事务来实现的。刑罚附随性制裁在履行社会控制方面具有现实的功效。

一、提升刑罚制裁对犯罪人的感铭力，强化威慑效果

首先，刑罚之外附随的各种限制、剥夺和排斥性的制裁，在刑罚消灭后继续发挥着刑罚制裁预防再犯、威慑和教育感化以及强化规范意识的功能。此外，禁止和限制曾受刑罚者从事某些职业、积累落户积分、获得荣誉和信誉、享受社会保障等，无疑是对于社会个体施加了一种精神压力，让行为人在实施犯罪前，增加更多的考量，特别是使那些可能不怕坐几天牢房，但是惧怕失去现有工作的人，增加更多的顾虑。因此，"刑罚附随性制裁"的威慑功能，有时并不亚于刑罚本身。加之，如果将刑罚附随性制裁延伸至曾受刑罚者亲属身上，刑罚的威慑和强化规则意识的效果更强。

二、扩大刑罚制裁对生活的负面影响，增强刑罚报应效果

严厉性是刑事责任及其后果的本质属性，刑罚是最严厉的法律制裁手段。然而，刑罚的严厉是显性的，无论是生命刑、自由刑、财产刑抑或资格刑，都有明

确的形式、内容和期限。裁判者可以根据个案的情况，运用自由裁量权，对犯罪分子判处与其犯罪行为、损害后果、目的动机、人身危险性等相适应的刑事制裁，且随着刑法理论和实践的进步，目前对于刑事制裁而言已经有了比较成熟的裁判标准和尺度。刑罚附随性制裁，则尚未实现内容上的细致和逻辑上的周延，其适用条件的设立较为宽泛和笼统，许多表述为“受过刑事处罚的，不得……”或“曾因犯罪受过刑事处罚的，不得……”的模式。这种不加任何限定性词语的立法或制度设置，等于行为人只要犯了罪且受过刑事处罚，这些附随性制裁就当然发生效力。这类规定具有相当的数量，加之我国“刑罚附随性制裁”制度构建的体系性缺陷，因此在具体适用过程中，叠加适用情况的出现也在所难免。这使得刑罚附随性制裁大大加强了刑罚所实现的制裁程度，对于犯罪者的报应力度超出了刑法所设定的责任程度。这在一方面使得报应刑的作用得以进一步凸显，社会震慑作用和“平民愤”的治理效果更为明显；但另一方面，也使得“刑罚附随性制裁”与“罪责刑相适应”的刑法基本原则之间，不可避免地产生了冲突。

三、维护社会秩序，保障社会安全

黎宏将“保安机能”列为刑罚的机能之一，并认为，保安机能是指“刑罚所具有的保障社会秩序的机能。通过执行生命刑和自由刑，将犯罪人暂时或者永久性地和社会隔离，客观上就能起到保障社会安全的作用”①。但社会安全的保障，仅靠法律及法律制裁是远远不够的。法律只能将一部分社会控制活动纳入自己的领域，其他社会控制手段的存在应用空间也很广泛。比如在学校组织的日常考试中作弊，当然不至于上升到违法犯罪的程度，但作弊者也往往会被校方处以警告、记过乃至开除等制裁。科研人员失信，所在单位会给予警告、记过甚至开除等处分。因此，除了以刑罚为典型的法律制裁之外，存在着大量法外的社会性制裁。社会性制裁和法律制裁在内涵特征上既存在共性，亦存在各自的特性，但在实现对社会安全保障的功能上却是一致的。刑罚附随性制裁中，既含有行政制裁等法律制裁，也含有社会性制裁，同样发挥着保障社会安全的功能。其通过设置一定的禁止或限制条件，让曾受刑罚者远离某些行业、某些领导岗位或某些区域和活动，等于将可能的“危险源”排除于这些行业和领域之外，通过对这些领域、行业的排斥性保护，提升对整个社会秩序保障的力度。

---

① 黎宏：《刑法学》，法律出版社 2012 年版，第 332 页。

四、彰显特殊职业的光环和其地位宣示

《中华人民共和国刑法》第37条规定了从业准入限制制度，初衷是切断职业犯罪人再次犯特定犯罪的条件，防止犯罪分子利用职业和职务之便再次犯罪。该项规定的功能在于，实现在特殊职业领域内对再次犯罪的重点预防。从业禁止的理论基础，仍然来源于对犯罪人人身危险性的预设，由法官根据犯罪的具体情节和预防再次犯罪的需要，在综合评估的基础上对于当事人决定是否适用从业准入限制。但事实上，目前绝大多数涉及从业准入限制的刑罚附随性制裁的设置和适用，都不是由司法判决确定的，而是通过行政机关、群众自治性组织、社会团体、企业法人等各类组织的行政决定或管理决策作出的。这些行政决定和管理决策，不可避免地将特定行业或特定职业群体的整体利益作为决策的重要立足点。尤其是对于公务员、教师、律师、会计师等社会上所谓的“体面职业”，由于其执业特点对于道德伦理和职业操守的要求明显高于一般行业，因此在“职业光环”的加持下，被标签化为只有道德过关、自律严格的人士才能胜任的特定行业。对于这些行业而言，限制或禁止曾受刑罚者进入，既是对于行业整体风评的一种维护，亦是一种社会地位的社会宣示。因此，从管理学的角度来看，刑罚附随性制裁的从业限制准入效果，可以被认为有利于提升特定行业从业人员的“自我认同”和“职业获得感”。

第五节　改进和完善我国刑罚附随性制裁制度面对的难题

一、围绕刑罚附随性制裁的价值基础的争论

围绕刑罚附随性制裁的价值基础涉及的问题有：目前我国如此之多的排斥、禁止和限制性的规定从何而来，又是基于怎样的思考和判断？设立如此之多的刑罚附随性制裁的价值基础是什么？对于关于这些问题，相关规定基本不作说明。

价值取向、价值定位是决定一项制度构建和运行的基础，它一方面能够检验现有制度的合理性，另一方面要为今后制度的完善和实践运行提供基础性的理念支撑，引导未来制度构建和实践运行的走向。如果不清楚刑罚附随性制裁究竟意欲为何，随手拈来，又没有救济制度和措施的跟进，那么刑罚附随性制裁的恣意扩张趋势会越来越盛，且效果可能事与愿违。因此，研究刑罚附随性制裁的价值基础，是非常必要的。

以在刑罚附随性制裁中占重要位置的职业禁止为例。目前学界关于就业

和职业歧视的研究，主要是围绕国际劳工组织于1958年6月25日通过的《消除就业和职业歧视公约》的内容展开的。《公约》第1条内容中包括："就本公约而言，'歧视'一词包括：(一)基于种族、肤色、性别、宗教、政治见解、民族血统或社会出身等原因，具有取消或损害就业或职业机会均等或待遇平等作用的任何区别、排斥或优惠……"可见，该《公约》中与"歧视"相关联的词汇中并没有明确出现"前科""受过刑事处罚""刑满释放人员"等，并且该《公约》列举的"原因"，很少是依后天自身行为改变的身份标识，由此，"前科""受过刑事处罚"属于行为人后天过错行为招致的身份标识，是否将其作为进行就业限制和禁止的依据，归入到公约中，还没有有力的研究结论和官方口径。不过，既然学界已经将国内的《劳动法》和《妇女权益保障法》等与《公约》相结合，进行系统研究，那么我们对其中的理论进行适当的借鉴，亦是有益的尝试。

关于《公约》及我国《劳动法》和《妇女权益保障法》等禁止职业歧视的价值基础，学界有"平衡自然抽签""尊重市场理性"以及"维护人格尊严"等主要学说。正如学者李成所言，以上三种学说都有其合理性，但每种学说的解释力都存在难以克服的局限，因此他主张将职业禁止的价值重构为推动社会融入。[①]基于这一观点，我们不得不思考一系列问题：有刑罚经历人员能否与其他社会成员一样，具有平等地进入劳动力市场的权利，平等地参与社会财富的分配，是否应该被排除在大城市的户籍之外，是否应被排除在国家最低生活保障政策之外。上述问题，归根到底，其实质是要不要让受过刑罚惩罚人员复归社会、融入社会的问题。尽管在法治社会中平等、尊严、理性等概念的使用颇富感召力，但避免这些概念沦为纯粹修辞的最根本措施是将平等、尊严、理性等法理概念内化为社会实实在在的行动，让这类有特殊经历的人，在接受刑罚惩罚、教育之后，能够确实地重新回归社会。因此，使有犯罪前科者回归社会，应成为刑罚附随后果制度构建中优先考虑的价值。换言之，刑罚根据与非刑罚社会治理手段的根据，在价值基础上应当存在显著差别。当代各国的刑罚根据，基本上采用报应刑兼预防刑的并合主义理念，而我们认为，在刑罚惩罚结束后，不应再以报应和预防作为对待刑满释放人员的价值基础，应将有利于有犯罪前科人员回归社会作为首要的价值基础。所有为了防范有犯罪前科者可能出现的再犯风险的手段或规范，均必须在保障这一价值理念实现的前提之下进行设计和运行。

① 参见李成：《社会融入：禁止职业歧视的价值基础重构》，《中外法学》2015年第5期。

二、价值的平衡和选择

决定和影响刑罚附随性制裁制度构建和实践运行的价值理念非常重要，然而就现有的研究来看，除了数量极少的司法部门关于刑满释放人员的安置政策的讨论文章以及寥寥几篇有关有刑罚经历人员的职业排斥的学术论文之外，我们缺乏对刑罚附随性制裁的价值定位的认真讨论和争辩，社会习以为常地接受不断出台的针对有刑罚经历人员的各类禁止或限制性规定和措施的发布，有的地方甚至出现了有违基本法治理念的极端做法。

打击犯罪、维护社会正常秩序，是刑法的任务。在对犯罪人进行定罪和刑法惩罚后，接下来，如何预防犯罪与给有刑罚经历的人回归社会的机会，是我们社会面临的一个严肃命题。如果从用人单位的角度来观察用人单位和求职者之间的关系，在招聘这一环节把好关，的确会减少单位或内部人员遭受犯罪侵害的机会，也会降低员工违法犯罪带来的麻烦、负担和负面评价。但从整个社会来观察，如果有刑罚经历的人在就业方面受到的限制条件不断扩张，那么其回归社会就变得障碍重重。一个单位可以把有刑罚经历的人挡在单位的大门之外，一个社会却无法将其驱逐出人类社会之外。

将有刑罚经历的人作为时刻防范的对象，与人们的心里前见或偏见有关，即所谓的“恶魔效应”。恶魔效应，是指由于对人的某一品质，或对物品的某一特性有坏的印象，会使人对这个人的其他品质，或这一物品的其他特性的评价偏低。与其对应的是光环效应。事实上，不论是恶魔效应还是光环效应，都是人的内心的前见和偏见，是不全面和不真实的。然而，这类心理现象在我国制度层面就有不少的例子。如贵州省农村信用社招聘公告中规定，曾受过刑事处罚，或因贪污、行贿受贿、泄露国家机密、商业秘密受到过党纪、政纪处分的，不予招聘。[①] 此规定意味着，某甲因醉驾被判处拘役 3 个月，刑满释放后，甲因为受过刑事处罚，所以不能报考农村信用社招聘岗位；某乙因防卫过当，被判刑 6 个月有期徒刑，刑满释放后，乙因为受过刑事处罚，所以不能报考农村信用社招聘岗位。再如成都市人民政府发布的《成都市婚姻介绍机构管理办法》规定，婚姻介绍机构中直接从事婚姻介绍业务的工作人员应具备的条件之一是“有完全民事行为能力，未受过刑事处罚、劳动教养和被开除公职的处分”。此规定意味着，受过刑事处罚的人，无论因何种罪名，均不得在成都从事婚姻介绍工作。

---

① 参见贵州省农村信用社官网，http://www.gznxbank.com/gznxbank/475031/475053/1805001/index.html，2018 年 6 月 10 日访问。

应该承认，有的职业和职务需要具备诚实、信用品质，需要具备诚实的品质，要有信用。然而，被我国刑法类型化的469个具体罪名，有的犯罪能够证明行为人有失诚信，有的犯罪则跟行为人个人的诚实、信用品质无直接的关联，如因遭受家暴的妻子伤害自己的丈夫，她的诚实和信用品质跟其他人并没有什么差别，她与其他人员交往的信誉也没有程度上的不同。因此，将因犯任何犯罪被判刑的人员，一律拒之于某种职业之外，是不合理的，也不应成为理所当然的做法。

在这里，新社会防卫论能给为我们提供一些启示。以法国刑法学家安赛尔为代表的新社会防卫论，是一种在当代西方国家有较大影响的刑法和刑罚的新潮理论。该理论的中心思想更加强调人道主义和保障人权的观点并积极地把人类各种科学的新成就纳入到刑事政策的实践活动中，在刑事政策的范围内确立犯罪学与刑法学的协作关系。其主要理论观点是：社会本身就是这个社会的主体，它应该教育每个成员成为一个合格的成员。因此，对犯罪者，不能简单地处罚了事，更应当考虑他的未来，使他作为一名合格的社会成员复归社会。在新社会防卫论看来，最好的立法并非是保护抽象的法律秩序，而是为人们的幸福创造更好的条件。① 新社会防卫论主张，仅仅靠强制和惩罚是无能为力的，必须通过教育使犯罪者内心转化然后才能消除控制其反社会性。国家负有拯救犯罪者、改造犯罪者成为新人并复归社会的义务。因此，社会不能以牺牲（惩罚）个人保全社会，应保护个人又保全社会，不能专靠惩罚保护社会。② 新社会防卫论所倡导的“国家负有拯救犯罪者、改造犯罪者成为新人并复归社会的义务”的思想，值得我们在制定对刑满释放人员的政策和相关制度和采取相关对策时，进行思考和借鉴。

第六节　刑罚附随性制裁改进和完善的可行性判断

曾经有过服刑经历的社会企业家、阳光下之家创始人王金云，在2003年9月创办了全国首个失足者帮教网站，不少在网上参加调查的刑释人员表示，就业的最大困难是“受人歧视”，约占61%。不容忽视的是，在我国，在对有刑罚经历人员的职业禁止、活动空间等的禁止和限制上，除了通过立法权，设置行政权和司法权的分工之外，还有其他的超越司法和行政权的范围的规制措施，数量之多，统计起来都是一个难题。不外乎是出于对有刑罚惩罚经历的人的人身危

① 参见涂欣筠：《新社会防卫论及其对我国刑事政策的启示》，《理论探索》2017年第2期。

② 参见[法]安塞尔：《新刑法理论》，卢建平译，香港天地图书有限公司1990年版，第30～31页。

险性、信誉等的防卫心理，个体或单位不愿意承担这方面的风险，哪怕是想象出来的风险。因为，毕竟有前科人员存在一定的再犯罪率，加之，我们的媒体也对此进行无控制的报道，很容易让人产生联想，自然而然地会将再犯罪与有刑罚经历的人进行联系，自觉不自觉地选择把受过刑罚处罚的人与自己或单位相隔离。

理想的状态是，预防犯罪和给有刑罚经历的人回归社会的机会，两方面都能合理兼顾。但我们习惯上，在预防犯罪方面的警惕性非常高，而在犯罪人回归社会方面，落到实处的、效果明显的工作措施还远远不够。前面的统计已经说明，我国近年来的总体趋势是，职业禁止、资格限定等的规定越来越多，我们不能不思考，留给有刑罚经历的人员的就业和选择空间还有多大？这个问题的实际估算比较困难。但是，有刑罚经历的人员重新获得就业机会难，并且越来越受到限制确实是现实情况。那么，通过减少职业禁止的种类，或者通过调整、去掉一些不相关的限制条件，适当地释放受过刑罚惩罚人员的就业空间，是否可行呢？

我国每年刑满释放人员100多万人。按照回归社会的价值理念，这些人都要重新回到社会中来，通过获得就业机会，过上正常的生活。目前，我们无法就有受过刑罚处罚者的剩余择业空间进行量化的统计。但至少可以得到一个直观的判断：由于制度层面扩张限制其从业和就业的领域，现实中用人单位又有更多的顾虑，不愿意聘请有刑罚经历的人入职，因此，受过刑罚处罚的人，能够选择的职业是非常有限的。我们似乎已经习惯于不断制定“禁止”“限制”性规定并不折不扣地贯彻执行，但对于这类制度设置及内容本身，是否合理兼顾了预防犯罪与给受过刑罚处罚者回归社会的机会兼顾，是否有违宪法的规定和精神，是否存在下位规定与上位法相冲突等问题，缺乏系统性的评估和反思。

刑满释放人员回归社会，不只是某个部门或者某个领域能够解决的问题，牵涉的因素广泛。理念的转变、社会包容性的增大，社会、用人单位的接纳，都是不可缺少的因素。有刑罚经历的人，有的在刑罚执行完毕后可能重新走向犯罪道路，对其进行一定的防范可以理解。但是，如果简单地将有刑罚经历的人一律默认为有人身危险性的人，是潜在的未来犯罪之人，不加区分，将“犯罪人”这一标签十足地加以运用和贯彻，时刻防范他们，甚至在他们回归社会的道路上设下重重障碍，在他们求职等方面设置苛刻的条件，这实际上已经超过了预防犯罪所需的必要限度，当然不是实现有刑罚经历者回归社会的有效机制和办法，从社会效益考虑，也并非经济上的最优解。

为此，我们首先需要就我国目前的包括职业禁止在内的刑罚附随后果进行一下系统性的梳理和评估，看看哪些是有必要保留的，哪些是可以放宽条件的，哪些是可以通过更改"职业种类""期限"等条件为有刑罚经历人员释放就业空间的，还有哪些是可以废止的制度，确属没有必要的，要坚决地予以废止。[①] 相信，经过整理，本着防卫社会与给予有刑罚经历的人回归社会的机会二者兼顾的理念，应该能够为这些人员回归社会释放出一定的空间。

一、树立回归社会优先与必要的预防犯罪相结合的理念

树立回归社会与预防犯罪相融合与兼顾的理念，并且强调回归社会优先，就是要将回归社会与危险防范、预防犯罪理念相融合，理性地对待犯罪人在刑罚执行完毕后的出路问题，要让有刑罚经历的人员在刑罚执行完毕后，与其他普通公民一样走上工作岗位，通过自己的劳动，自食其力，并且承担起家庭成员的角色和责任。经过刑罚制裁和服刑期间的教育、改造，有刑罚经历人员的人身危险性大大降低或消除，没有人是天生的犯罪人，也没有证据表明曾经的犯罪人在刑罚结束后注定会再次犯罪，因此，强调预防犯罪、社会防卫思想的同时，不能忽略人性本善的根本。对于有些曾经的犯罪人来说，或许挫折和打击往往才是使他们铤而走险、再次犯罪的原因。规定刑罚的附随制裁，让犯过罪的人不再保有现有的职业，一是维护特殊职业的光环，二是保护社会利益免遭不法分子的二次侵害，但若运用不当，可能会适得其反。因此，回归社会为主，兼顾预防，应该成为对待有犯罪前科人员的价值基础和理念。

二、国家制度层面对刑罚附随性制裁的缓和与松绑

我国《宪法》第 42 条规定，劳动权是我国公民的基本权利之一，而对"劳动权"作宪法解释，则可以推出职业自由权是劳动权的基本内容之一。[②] 换言之，职业自由从本质上看，属于"宪法未列举之基本权利"的一种，故而在对该权利进行限制和剥夺的过程中，应当遵从谨慎原则，遵循手段的妥当性、必要性及比例原则。

刑满释放人员回归社会的常态，是成为一名正常的普通社会公民。由于贴有"犯罪人"的标签，就业、就学、参加社会活动等会受到限制或排斥。更何况，即便没有规定，用人单位从自保的心理出发，也会小心慎重地把好进人关，那么，如果国家不停地释放"掌握好招录人员安全阀"的信号，那么用人单位会把

① 如我国《社会团体登记条例》第 13 条规定："有下列情形之一的，登记管理机关不予批准筹备：发起人、拟任负责人正在或者曾经受到剥夺政治权利的刑事处罚，或者不具备完全民事行为能力的。"既然"曾经受过剥夺政治权利的刑事处罚"，那么现在其原来享有的政治权利已经恢复，为何还要继续予以剥夺？

② 参见韩大元：《中国宪法事例研究》(一)，法律出版社 2005 年版，第 133 页。

控更严。事实上,禁止或限制性规定具备一定的合理性,但如果限制过于宽泛,加上不打折扣甚至升格式地贯彻执行,会造成这类人员就业的难度,造成生活困难,不利于其回归社会。

其实,《刑法》第37条之一的规定,是体现预防和鼓励回归社会的好的立法例,具体表现在:其一,将"职业禁止"与原来犯罪密切关联;其二,将禁止从事相关职业的时间限定为3年至5年;其三,规定"其他法律、行政法规对其从事相关职业另有禁止或者限制性规定的,从其规定"。等于从刑法这一基本法层面,限定了"本法"认可的层级为"其他法律"和"行政法规"。但对"其他法律"和"行政法规"中的"职业禁止"与"前提条件"之间的"逻辑关联性"以及"期限"等关键条件的设置,刑法的这一规定尚不能起约束作用,这或许应该是今后制度优化的努力方向,也就是说,国家在立法层面应该缓和和松解一些禁止和限制性规定,释放一些积极地鼓励有刑罚经历人员回归社会的信号,为地方和行业所仿效。

三、提升刑罚附随后果的制度设立层阶

《刑法修正案(九)》开始就犯罪和犯罪受刑罚处罚之人的职业禁止作了规定,立法层级上的提升,彰显了国家对公民基本权利保障措施的加强。然而,现实中的法律、行政法规以外的禁止和限制性的规定仍然有效,并且排斥性的新规定不断出台。为此,建议提升制度层级,原则上限于法律、行政法规两个层级。地方或行业的细化规定,各行业、各领域或单位制定的所谓"防卫性条款",不得与宪法、法律、行政法规相冲突,不得设置超出法律、行政法规之外的限制或禁止性的条件,严格遵守上位法和下位法之间的效力等级规则。

四、体系性构建刑罚的附随后果

我国《宪法》第33条规定,中华人民共和国公民在法律面前一律平等。《立法法》第8条规定,对公民政治权利的剥夺、限制人身自由的强制措施和处罚,只能由法律规定。《监狱法》第38条规定,刑满释放人员依法享有与其他公民平等的权利。《预防未成年人犯罪法》第48条规定,依法免予刑事处罚、判处非监禁刑罚、判处刑罚宣告缓刑、假释或者刑罚执行完毕的未成年人,在复学、升学、就业等方面与其他未成年人享有同等权利,任何单位和个人不得歧视。

上述这些在我国法律体系中处于高位阶的规定,为行政法规、地方性法规等的内容设置提供了基调。但是,从一个国家法律的体系化的视角,我们会发

现，存在明显不合理的下位阶的规定。[①] 体系性构建刑罚的附随后果，一是要解决这方面的具体内容安放在我国目前的法律和制度体系中怎样的位置的问题，二是要解决具体内容的合理性、科学性问题。基于再犯预防与回归社会协调共融的理念，本着宪法至上，重要事项需由法律、行政法规等高位阶规范进行规定的原则和思路，我们有必要先进行系统性的清理和整理工作，清理没有宪法、法律根据的规定，而后的下位阶制度性规定，不得在法律和行政法规之外设置额外的排除和限制性内容。

第七节　刑罚附随性制裁的作用边界

合理限度的刑罚附随性制裁，确实有助于在短期内实现特定领域或行业中的社会控制，且效果明显。但如果对其不加限制地滥用，则会人为地将深层次的矛盾和隐性问题后移。基于对有前科人员的心理戒备，不断衍生出的各种禁止或限制措施，使得犯罪人回归社会的难度进一步加大，其人权保障和特殊预防的效果难以保证，社会整体和谐的实现更为艰难。刑罚附随性制裁的施加，如果缺乏配套的“复权制度”或类似救济途径的补充，那么它给曾受刑罚者所带来的否定评价和惩罚就没有解除时限，对其就业、职业选择以及其他法定基本权利的行使，则会产生超出合理限度的限制。事实上，如今一些刑法学者们已经意识到，“即使某些非刑罚处罚方法轻于行政责任、民事责任的实现方式，但从实质上看，其给犯罪人在社会生活上所造成的不利影响更为严重”[②]。

任何一种法律制度和规则的背后，必然有着相应思想理念作为支撑。我国多年形成的对曾受刑罚者的禁止、限制和排斥性的规定和做法，其内在驱动仍然是刑罚根据理念，即综合实现犯罪的报应和预防。这种理念扩展至非刑罚手段，并不利于曾受刑罚者回归社会。被判过刑的人，除了适用死刑和终身监禁的，终究要回到社会中来，这是一个无法回避的社会问题。单个的用人单位可以将有违法犯罪前科的人拒之于门外，但一个社会却无法将其拒之于人类社会之外。同理，一个城市或地区可以拒绝曾受刑罚者取得本地区的户籍，但一个国家却不能把有刑罚前科的人驱逐了事来实现社会的“净化”。为此，需要引导刑罚附随性制裁向适度与合理的方向发展，为其作用设定边界，以防止其滥用。“尤其是在一种行为同时受到法律制裁和社会性制裁的情况下，单从法律制裁的角度看，行为人似乎‘罚当其责’，但如果我们将其同时受到的社会性制裁考

① 如前面提到的《社会团体登记条例》第 13 条，就有继续剥夺政治权利效力的嫌疑。

② 张明楷：《刑法学》（第四版），法律出版社 2011 年版，第 560 页。

虑进去，其所承受的禁止或限制，可能就超出了其应当为其行为所负的责任限度。”[①]从这个意义上讲，刑罚附随性制裁与以刑罚为典型的法律制裁的统筹协调，已成为公民法益保护的题中应有之义。

一、“刑罚”的期限和内容于刑罚执行期满后不应再延续

根据《宪法》和罪刑法定原则的要求，不唯人身自由限制，凡《刑法》中确定的刑种，其适用期限均不得于期满后以任何理由继续延续。剥夺政治权利作为一种刑罚，除剥夺政治权利终身的，剥夺政治权利的期限届满时，应宣布恢复政治权利，继续享有宪法所赋予的政治权利。然而，我国一些现行的法律、法规和地方性规定，存在将剥夺政治权利期限延长的嫌疑。如《公司法》第 146 条规定“因贪污、贿赂、侵占财产、挪用财产或者破坏社会主义市场经济秩序，被判处刑罚，执行期满未逾五年，或者因犯罪被剥夺政治权利，执行期满未逾五年”的，不得担任公司的董事、监事、高级管理人员。再如，国务院颁布的《社会团体登记管理条例》第 13 条规定：“有下列情形之一的，登记管理机关不予批准筹备：……（三）发起人、拟任负责人正在或者曾经受到剥夺政治权利的刑事处罚，或者不具有完全民事行为能力的……”《天津市行政机关归集和使用企业信用信息管理办法》第 10 条规定：企业法定代表人、主要负责人因犯有贪污贿赂罪、侵犯财产罪或者破坏社会主义市场经济秩序罪，被判处刑罚，执行期满未逾5 年或者因犯其他罪被判处刑罚，执行期满未逾 3 年以及因犯罪被判处剥夺政治权利，执行期满未逾 5 年的，记入警示信息系统。

我国《刑法》第 54 条所规定的剥夺政治权利，包括“担任国有公司、企业、事业单位和人民团体领导职务的权利”。剥夺政治权利期限届满，理论上，这一刑罚制裁已经结束，受刑人不再受剥夺政治权利的限制。上述《公司法》等的规定，使得曾被剥夺政治权利的人员在刑罚消灭后继续受到政治权利的剥夺或限制。考虑到刑罚制裁体系的融贯和刑罚适用逻辑上的顺畅，对于曾受刑罚者的“刑罚附随性制裁”，既要考虑其与之前所判刑罚的衔接，又要将两者区别开来，否则有可能造成附随性制裁手段对于罪刑法定原则底线的突破。

二、不应设定和适用侮辱性的“刑罚附随性制裁”

人格尊严是人之所以为人的标准，侮辱性的制裁手段是在破坏和贬损一个人的人格尊严，因此，从伦理的角度考虑，侮辱性的制裁手段即使不能一律禁

① 王瑞君、吴睿佳：《法外的惩戒：“社会性制裁”概念辨析及其内涵证立》，载《甘肃政法学院学报》2019 年第 2 期。

用，其适用也应当是十分谨慎的。这也是游街示众等传统上常见的刑罚手段不为现代法治文明所取的原因。德国著名马克思主义学者、实践哲学领域专家格奥尔格·罗曼(Georg Lohmann)，将人的尊严视为人权的基础，“只要人的尊严是人权的基础，从形式上看，这个概念就像人权的规定那样，是普遍的、平等的、个体的和绝对的。这就是说：每个人都单独地并以相同的方式被赋予人的尊严，仅仅是因为他或她是一个人”①。在我国，对于犯罪的人，最严厉的惩罚即刑罚，包括生命刑、自由刑、财产刑和资格刑，羞辱刑早已被废止，保护人格尊严的理念亦贯穿于公法和私法领域之中。最高人民法院、最高人民检察院和公安部早在30年前就三令五申禁止对犯罪嫌疑人、犯罪分子游街示众。因此，上文提到的社会中出现的“涉毒家庭”以及“挂牌跪地示众”“脱衣挂牌示众”等等，都是过时的、陈腐的、违法的，无疑偏离了依法治国道路。

美国心理学家亚伯拉罕·马斯洛(Abraham H. Maslow)于1943年在《人类激励理论》一文中所提出的马斯洛需求层次理论，将人类需求像阶梯一样从低到高按层次分为五种，其中“尊重的需要”是第四层次的需要，包括自我尊重、自我评价以及受到他人的尊重。其基本含义是，人人都希望自己有稳定的社会地位，要求个人的能力和成就得到社会的承认。“尊重的需要”，既包括内部尊重，即指一个人希望在各种不同情境中有实力、能胜任、充满信心、能独立自主；也包括外部尊重，即指一个人希望有地位、有威信，受到别人的尊重、信赖和高度评价。马斯洛认为，“尊重的需要”得到满足，能使人对自己充满信心，对社会充满热情，体验到自己活着的用处和价值。② 刑满释放人员同其他人一样，也有“尊重的需要”，这一方面不仅表现为多数刑满释放人员渴望能够自食其力并承担起家庭的责任，也表现为其渴望得到社会的接纳和信任；另一方面，人人享有尊严，也是社会文明进步的标志。

三、不应制裁“不相干人员”

违法犯罪人员也罢，失信人员也罢，其子女的人身权、人格权是独立的，不能因父母是犯罪之人、受过刑罚处罚之人或者是“老赖”，而被否定和剥夺。对曾受刑罚者亲属的牵连性制裁，应为法治理念和实践所摒弃。针对某一社会主体的“制裁”，要以“前提条件与制裁结果之间有逻辑关联性”为适用条件。社会主体，特别是家庭成员的财产利益存在关联，可以进行连带性剥夺，但人的人格

---

① ［德］格奥尔格·罗曼：《论人权》，李宏昀、周爱民译，上海人民出版社2018年版，第61页。

② 参见［美］亚伯拉罕·马斯洛：《马斯洛人本哲学》，唐译编译，吉林出版集团有限责任公司2013年版，第28页。

权、名誉权是独立的,子女不能因父母的违法犯罪而失去其独立的人格权、名誉权。父母不诚信不等于子女注定是不诚信的人。亲属连坐,采取摧毁个人前途的方式,既不是法律和有关“惩戒”规定的初衷,也不符合社会治理的总体要求。简而言之,如果进行牵连性制裁,进行惩罚的法外发挥和不断扩张,是一种法治的制度退化。

四、刑罚附随性制裁应遵循比例原则

比例原则起源于德国警察法领域,后扩展适用于各国行政法领域,由妥当性原则(或正当性原则)、必要性原则以及相称性原则(或狭义比例原则)三个子原则构成。二战以后,比例原则被迁移适用于宪法领域。[①] 事实上,比例原则作为一种限制公权力滥用的基本约束,在刑法、民法及其他领域的立法和司法活动中,也被广为认可。

根据比例原则的要求,惩罚性的措施,不仅要合法,而且还要合理。惩罚的合理性包括两个层面:一方面是手段合理,另一方面是力度合理。虽然刑法遵循了罪刑相适应原则的要求,对犯罪人判处的刑罚与其罪责的大小相对等,但是目前刑罚附随性制裁的设置和执行,并不受刑法的约束。从保持社会整体进步发展的角度来看,惩罚不是目的,它是为了让受惩罚者认识错误、汲取教训、悔过自新。落实比例原则的精神,从制裁手段上讲,刑罚附随性制裁不应创设过多对曾受刑罚者的基本权利进行妨害和限制的制裁手段,如受教育权、劳动权等,以免使其基本人权的实现遭受不可逆的损害,演化为更进一步的自暴自弃乃至报复社会的恶果;从制裁力度上讲,刑罚附随性制裁不应堵死曾受刑罚者的所有希望和出路,应当为其留有回归社会的余地。

第八节　理性约束刑罚附随性制裁的具体建议

对于刑罚附随性制裁,对其确定制度层面的具体边界,比给出理念化的设想更难。其配套制度的完善需要大量的实证调研和充分的理论论证作为前提。就目前已有的研究基础来说,至少应该对现有的制度进行系统梳理和原则性的约束,然后逐步实现由粗糙到细致,首先实现个别领域制度细节上的改变,以增强其科学性,才能逐步引导刑罚附随性制裁实践朝着合理的方向运行。

---

① 参见范进学:《论宪法比例原则》,《比较法研究》2018年第5期。

一、增强前置条件与附随后果之间的关联性

美国、加拿大有如下的规定："食品安全犯罪者将终身不得从事食品生产经营活动。""性犯罪者刑满释放后不得居住在幼儿园直至高中校园半英里以内。"此类规定，意在有针对性地对特殊经历者，对其未来从事的职业或活动区域进行禁止或限制，具有较强"前提"与"后果"之间的逻辑关联性，在预防同类的事件再次发生的同时，不过多地干预其行动和职业选择自由。

我国也有好的例子。如《会计法》第40条规定："因有提供虚假财务会计报告，做假账，隐匿或者故意销毁会计凭证、会计账簿、财务会计报告，贪污，挪用公款，职务侵占等与会计职务的有关违法行为被依法追究刑事责任的人员，不得再从事会计工作。"类似这样的规定，对有刑罚经历的人员作出的职业限制具有较强针对性的规定，可以较好地体现出附随后果与前提之间的逻辑关联性，摒弃了"一网打尽"的做法，容易让人接受，也将预防犯罪控制在合理范围之内。

二、压缩终身禁止或限制的条款

如果对有刑罚经历人员的职业禁止不设期限限制，等于将"犯罪人"的标签永远贴在他们身上，否定人具有弃恶从善、改过自新的可能性，同时是缺乏实证研究支撑的仅凭经验认定这些人会再走向犯罪道路的不合理做法。从鼓励和接纳有刑罚经历人员回归社会的理念和姿态出发，刑罚附随后果应尽量减少终身剥夺的规定，除特殊情况外，对职业的限制以及资格的剥夺都要有明确的期限规定。可以依据其所犯罪行及其刑期的长短，加上对其人身危险性的科学评估，来确定对其进行禁止或限制的时间，改变目前随意规定或者终身禁止的现状。

《刑法》关于职业禁止的期限是3～5年，那么今后的其他法律、行政法规等关于职业禁止的规定期限，都应考虑以此为参照标准。只有在特殊情况下，譬如某种职业代表了国家形象，一旦被滥用将有损公众对社会的信任，或者某种资格具有敏感性和脆弱性，一旦具备将成为犯罪的便利条件，极易被行为人再次利用实施犯罪行为，才可以设定较长或终身的条件限制。

三、对过失犯、轻微犯罪的职业禁止和资格剥夺要慎用

过失犯罪，主观上都不是主动追求犯罪结果的出现，表现为违反了刑法上的注意义务，主观恶性通常较小，人身危险性较故意犯罪要低，更谈不上利用自身所拥有的权利资格为犯罪行为的顺利实施创造便利条件，加之经过刑罚的惩治后，基本已经无再犯的可能，故而不应在其受完刑事处罚之后继续予以限制

资格。当然，过失犯罪中有一种极为特殊的形式——职务过失犯罪，职务过失犯罪行为人应该负有更高的注意义务，犯罪行为所造成的社会影响也比一般过失犯罪要大，因此对此类过失犯罪规定限制性条款，有其必要性。

轻微犯罪，基于人身危险性通常比较小的特点，也应该从适当宽松的理念出发，进行区别于重罪的制度设计。2020 年 6 月 20 日全国人大常委会通过并颁布的《中华人民共和国公职人员政务处分法》（以下简称《公职人员政务处分法》）第 14 条对公职人员犯罪是否一律开除公职有了不同以往的规定，区分故意和过失犯罪，过失犯罪中结合被判处的刑罚、影响大小等因素，决定是否开除。其内容是："公职人员犯罪，有下列情形之一的，予以开除：（一）因故意犯罪被判处管制、拘役或者有期徒刑以上刑罚（含宣告缓刑）的；（二）因过失犯罪被判处有期徒刑，刑期超过三年的；（三）因犯罪被单处或者并处剥夺政治权利的。因过失犯罪被判处管制、拘役或者三年以下有期徒刑的，一般应当予以开除；案件情况特殊，予以撤职更为适当的，可以不予开除，但是应当报请上一级机关批准。公职人员因犯罪被单处罚金，或者犯罪情节轻微，人民检察院依法作出不起诉决定或者人民法院依法免予刑事处罚的，予以撤职；造成不良影响的，予以开除。"按照《公职人员政务处分法》第 2 条第 3 款"本法所称公职人员，是指《中华人民共和国监察法》（以下简称《监察法》）第 15 条规定的人员"，关于公职人员犯罪是否开除公职的人员，包括《监察法》第 15 条规定的下列人员："（一）中国共产党机关、人民代表大会及其常务委员会机关、人民政府、监察委员会、人民法院、人民检察院、中国人民政治协商会议各级委员会机关、民主党派机关和工商业联合会机关的公务员，以及参照《中华人民共和国公务员法》管理的人员；（二）法律、法规授权或者受国家机关依法委托管理公共事务的组织中从事公务的人员；（三）国有企业管理人员；（四）公办的教育、科研、文化、医疗卫生、体育等单位中从事管理的人员；（五）基层群众性自治组织中从事管理的人员；（六）其他依法履行公职的人员。"相信《公职人员政务处分法》的上述规定，会为今后解决公职人员犯罪所涉及的撤职、开除等刑罚附随的行政处分措施的适用提供统一的依据。

四、排除对因防卫或避险过当而承担刑事责任者的权利限制

正当防卫和紧急避险是当行为人的利益受到他人侵害，面临正在发生的某种危险，却又来不及请求国家保护以及其他救济措施的情况下，不得已而动用私力进行救济的行为。私力救济超过必要的限度会转化为不受法律保护的过当行为。然而，防卫过当和避险过当引发的触发刑法的行为，行为人主观恶性一般不大，其人身危险性也比较低，特别是在我国，刑法明文规定的两种排除犯

罪的事由即正当防卫和紧急避险中，规定的是“为了使国家、公共利益、本人或者他人的人身、财产和其他权利免受正在进行的不法侵害……”和“为了使国家、公共利益、本人或者他人的人身、财产和其他权利免受正在发生的危险……”实施行为是为了保护国家、集体和他人利益而被认定为防卫过当、避险过当的行为人，在其刑罚执行完毕后施以一系列的剥夺或限制性做法，显然是不合理的。

赵宇案即是典型的例子。许多人关注赵宇案包括媒体报道该案，大都主要在乎的是赵宇究竟是正当防卫还是防卫过当的问题，而赵宇本人更关心的是自己的有罪认定会不会给自己的后代带来未来在求学、就业等发展方面的障碍的问题。从不起诉到正当防卫，赵宇要的不仅仅是自己不被定罪判刑，还要以自己的清白为自己的孩子的求学、发展等清除障碍。福州市公安局于 2019 年2 月 21 日凌晨发布案情通报，公布了该案案发经过。通报称，检方认为赵宇的行为属于正当防卫，但超过必要限度，造成了被害人李某重伤的后果。鉴于赵宇有制止不法侵害的行为，为弘扬社会正气，鼓励见义勇为，综合全案事实证据，对赵宇作出不起诉决定。在最高人民检察院指导下，福建省人民检察院指令福州市人民检察院对该案进行了审查。经审查认为，赵宇的行为属于正当防卫，不应当追究刑事责任，原不起诉决定书认定防卫过当属适用法律错误，依法决定予以撤销，依据《刑事诉讼法》第 177 条第 1 款规定，并参照最高人民检察院 2018 年 12 月发布的第 12 批指导性案例，对赵宇作出无罪的不起诉决定。最高人民检察院表示，严格依法对赵宇一案进行纠正，有利于鼓励见义勇为行为，弘扬社会正气，欢迎社会各界监督支持检察工作。2019 年 4 月 2 日，“法治在线”节目记者采访时，赵宇表达了自己的担心，担心自己有污点，会影响自己的孩子。可见，未必是熟悉法律的对因为有前科、被判过刑才如此敏感，即便是没有法律背景的，现在也十分关注这个问题。

五、禁止对未成年人适用附随性制裁的规定

考虑到未成年人心理发育不健全、辨别是非的能力差、自我控制力弱、相比较成年人其犯罪动机相对来说比较单纯、主观恶性小等特点，我国不论是刑法的适用原则还是刑罚的执行方式上，都形成了与成年人犯罪不一样的制度和做法。“以教育为主、惩罚为辅”是我国对少年违法犯罪的刑事政策，《中华人民共和国未成年人保护法》《中华人民共和国预防未成年人犯罪法》的相关规定，为刑满安置工作提供了有力的法律依据。《刑诉法》第 275 条还对未成年人犯罪记录封存制度作了原则性规定。《人民检察院刑事诉讼规则(试行)》也规定应将拟封存的未成年人犯罪记录、卷宗等相关材料装订成册，加密保存。但是，由

于存在于各法律法规中的限制性条款采取“一刀切”的立法模式，并没有表现出对未成年人的关照，也与上述立法精神相矛盾，暴露出体系性制度构建和实践方面存在的不足。为体现对罪错未成年人惩罚与教育有机融合的刑事政策理念，为争取罪错未成年人回归社会着想，为法律制度的体系化之考量，应当去除对未成年人适用刑罚附随后果的规定。

六、明确刑罚附随性制裁的可诉性及其法律救济渠道

“社会的每一个角落都能得到适当的救济，正义的总量，即整体正义能否达到令人满意的程度，才是衡量一国司法水准高低的真正标尺。”[①]理论上，上位法律法规的禁止性规定，对于招聘和用人单位而言，属于义务性规范，是必须承担的法律义务，对于存在上位法禁止事由的人员，不得违规招录。反过来，对于从事法律法规未禁止的职业、有关作业活动，获取社会保障等，是公民的合法权利，其剥夺和限制必须有相应的法律救济渠道。我国《宪法》第 42 条规定，劳动权是我国公民的基本权利之一，而对“劳动权”作宪法解释，则可以推论出职业自由权是劳动权的基本内容之一。[②] 劳动权的行使是否顺畅，直接关系到人的生存权和发展权。目前我国有显形的职业排斥，其中有的有法律依据，有的则没有法律依据，还有大量的隐形的职业排斥的做法。仅就曾受刑罚者而言，排斥性的规定和做法常见，但极少见到曾受刑罚惩罚人员因被拒绝录用和聘用而提起诉讼的案件。究其原因，一方面，可能是当事人预期这类纠纷以诉讼手段解决的难度会非常大，权衡之下主动放弃了诉权的行使；另一方面，用人单位在用工自主的前提下，给出的非真实的拒绝录用理由，使得当事人即使通过诉讼来维护自身权益，也不以曾受刑罚作为被排斥的事由进行举证。这也从侧面反映出明确刑罚附随性制裁的法律救济渠道具有现实意义。换言之，在我国明确刑罚附随性制裁的可诉性，保护受刑罚附随性制裁者通过诉讼维护自己合法权利，寻求司法机关的介入，符合社会主体合法权利要有保护措施跟进的逻辑。尽管实现起来有一定的难度，但不论是对于制约刑罚附随性制裁不断扩张的现象，还是维护我国社会主体权利救济渠道的完整性和通畅性来说，都是必要的。

总之，认罪认罚从宽司法改革是要走出一条实现案件侦查、起诉、审判等各环节的依法快捷办案之路。坚持繁简分流，但“速”“简”有别，要进一步提高政法机关适用速裁程序的主动性，提高司法公信力和司法效率，提高当事人的认同度和人民群众的满意度，走出一条符合中国国情、符合司法规律的改革之路。

---

① ［日］小岛武司等：《司法制度的历史与未来》，汪祖兴译，法律出版社 2000 年版，第 35 页。

② 参见韩大元：《中国宪法事例研究》（一），法律出版社 2005 年版，第 133 页。

同时，认罪认罚从宽司法改革，应当纳入到整体的法治建设体系中，任何一项司法改革和单项问题的解决都不是孤立的，我们不缺乏问题思维，我们缺乏的是体系性思考，即对问题进行深入的研究离不开将问题纳入体系性思考中，针对案多人少的事实难题，既要公正又不能不考虑成本，要兼顾多元价值和不同主体的利益诉求，于是，要从对问题的思考，发现导致问题解决结论的不为公众所接受的原因是什么，问题出在哪里，通过问题性思考找出共同的特点和规律，然后上升到体系的高度，经过体系性思考强化对问题的规范性思考。当然，体系的构建和构建的体系时刻要接受问题的检验，不能忽视问题性思考的重要性。问题性思考要与体系性思考有机结合。鉴于我国更缺乏体系性思考，因此更应该强调体系性思考，将认罪认罚从宽的刑事政策延伸到刑罚执行乃至执行后环节中。[1]

---

① 事实上，随着认罪认罚从宽制度的实施，较之前，不起诉的案件将增加，这本身就能够减少被定罪和判刑所带来的被开除、就业前景受影响等的刑罚附随后果。

结 语

认罪认罚从宽经历了由政策向制度化转变的过程，可以被看作是当代中国刑事法治领域中刑事政策法律化的代表之一。“认罪认罚从宽”与“认罪从宽”的逻辑结构存在差异。“认罪从宽”中“认罪”构成“从宽”的单独理由，“从宽”是基于被追诉人的认罪、悔罪态度而给予的，理论依据是传统的预防刑理论。在“认罪认罚从宽”中，“认罪”与“认罚”捆绑在一起构成“从宽”的“合成理由”，“从宽”一方面包含实体法层面对被追诉人认罪、悔罪态度的尊重，同时，对被追诉人在追求自己犯罪刑事责任的过程中给予国家追究刑事责任活动的配合也给予肯定，由于这种配合对提升刑事诉讼效率、优化司法资源具有重要的意义，于是，既“认罪”又“认罚”的“从宽”，不仅能够获得实体法意义上的刑罚适用的“从宽”，而且程序法上同时能够获得程序上的简化，这在认罪认罚从宽改革试点和《刑事诉讼法》中，均得到了充分的体现。

《中共中央关于全面推进依法治国若干重大问题的决定》提出“完善刑事诉讼中认罪认罚从宽制度”之后，全国人大常委会、最高人民法院、最高人民检察院出台了一系列改革文件，在认罪认罚从宽从试点到制度的建立和实施的几年时间里，理论界和实务界做了大量的工作，贡献出许多智慧。特别值得一提的是，2018 年修改《刑事诉讼法》时，认罪认罚从宽制度成为最核心的修改内容，但是缺乏对认罪认罚从宽立法目的的说明，《刑事诉讼法》中也没有规定该制度的立法目的。2018 年 4 月 25 日，全国人大法工委沈春耀主任在《关于〈中华人民共和国刑事诉讼法(修正草案)〉的说明》中，也没有提及认罪认罚从宽的立法目的。如我国学者所言，自《中共中央关于全面推进依法治国若干重大问题的决定》中首次提出“完善刑事诉讼中认罪认罚从宽制度”以来，《中华人民共和国刑事诉讼法》以及司法解释等各种规范性文件中，对于认罪认罚从宽制度的立法目的出现了由一元化到多元化并存然后模糊化处理的波动过程。认罪认罚从宽制度的立法目的波动化既容易使得各个学者在探讨该话题时缺乏统一的针对目标，也导致了司法适用中的诸多弊端。[①] 确实如此，认罪认罚从宽，这个看上去并不复杂的问题，却在关键环节甚至关键词的解读上，达不成基本的共识，不仅浪费了学术资源，更重要的是，会对认罪认罚从宽制度的司法实践产生误导，办案人员不知所从。

认罪认罚从宽制度是近几年最高人民检察院、最高人民法院工作部署中的高频词。2020 年《最高人民检察院工作报告》中总结了认罪认罚从宽制度的情况，"刑事诉讼法确立的认罪认罚从宽制度要求检察机关以在案事实、证据促进犯罪嫌疑人自愿认罪、认同量刑建议，同时听取律师意见、细致做好被害人工作，办案难度倍增、检察责任更重。最高人民检察院与有关部门制定实施意见，大力推进落实。去年 12 月适用率达 83.1%，量刑建议采纳率 79.8%；一审服判率 96.2%，高出其他刑事案件 10.9 个百分点，有力促进了矛盾化解、社会和谐"。认罪认罚从宽制度适用率达 83.1%，凸显了人民检察院的刑事诉讼主导责任。然而，需要进一步探讨和完善的问题，仍然客观地存在。因此，一是要明确定位认罪认罚从宽制度立法目的。二是要对适用中的关键词有统一的限定。三是要对其他的程序性内容作出细化和完善。就关键词的解读而言，2019《认罪认罚从宽指导意见》对"认罪""认罚""从宽"以及从宽的幅度都作了规定，尽管是指导意见，但对于今后认罪认罚案件的实体法层面的关键问题的统一适用势必会起到积极的作用。然而，2019《认罪认罚从宽指导意见》出台后，对于认罪认罚从宽制度的目标和目的，仍然是多元并存和兼顾，却难以取舍和选择的情况。2019《认罪认罚从宽指导意见》指出："适用认罪认罚从宽制度，对准确及时惩罚犯罪、强化人权司法保障、推动刑事案件繁简分流、节约司法资源、化解社会矛盾、推动国家治理体系和治理能力现代化，具有重要意义。"接着规定了"贯彻宽严相济刑事政策""坚持罪责刑相适应原则""坚持证据裁判原则""坚持公检法三机关配合制约原则"等四个基本原则。迄今，认罪认罚从宽制度的目的仍然容纳多元的价值，孰先孰后的偏向选择不明确，逻辑层次不清晰，司法适用仍然面临一些列难题。"法律是人类长期智慧的结晶，不可以不经深思熟虑而改变或废止。尤其需要考虑到我国的法文化相对贫乏，更需要强化法的稳定性和秩序性，从而强化主体的守法意识。"[②]在考虑对制度进行修改之前，尽可能通过耗尽现有法律本身的功用，使得现有的法律效益得到最大化实现的前提

---

① 参见张泽涛：《认罪认罚从宽制度立法目的的波动化及其定位回归》，《法学杂志》2019 年第 10 期。

② 印波：《以宪法之名回归法律文本：德国量刑协商及近期的联邦宪法判例始末》，《法律科学》2017 年第 5 期。

下，再思考重新立法或者修改问题。正所谓“至少在用尽现有制度所提供的可能性之前，不应考虑改变制度的问题”①。认罪认罚从宽制度及适用，是我国司法改革的内容之一，这项司法改革，与既有的刑事法的基本原则，诸如罪责原则、审判公开原则、反对强迫自证原则、直接原则、言词原则、公开审判原则等之间，哪些可以妥协、协调，哪些存在本质的冲突，哪些或许不存在本质的冲突但却构成诸多限制和制约，这些仍然都是值得边实践边探讨和完善的问题。公正和效率在认罪认罚从宽案件中的双赢，需要在制度落实的细节上总结和完善，要避免造成对刑事诉讼法整体合法性的损害。尤其是在与审判为中心的司法改革同处于一个屋檐下，认罪认罚从宽制度的设计及运行，要实现自身内部的顺畅与外部跟其他制度和实践的有效衔接，即实现体系性衔接和协调，减少制度之间的矛盾和冲突。

体系性衔接顺畅和协调的好处在于，实体法层面实现公正，程序上提升效率。体系性构建可以分为刑事法内部的体系化和刑事法外部的体系化。司法实务中出现了认识上的困惑，认罪认罚可否与自首、坦白重复评价的问题，当自首、坦白、认罪认罚重复出现的场合，如何掌握从宽的幅度的问题。因此，刑法内部，有必要通过刑法立法的方式，将认罪认罚从宽制度与自首制度、坦白制度进行逻辑上的捋顺，以避免“概念混同”“重复评价”的错误倾向。刑事法外部，是整体法治秩序体系的协调问题，2019《认罪认罚从宽指导意见》是由最高人民法院、最高人民检察院、公安部、国家安全部、司法部联合制定和发布的，其中第59条规定：“国家安全机关、军队保卫部门、中国海警局、监狱办理刑事案件，适用本意见的有关规定。”然而，该《指导意见》第5条规定：“……认罪认罚从宽制度贯穿刑事诉讼全过程，适用于侦查、起诉、审判各个阶段。认罪认罚从宽制度没有适用罪名和可能判处刑罚的限定，所有刑事案件都可以适用，不能因罪轻、罪重或者罪名特殊等原因而剥夺犯罪嫌疑人、被告人自愿认罪认罚获得从宽处理的机会。但‘可以’适用不是一律适用，犯罪嫌疑人、被告人认罪认罚后是否从宽，由司法机关根据案件具体情况决定。”目前，至少从制度层面，2019《认罪认罚从宽指导意见》未将监察机关包含进来，于是，仍然是至少在制度层面形成了相当于“侦查”阶段的监察机关的“调查”阶段，出现了认罪认罚从宽在制度层面无法覆盖的空白阶段，这是今后制度完善应该关注的问题。

---

① 刘飞：《宪法解释的规则综合模式与结果取向——以德国联邦宪法法院为中心的宪法解释方法考察》，《中国法学》2011年第2期。

参考文献

一、中文专著

1. 何秉松:《人权防卫论——对传统刑罚理论的反思与超越》,群众出版社2012年版。

2. 胡云腾主编:《认罪认罚从宽制度的理解与适用》,人民法院出版社2018年版。

3. 陈兴良:《教义刑法学》(第三版),中国人民大学出版社2017年版。

4. 严存生:《法律的人性基础》,中国法制出版社2016年版。

5. 苗生明主编:《认罪认罚从宽制度研究——以重罪案件为视角》,中国检察出版社2019年版。

6. 陈瑞华:《量刑程序中的理论问题》,北京大学出版社2011年版。

7. 左卫民、周长军:《刑事诉讼的理念》,北京大学出版社2018年版。

8. 陈瑞华:《刑事诉讼的中国模式》,法律出版社2018年版。

9. 陈卫东:《中国刑事诉讼权能的变革与发展》,中国人民大学出版社2018年版。

10. 田思源:《犯罪被害人的权利与救济》,法律出版社2008年版。

11. 梁根林:《刑事政策:立场与范畴》,法律出版社2005年版。

12. 刘东根:《刑事损害赔偿研究》,中国法制出版社2005年版。

13. 储槐植:《美国刑法》,北京大学出版社2005年版。

14. 王爱立:《中华人民共和国刑事诉讼法修改条文解读》,中国法制出版社2018年版。

15. 胡卫列、董桂文、韩大元主编:《认罪认罚从宽制度的理论与实践》,中国检察出版社2017年版。

16. 陈光中:《刑事诉讼法修正实务全书》,中国检察出版社1997年版。

17. 魏晓娜:《背叛程序正义:协商性刑事司法研究》,法律出版社2014年版。

18. 施鹏鹏:《法律改革,走向新的程序平衡?》,中国政法大学出版社2013年版。

19. [法]西尔维·西玛蒙蒂:《法国审前程序改革》,施鹏鹏译,载崔敏主编:《刑事诉讼法与证据运用》第3卷,中国人民公安大学出版社2007年版。

20. [英]约翰·阿克顿:《自由史论》,胡传胜等译,译林出版社2018年版。

21. [英]休谟:《人性论》,关文运译,商务印书馆2018年版。

22. [英]霍布斯:《利维坦》,黎思复、蔡廷弼译,商务印书馆2017年版。

23. [德]瓦尔特·施瓦德勒:《论人的尊严——人格的本源与生命的文化》,贺念译,人民出版社2017年版。

24. [德]G.拉德布鲁赫:《法哲学》,王朴译,法律出版社2005年版。

25. [德]冯·李斯特:《论犯罪、刑罚与刑事政策》,徐久生译,北京大学出版社2016年版。

26. [意]切萨雷·贝卡里亚:《论犯罪与刑罚》,黄风译,北京大学出版社2018年版。

27. [美]道格拉斯·胡萨克:《刑法哲学》,姜敏译,中国法制出版社2015年版。

28. [英]安德鲁·阿什沃斯:《量刑与刑事司法》(第六版),彭海青、吕泽华译,中国社会科学出版社2019年版。

29. [日]佐伯仁志:《制裁论》,丁胜明译,北京大学出版社2018年版。

30. [美]马尔科姆·M.菲利:《程序即是惩罚——基层刑事法院的案件处理》,魏晓娜译,中国政法大学出版社2014年版。

31. [意]戴维·奈尔肯:《比较刑事司法:理解差异》,李强译,清华大学出版社2013年版。

32. [美]彼得·德恩里科:《法的门前》,邓子滨译,北京大学出版社2012年版。

33. [美]乔治·费希尔:《辩诉交易的胜利——美国辩诉交易史》,郭志媛译,中国政法大学出版社2012年版。

34. [德]卡尔·拉伦茨:《法学方法论》,陈爱娥译,商务印书馆2004年版。

35. [德]齐佩利乌斯:《法学方法论》,金振豹译,法律出版社2009年版。

36. [美]哈伯特·L.帕克:《刑事制裁的界限》,梁根林等译,法律出版社2008年版。

37. [德]克劳斯·罗克辛:《德国刑法学(总论)》,王世洲译,法律出版社2005年版。

38.［日］棚濑孝雄:《纠纷的解决与审判制度》,王亚新译,中国政法大学出版社 2004 年版。

39.［日］谷口安平:《程序正义与诉讼》,王亚新、荣军译,中国政法大学出版社 2002 年版。

40.［美］理查德·波斯纳:《法理学问题》,苏力译,中国政法大学出版社 2002 年版。

41.［美］爱伦·豪切斯泰勒·斯黛丽、南希·弗兰克:《美国刑事法院诉讼程序》,陈卫东、徐美君译,中国人民大学出版社 2002 年版。

42.［德］京特·雅各布斯:《规范·人格体·社会:法哲学前思》,冯军译,法律出版社 2001 年版。

43.［美］贝思·J.辛格:《实用主义、权利和民主》,王守昌等译,上海译文出版社 2001 年版。

44.［美］伦斯特洛姆编:《美国法律词典》,贺卫方等译,中国政法大学出版社 1998 年版。

45.［美］迈克尔·D.贝勒斯:《法律的原则——一个规范的分析》,张文显等译,中国大百科全书出版社 1996 年版。

46.［德］汉斯·海因里希·耶赛克、托马斯·魏根特:《德国刑法教科书》,徐久生译,中国法制出版社 2017 年版。

47.［德］汉斯·约阿希姆·施奈德:《国际范围内的被害人》,许章润等译,中国人民公安大学出版社 1992 年版。

48.［美］约翰·罗尔斯:《正义论》,何怀宏等译,中国社会科学出版社1988 年版。

49.［美］贝兹·卓辛格:《把他们关起来,然后呢?》,陈岳辰译,中信出版集团 2017 年版。

50.［美］E. A. 霍贝尔:《初民的法律》,周勇译,中国社会科学出版社1993 年版。

51.［德］格奥尔格·罗曼:《论人权》,李宏昀、周爱民译,上海人民出版社 2018 年版。

52.［英］詹姆斯·迪南:《解读被害人与恢复性司法》,刘仁文等译,中国人民公安大学出版社 2009 年版。

二、中文论文

1.［英］劳拉·瓦伦蒂尼:《尊严与人权的概念重构》,何晓斌译,《人权研究》2018 年第 2 期。

2.[德]约阿希姆·赫尔曼:《协商性司法——德国刑事程序中的辩诉交易》,《中国刑事法杂志》2004 年第 2 期。

3.鲍键、陈申骁:《认罪认罚从宽制度中量刑建议的精准化途径与方法——以杭州市检察机关的试点实践为基础》,《法律适用》2019 年第 13 期。

4.张泽涛:《认罪认罚从宽制度立法目的的波动化及其定位回归》,《法学杂志》2019 年第 10 期。

5.张泽涛:《新中国 70 年人权司法保障制度的回顾、反思及其完善》,《法律科学》2019 年第 5 期。

6.陈国庆:《量刑建议的若干问题》,《中国刑事法杂志》2019 年第 5 期。

7.肖沛权:《论认罪认罚案件的证明标准》,《法学杂志》2019 年第 10 期。

8.左卫民:《认罪认罚何以从宽:误区与正解——反思效率优先的改革主张》,《法学研究》2017 年第 3 期。

9.黄京平:《认罪认罚从宽制度的若干实体法问题》,《中国法学》2017 年第 5 期。

10.刘军、潘丙永:《认罪认罚从宽主体性协商的制度构建》,《山东大学学报(社会科学版)》2020 年第 2 期。

11.李卫红、许振宇:《认罪认罚程序下的量刑建议问题研究》,《中国刑警学院学报》2019 年第 4 期。

12.周新:《公安机关办理认罪认罚案件的实证审思——以 G 市、S 市为考察样本》,《现代法学》2019 年第 5 期。

13.李艳飞:《速裁程序量刑建议实证研究——基于 C 市 J 区 460 个速裁案件及其相关经验的分析》,《河南科技大学学报(社会科学版)》2019 年第 2 期。

14.徐冉:《正当程序视野下的认罪协商与权利救济——以美国弗莱伊案、库珀案为例的分析》,《西北民族大学学报(哲学社会科学版)》2019 年第 1 期。

15.孙道林、鲍强、方兴宇、黄霞、戴志强:《认罪认罚从宽制度的审判实践与思考——以 10273 例刑事判决为研究样本》,《人民司法(应用)》2018 年第 34 期。

16.季卫东:《法律程序的意义——对中国法制建设的另一种思考》,《中国社会科学》1993 年第 1 期。

17.孙长永:《比较法视野下认罪认罚案件被告人的上诉权》,《比较法研究》2019 年第 3 期。

18.孙长永:《认罪认罚从宽制度的基本内涵》,《中国法学》2019 年第 3 期。

19.孙长永:《从"私力救济"到"公力救济"——刑事诉讼中的权力与权利关系分析》,《江苏社会科学》2004 年第 2 期

20. 龙宗智、潘君贵:《我国实行辩诉交易的依据和限度》,《四川大学学报(哲学社会科学版)》2003 年第 1 期。

21. 王飞:《论认罪认罚协商机制的构建——对认罪认罚从宽制度试点中的问题的检讨与反思》,《政治与法律》2018 年第 9 期。

22. 吴睿佳:《认罪认罚从宽改革中的值班律师参与及其完善》,《成都理工大学学报(社会科学版)》2019 年第 5 期。

23. 戎静:《认罪认罚从宽制度中值班律师职责定位及完善思路》,《华侨大学学报(哲学社会科学版)》2019 年第 2 期。

24. 曹瑞:《比例原则与积极权利限制的司法审查》,《人权研究》2019 年第 1 期。

25. 汪海燕:《认罪认罚从宽案件证明标准研究》,《比较法研究》2018 年第 5 期。

26. 赵恒:《论量刑从宽——围绕认罪认罚从宽制度的分析》,《中国刑事法杂志》2018 年第 4 期。

27. 樊崇义:《认罪认罚从宽协商程序的独立地位与保障机制》,《国家检察官学院学报》2018 年第 1 期。

28. 何静:《认罪认罚从宽制度实施中被害人的权利保护——基于价值权衡视域的解读》,《南昌大学学报(人文社会科学版)》2018 年第 1 期。

29. 刘东红:《刑事诉讼中被害人权利保护研究——以认罪认罚从宽制度为视角》,《中国人权评论》2018 年第 1 期。

30. 欧丹:《当事人主义诉讼模式的权利属性:程序主体权》,《人权研究》2018 年第 2 期。

31. 吕瑶、王永强、陈成:《认罪认罚从宽制度证据问题研究》,《犯罪研究》2017 年第 5 期。

32. 卢君、谭中平:《论审判环节被告人认罪认罚"自愿性"审查机制的构建》,《法律适用》2017 年第 5 期。

33. 韩轶:《论被害人量刑建议权的实现》,《法学评论》2017 年第 1 期。

34. 李立丰:《"认罪认罚从宽"之应然向度:制度创新还是制度重述》,《探索与争鸣》2016 年第 12 期。

35. 陈光中、马康:《认罪认罚从宽制度若干重要问题探讨》,《法学》2016 年第 8 期。

36. 王瑞君:《"认罪从宽"实体法视角的解读及司法适用研究》,《政治与法律》2016 年第 5 期。

37. 龙宗智:《"以审判为中心"的改革及其限度》,《中外法学》2015 年第 4 期。

38. 姚建龙、储国樑、张卫东、田相夏:《未成年人检察制度的发展与完善》,《人民检察》2014年第21期。

39. 叶锐:《刑事证明标准适用的影响因素实证研究》,《中国刑事法杂志》2014年第2期。

40. 冀祥德:《刑事辩护准入制度与有效辩护及普遍辩护》,《清华法学》2012年第4期。

41. 吴纪奎:《对抗式刑事诉讼改革与有效辩护》,《中国刑事法杂志》2011年第5期。

42. 秦宗文:《认罪认罚从宽制度的效率实质及其实现机制》,《华东政法大学学报》2017年第4期。

43. 樊崇义、徐歌旋:《认罪认罚从宽制度与辩诉交易制度的异同及其启示》,《中州学刊》2017年第3期。

44. 陈瑞华:《"认罪认罚从宽"改革的理论反思——基于刑事速裁程序运行经验的考察》,《当代法学》2016年第4期。

45. 樊崇义:《认罪认罚从宽与刑事证据的运用》,《南海法学》2017年第1期。

46. 王敏远:《认罪认罚从宽制度疑难问题研究》,《中国法学》2017年第1期。

47. 徐美君:《刑事诉讼普通程序简化审实证研究》,《现代法学》2007年第2期。

48. 刘志伟、宋久华:《论刑法中的职业禁止制度》,《江西社会科学》2016年第1期。

49. 于志刚:《从业禁止制度的定位与资格限制、剥夺制度的体系化》,《法学论坛》2016年第1期。

50. 刘夏:《保安处分视角下的职业禁止研究》,《政法论丛》2015年第6期。

51. 徐安住:《犯罪行为的附随法律责任初探》,《求索》2008年第1期。

52. 李荣:《我国刑罚体系外资格刑的整合》,《法学论坛》2007年第2期。

53. 李成:《社会融入:禁止职业歧视的价值基础重构》,《中外法学》2015年第5期。

54. 王戬:《认罪认罚从宽的程序性推进》,《华东政法大学学报》2017年第4期。

55. 陈光中、唐彬彬:《深化司法改革与刑事诉讼法修改的若干重点问题探讨》,《比较法研究》2016年第6期。

56. 谢健、黄志坚、聂婷婷:《认罪认罚从宽中量刑建议精准化的路径探索》,

《中国检察官》2020 年第 3 期。

57. 叶青、吴思远:《认罪认罚从宽制度的逻辑展开》,《国家检察官学院学报》2017 年第 1 期。

58. 董坤:《认罪认罚案件量刑建议精准化与法院采纳》,《国家检察官学院学报》2020 年第 3 期。

59. 杨帆:《认罪自愿性的边界与保障》,《法学杂志》2019 年第 10 期。

60. 周新:《认罪认罚案件中量刑从宽的实践性反思》,《法学》2019 年第 6 期。

61. 熊秋红:《比较法视野下的认罪认罚从宽制度——兼论刑事诉讼"第四范式"》,《比较法研究》2019 年第 5 期。

62. 张建伟:《协同型司法:认罪认罚从宽制度的诉讼类型分析》,《环球法律评论》2020 年第 2 期。

63. 杜磊:《论认罪认罚自愿性判断标准》,《政治与法律》2020 年第 6 期。

64. 周光权《论刑法与认罪认罚从宽制度的衔接》,《清华法学》2019 年第 3 期。

65. 王志祥、融昊《认罪认罚从宽制度的体系性反思与建构》,《法学杂志》2020 年第 5 期。

66. 胡云腾:《正确把握认罪认罚从宽保证严格公正高效司法》,《人民法院报》2019 年 10 月 24 日第 5 版。

67. 李勇:《量刑建议"精准化"的原理与路径》,《检察日报》2019 年 9 月 17 日第 3 版。

68. 卞建林、苗生明、李建超等:《确定刑:认罪认罚从宽制度下量刑建议精准化之方向》,《检察日报》2019 年 7 月 29 日第 3 版。

69. 杨先德:《认罪认罚从宽量刑建议精准化的域外启示》,《检察日报》2019 年 7 月 16 日第 3 版。

70. 丁红兵:《以量刑阐释为抓手提升认罪认罚适用水平》,《检察日报》2019 年 8 月 4 日第 3 版。

71. 范跃红:《认罪认罚了,量刑从宽建议为何未采纳》,《检察日报》2019 年 9 月 21 日第 1 版。

72. 李正文:《拒绝签字且辩解不构成犯罪的亦可认定为坦白》,《人民法院报》2018 年 5 月 3 日第 6 版。

73. 陈永生:《认罪认罚从宽案件的程序转化》,《检察日报》2020 年 4 月

13 日第 3 版。

74. 曹坚:《认罪认罚从宽:注重程序选择与繁简分流》《检察日报》2019 年 9 月18 日第 3 版。

三、外国文献

1. Susan Easton and Christopher, *Sentencing and Punishment: The Quest for Justice*, Oxford University Press, 2012.

2. Regina E. Rauxloh, "Formalisation of Plea Bargaining in Germany—Will the New Legislation Be Able to Square the Circle?" *Fordham Intl L. J*, 2011.

3. Regina E. Rauxloh, "Plea Bargaining in International Criminal Justice—Can the International Criminal Court Afford to Avoid Trials", *Goettingen Journal of International Law*, 2010, (1).

4. Mark S. Umbreit, "The Development and Impact of Victim-Offender Mediation in the United States", Mediation Quarterly, vol. 12, no. 3, Spring 1995.

5. Mary Ellen Reimund, "Mediation in Criminal Justice: A Restorative Appoach", 46-MAY Advocate (Idaho) 22. (2003).

6. James Coben, Penelope Harley, "International Conversations about Restorative Justice, Mediation and the Practice of Law", *Hamline Journal of Public Law and Policy*, Spring, 2004.

7. John H. Langbein, "Land without Plea Bargaining: How the Germans Do It", *Mich. L. Rev*, 1979.

8. Herbert Packer, "Two Models of the Criminal Process", *University of Pennsylvania Law Review*, Volume 113, Issue 1, 1964.

9. John Griffiths, "Ideology in Criminal Procedure", 79 *Yale Law Journal*, 359(1970).